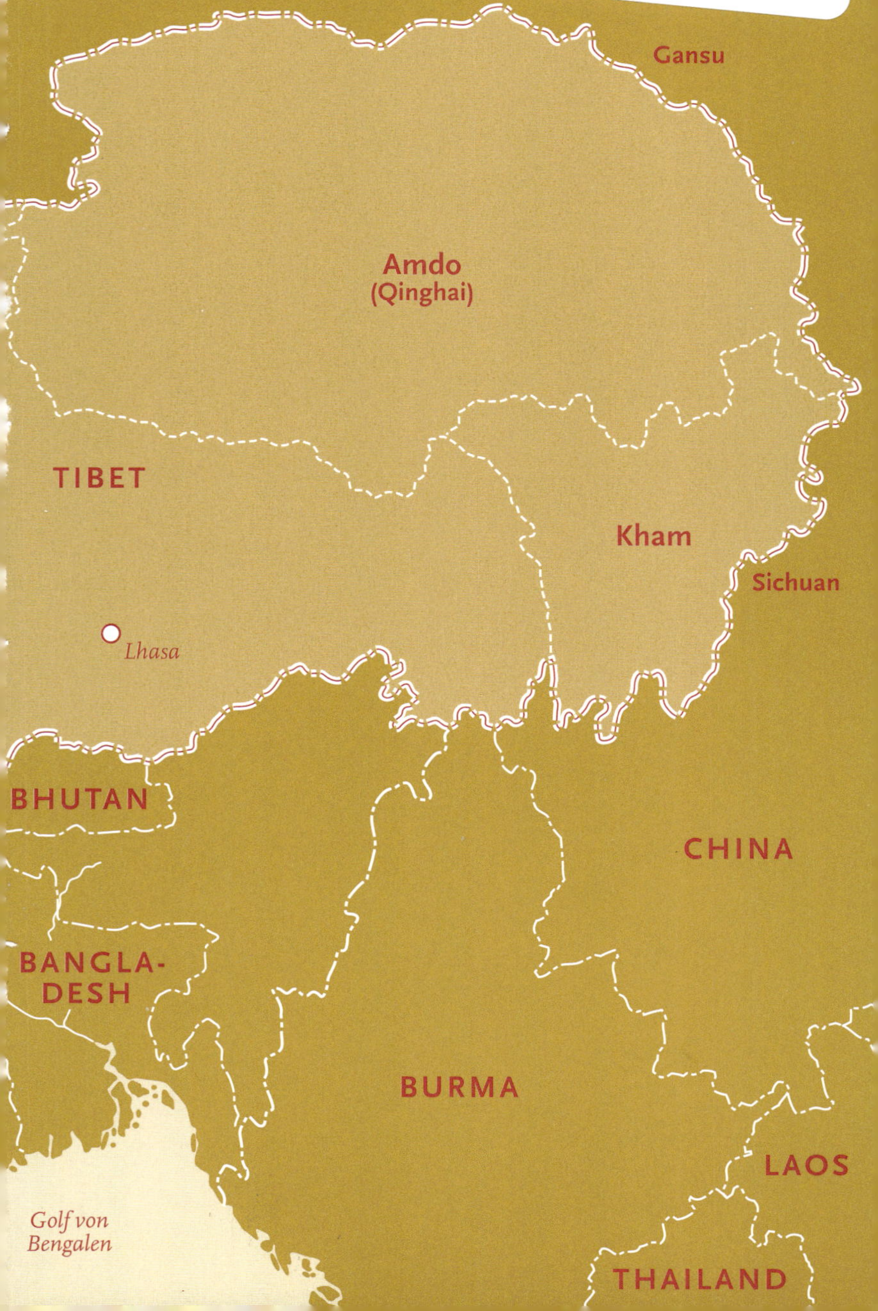
Gansu
Amdo
(Qinghai)
TIBET
Kham
Sichuan
Lhasa
BHUTAN
CHINA
BANGLA-
DESH
BURMA
LAOS
Golf von
Bengalen
THAILAND

Maria Blumencron

Flucht über den Himalaya

Maria Blumencron

Flucht über den Himalaya

Tibets Kinder auf dem Weg ins Exil

Mit 16 Seiten Farbbildteil

MALIK

Für meinen besten Freund
Jürgen Herweg

ISBN 3-89029-251-8

Vorsatzkarte: cartomedia, Karlsruhe
Satz: Satz für Satz. Barbara Reischmann, Leutkirch
Druck und Bindung: Ebner & Spiegel, Ulm
Printed in Germany

www.malik.de

Liebe Chime, lieber Dhondup, liebe Dolker, liebe Lhakpa, liebe Pema, lieber Tamding, lieber Lobsang!

Bald ist es drei Jahre her, daß wir einander an der tibetisch-nepalesischen Grenze auf fast sechstausend Metern Höhe begegneten. Ihr wart auf der Flucht, und ich war auf der Suche nach einer Flüchtlingsgruppe, um das Schicksal tibetischer Kinder, die von ihren Eltern ins Exil geschickt werden, in einem Film zu dokumentieren. Damals ahnte ich nicht, daß ich in den Protagonisten meines Filmes auch Freunde fürs Leben finden würde.

Heute ist der 10. März 2003, der Tag des Tibetischen Volksaufstandes, der 1959 brutal von den Chinesen niedergeschlagen wurde. In aller Welt gingen die Menschen auf die Straße, um für ein freies Tibet zu demonstrieren.

Heute ist unser Buch fertig geworden.

Es ist Eure Geschichte. Und die Geschichte Eurer Amalas und Palaas. Sie haben Euch nicht weggeschickt, weil sie Euch nicht haben wollten. Sie wünschten sich eine Zukunft für Euch. Sie wollten, daß Ihr jeden Abend satt werdet und nicht hungrig zu Bett gehen müßt. Sie wollten, daß Ihr eine Schule besuchen könnt, auf der die Lehrer Tibeter sind und Ihr in Eurer Landessprache unterrichtet werdet. Sie wollten, daß Ihr in Eurer Kultur groß werdet – und vor allem in Freiheit.

Sie waren sicher sehr verzweifelt, als sie sich zu dieser Ent-

scheidung durchgerungen haben. Und unendlich traurig, Euch schließlich weggehen zu sehen.

Ich kenne Eure Mütter und Väter nicht. Ebensowenig Eure Geschwister, Eurer Heimatdorf, Eure Freunde und Tiere. All das, was Ihr in Tibet zurücklassen mußtet, kenne ich nur aus Euren Erzählungen. Ich war noch nie in Amdo oder Kham. Ich weiß nicht, ob der Rhododendron bei Euch im Frühling oder Sommer blüht, wie breit der Yellow River ist und wie chinesische Krokantpralinen schmecken. Deswegen verzeiht mir, wenn ich Fehler gemacht habe.

Aus den vielen kleinen Puzzleteilen, die Ihr mir in die Hand gelegt habt, habe ich versucht, ein Bild von den dramatischen Ereignissen Eurer Kindheit zu legen. So manches Teilchen fehlte – vor allem bei den Kleineren unter Euch, deren Erinnerung mit der Zeit zu verblassen begann. Und manches Teilchen mußte ich weglassen, um Eure Familien für die chinesische Polizei nicht identifizierbar zu machen. Und so ist dies mein Bild von Eurer Geschichte. Ich hoffe, Ihr werdet Euch darin wiederfinden.

Eure Zazie-Maria

Unsere Flüchtlingsgruppe

Little Pema

Ein siebenjähriges Mädchen aus der Provinz Kham. Die Mutter kümmert sich um Hof und Tiere, der Vater ist Alkoholiker. Er schlägt Little Pema. Die Mutter sieht nur einen Weg, das Kind vor dem Zugriff des Vaters zu retten: den ins Exil.

Tamding

Ein zehnjähriger Junge aus der Provinz Amdo. Seine Eltern sind verarmte Kleinbauern. Tamding hat zwei ältere Brüder. Für ihn, den »Dritten«, müssen die Eltern hohe Steuern zahlen, weil es einer tibetischen Familie in seiner Region nicht erlaubt ist, mehr als zwei Kinder zu haben.

Chime

Eine zehnjährige Schülerin aus West-Tibet. Die Mutter, die den Lebensunterhalt für die Familie alleine bestreiten muß, sieht sich nicht mehr in der Lage, das hohe Schulgeld für ihre beiden Töchter zu bezahlen.

Dolker

Die sechsjährige Schwester von Chime. Sie steht kurz vor der Einschulung, die nun in Indien stattfinden soll.

Dhondup
Der achtjährige Sohn eines tibetischen Arztes. Die Eltern wünschen sich eine gute Schulausbildung für ihr jüngstes Kind. Da in der Dorfschule ab dem zweiten Schuljahr nur noch auf Chinesisch unterrichtet wird, soll Dhondup ins Exil geschickt werden.

Dhamchoe
Der etwa Achtzehnjährige ist in Dhondups Familie groß geworden. Die eigenen Eltern konnten ihn nicht ernähren. Dhamchoe soll »seinen kleinen Bruder« Dhondup auf der Flucht begleiten und nach einer Audienz beim Dalai Lama wieder nach Tibet zurückkehren.

Lhakpa
Ein zehnjähriges Nomadenmädchen, das von ihrem großen Bruder über den Grenzpaß gebracht wird und erst auf der nepalesischen Seite des Himalaya zu unserer Gruppe stößt, um weiter nach Dharamsala zu gelangen.

Lobsang
Ein fünfzehnjähriger Mönch aus der Provinz Amdo. Er muß aus Tibet flüchten, um nicht als politischer Häftling im Gefängnis zu landen. Denn er weigerte sich, chinesischen Funktionären gegenüber den Dalai Lama zu verleugnen.

Suja
Der junge Soldat arbeitet seit vier Jahren in einem chinesischen Armeegefängnis als Wärter. Da er sowohl Tibetisch als auch Chinesisch spricht, setzt man ihn auch als Dolmetscher bei Verhören ein. Als ein alter Mönch brutal gefoltert wird, spürt Suja, daß er nicht länger bleiben kann.

Nima
Der Guide, von dem die Leute sagen, er sei so gut wie Gold. Er hat bisher alle Flüchtlinge, die sich ihm angeschlossen haben, trotz der großen Gefahren sicher ins Exil gebracht.

Pema
Nimas Freund, der im Exil lebt. Er wird Nima und seiner Gruppe von der nepalesischen Seite des Himalaya her entgegengehen.

Sotsi
Pemas Schwager, der gelegentlich als Guide arbeitet.

Sowie fünf junge Männer auf der Suche nach einer neuen Zukunft:
Tempa
Currasco
Goldzahn
Yeti
Der Student

»Flucht über den Himalaya« ist nach einer wahren Geschichte erzählt. Einige Details sowie ein Teil der Personen- und Ortsnamen wurden geändert, um die Familien der Flüchtlinge zu schützen.

Teil Eins

ཨོཾ་ *»Ich komme aus Kham. Das ist eine Provinz in Tibet. Wir leben in den Bergen, und unsere Yaks grasen auf den Weiden. Wenn man einen Khampa mit anderen Menschen vergleicht, so ist ein Khampa eine sehr furchtlose Person. Jeder Khampa trägt ein großes Messer bei sich – so groß wie ein Säbel. Und er weiß es zu benutzen. Als die Chinesen nach Tibet kamen, kämpften die Khampas gegen sie. Und sie kämpften so tapfer! Aber die Chinesen hatten viele Waffen, Bomben und Panzer, so daß wir Tibeter unsere Freiheit verloren.«* EIN KIND AUS TIBET

Little Pema, das Khampa-Mädchen

ཨོཾ་ *»Meine Mutter hat lange Haare. Sie ist zierlich und sehr schön. Sie hat auch ein gutes Herz, und was sie kocht, schmeckt wunderbar. Ich vermisse sie und sehe sie jeden Tag in meinen Gedanken. Sie trägt immer eine Chuba, singt viel und kennt lustige Witze. Das Besondere an meiner Mutter ist, daß sie die Fähigkeit besitzt, in die Zukunft zu sehen. Dazu verwendet sie Würfel, heilige Texte und Gebete. Sie betet immer abends, und ich weiß noch all ihre Gebete auswendig.*

Meinen Vater mochte ich nicht. Denn er trank Alkohol und schlug meine Mutter. Er schlug auch mich. Nur meinen kleinen Bruder schlug er nicht. Wenn er mich schlug, weinte meine Mutter.« LITTLE PEMA

Startet der Vater das Moped, um nach Chamdo zu fahren, stehen sie alle in der Tür und hoffen, daß er die alte Rostlaube zum Laufen bekommt. Der Großvater murmelt seine Mantras, die Mutter nestelt nervös an den weiten Ärmeln ihrer Chuba, die Kinder kauen an ihren Nägeln. Dreimal tritt Vater mit seinen spitzen Stiefeln ins Pedal, dann endlich heult der Motor auf. Er schwingt sich auf den Sattel, lenkt die stotternde Maschine auf den Schotterweg und verschwindet grußlos hinter den Hügeln. Haben sie Pech, gibt das Moped seinen Geist auf, und Vater kommt fluchend zurück, die Maschine schiebend und tretend im Wechsel. Doch diesmal hört die Familie erleichtert, daß das Knattern immer leiser wird, je weiter sich der Vater aus ihrem Leben entfernt. Wenigstens für ein paar Tage.

Dann holt der Großvater seine Felle aus dem Stall, und die Mutter läuft ins Haus, um alle Fenster zu öffnen: Frischer Wind soll durch die niedrigen Zimmer wehen und alle bösen Worte, die in den letzten Wochen fielen, vertreiben. Little Pema fegt den Boden blank, klopft im Hof den Teppich aus, der kleine Bruder füllt die silbernen Opferschalen mit frischem Wasser. Langsam kehrt wieder Friede im Haus ein.

Doch nachts steht er plötzlich wieder an ihrem Bett. Ein großer schwarzer Schatten in der Dunkelheit. Little Pema ruft nach ihrer Ama, die im gleichen Zimmer schläft, aber die Kehle, zugeschnürt, hält jeden Ton darin gefangen. Gleich zerrt die eiserne Hand sie unter der warmen Decke hervor. Manchmal würgt er sie am Hals. Manchmal ist der Dolch ganz stumpf, den er ihr mitten ins Herz stößt. Manchmal, und das ist der schlimmste aller Träume, fühlt sie sich in die Höhe gerissen und in eine dunkle Schlucht geschmissen. Bevor sie unten, am tiefsten Grund ihrer Ängste aufschlägt, wacht Little Pema auf. Mit gelähmten Gliedern und einem sausenden Schmerz im Bauch.

Dann ist das gute Schaffell naß, und Little Pema schämt sich.

»Ama«, flüstert sie in die Dunkelheit, »es ist schon wieder passiert.«

Wird Ama wach, dann hört sie ihre Decken rascheln:

»Ts'uu-sch'oh, Pema-la! – Komm zu mir, liebes Kind.«

Im Sommer duftet Amas Haar nach Kräutern und Gerste. Im Winter riecht es nach Herdfeuer und Schnee. Die Frauen im Dorf tragen ihre Zöpfe unter bunten, karierten Tüchern versteckt. Doch Little Pemas Ama ist anders. Zwar melkt sie die Yaks am frühen Morgen. Sie holt auch das Wasser vom nahen Fluß und röstet in einer riesigen Pfanne die goldgelbe Gerste zu Tsampa. Mittags kocht sie Reis mit Gemüse und Brei für den zahnlosen Alten. Die Yakfladen, die in der Sonne zu Brennmaterial getrocknet sind, wirft sie gekonnt über die Schulter in ihren Weidenkorb. Sie flickt den Blasebalg, mit dem der Alte das Herdfeuer am Lodern hält, sie flickt den Reifen des klapprigen Fahrrads, wenn sie in die Stadt fahren muß, um ihre Schaffelle zu verkaufen. Sie flickt das Loch im Dach und auch den Riß im kupfernen Teekessel. Nur die Löcher in Little Pemas Strümpfen bleiben ungeflickt.

»Kang-schug nyingpa«, rufen deshalb die tibetischen Kinder in Little Pemas Klasse: »Alte Socke!«

Und abends, wenn die anderen Mütter Gute-Nacht-Geschichten erzählen – von Felsdämonen und türkisspeienden Drachen – reitet Little Pema mit ihrer Ama über die Weiden, um Yaks und Schafe in den Pferch zurückzutreiben. Diese milden Stunden im Sattel, an Amas Rücken gelehnt und die Hände um ihre Hüften geschlungen, sind die schönsten des Tages.

»Tscho, Tscho, Ho!« Ama kann pfeifen wie ein Mann, und auch die Tiere gehorchen ihr.

Heute hat Ama ihr Pferd viel weiter laufen lassen als sonst. Sie ritten bis zu einem Hügel, der noch höher war als der höchste Hügel ihres Dorfes. Als Amas Pferd die Kuppe erreicht hatte, breitete sich das Land vor ihnen aus wie ein prächtig bestickter Wandteppich. Es war die kurze Stunde vor dem Sonnenuntergang, der die Wiesen so grün und die Berge so nah erscheinen läßt.

»Hinter diesen Bergen ...«, flüsterte Ama und deutete auf das endlose Spiel von Hügeln, die sich verliebt ineinandertürmten, »hinter diesen Bergen und noch viel, viel weiter weg liegt Indien.«

»Indien«, Little Pema ließ das Wort über ihre Zunge schnalzen. Eine seltsame Stille hatte das Land erfaßt.

»In Indien ist es sehr warm. Dort gibt es Elefanten, Affen und riesige Schlangen! Indien ist ein freies Land. Es ist nur von Bergen und Meer umgeben.«

»Wie sieht es aus, das Meer?«

»Das Meer ist ein See ohne Ufer. Ein riesengroßes Land aus Wasser und Wellen.«

Little Pema schwieg. Angestrengt versuchte sie sich einen See ohne Ufer vorzustellen.

»Ich bin keine gute Mutter für dich, denn ich muß Mutter und Vater sein. In Indien lebt die beste Mutter der Welt! Die Schwester des Dalai Lama. Sie ist die Mutter aller Kinder im Exil.«

»Du bist die beste Mutter für mich.«

»In Indien wärst du sicher vor deinem Vater.«

Little Pema machte sich steif in Amas Arm.

»Es liegt nicht an dir, daß er dich schlägt«, fuhr die Mutter fort, »es liegt an der Leere in seinem Leben. In seinem Herzen ist er ein guter Mann. Doch der Alkohol hat seine Seele ruiniert. Er schlägt uns, weil er verzweifelt über sein verpfuschtes Leben ist.«

Es ist nicht üblich in ihrer Familie, über Gefühle zu reden. Die plötzliche Offenheit der Mutter verwirrte das Kind. Manches im Leben ist besser auszuhalten, wenn man nicht daran denkt. So wie der Großvater die Folter ertrug, erträgt sie die Schläge des Vaters. Doch Amas überraschende Worte fallen bis auf den Grund ihres Herzens. Darauf war sie nicht vorbereitet. Sie wünschte zu schreien – so laut, daß alle Vögel erschrocken aus den Gräsern hoch in den Himmel fahren. Gleich würde sie vom Pferd fallen und nur noch weinen – mit dem Gesicht zur Erde. Sie würde sich in die Hügel, die weiten Täler und Berge hineinweinen.

Ihr Schmerz war ein See ohne Ufer. Ein Land aus Scherben und Tränen.

Durch die Ritzen der Tür pfeift leise der Wind und löscht die letzte Glut des Feuers aus. Nun ist es ganz dunkel im Zimmer. Little Pema spürt, wie es in der weichen Mulde, die Po und Rücken in das Fell gegraben haben, allmählich klamm wird. Sie beschließt, durchzuhalten diese Nacht. Sie ist doch schon bald sieben! In der Seitenlage fühlt es sich vielleicht weniger feucht an.

Durch das Fenster kann sie die Sterne funkeln sehen. Wenn Großvater von seiner Zeit im Gefängnis erzählt, sagt er immer: »Mit leerem Magen dauern die Nächte lang.«

Mit nassen Hosen auch, denkt Little Pema und lauscht dem rasselnden Atem des Alten. Wenn der Vater im Haus ist, wohnt Großvater im Stall. »Lieber schlafe ich bei den Viechern als mit diesem Hurensohn unter einem Dach!« Übersiedelt Großvater zurück an das warme Plätzchen hinterm Herd, bringt er mit seinen Fellen auch wieder eine ganze Armee von Flöhen ins Haus. Wenn Little Pema seine krummen Zehen krault, schnurrt Opa wie ein alter Kater.

»Du mußt sehr lieb sein zu Großvaters Füßen«, hat Amala einmal gesagt. Denn als Großvater sich im Gefängnis weigerte, den Dalai Lama eine ›Schlangenzunge‹ zu schimpfen, mußte er eine Winternacht lang auf dem Gefängnishof stehen. Eiskaltes Wasser haben ihm die Wärter über die bloßen Füße geschüttet. Und als er auf dem Beton festgefroren war, haben sie mit ihren Gewehren Löcher in die Luft geschossen und gedroht, auch ihn zu durchsieben, wenn er nicht endlich Beine mache. Als Großvater nicht von der Stelle kam, haben sie gejohlt und ihn schließlich mit Gewalt von der Stelle gerissen.

Großvaters Geschichten waren immer schaurig und schön. Doch seit einiger Zeit redet er nicht viel. Er fürchtet, daß die Zeit nicht mehr reicht, um genügend Mantras für die Verfehlungen seines Lebens zu beten. Wenn Amala spätabends die Löcher in den Zäunen repariert, hockt Little Pema mit Großvater im Dämmerlicht und staunt, mit welcher Hartnäckigkeit der Alte seine Gebete gegen den Himmel schleudert: »Om mani padme hum, Om mani padme hum...« Nachts hängt sein Gemurmel immer noch unter dem undichten Dach ihrer niedrigen Hütte fest – wie der Rauch des erloschenen Herdfeuers.

Jetzt fangen draußen die Hunde an. Jede Familie im Dorf hat ihren eigenen Wachhund. Tagsüber dösen sie faul in der Sonne, mit dicken Stricken an das Leben der Menschen gebunden. Doch nachts, wenn der Mond sich langsam aus der Hochebene löst, wird ihre wilde Seele frei und steigt heulend mit ihm in den Himmel. Wer vor der Zeit des Wolfsgesangs nicht in den Schlaf gefunden hat, bleibt bis zum Morgen wach.

Little Pema zieht fröstelnd ihre steifen Beine an den Bauch. Sie könnte aufstehen und sich aus der Truhe frische Hosen holen, aber da ist die Angst, mit ihren nackten Füßen den eiskalten Boden zu berühren und daran festzufrieren. Obwohl – der Gedanke scheint auch verlockend. Dann bräuchte sie morgens nicht zur Schule zu gehen.

Seit die Uhren in ganz Tibet auf ›Peking-Time‹ umgestellt wurden, wird es im Winter erst vormittags hell. Das kalte Neonlicht in den schlecht isolierten Klassenzimmern läßt die Gesichter der müden Kinder ganz grün aussehen. Bevor sie in die Schule kam, hat Little Pema davon geträumt, Klassenbeste zu werden. Aber ihr Lehrer ist Chinese, und es ist kaum möglich, dem Unterricht zu folgen, wenn man nur Tibetisch spricht. Deshalb hält der Lehrer die tibetischen Kinder in der Klasse für dumm und die chinesischen Kinder für fleißig. Und so wie im Westteil der Stadt die Chinesen leben und im Ostteil die Tibeter, sitzen in der rechten Hälfte des Klassenraums die dummen Kinder und links die fleißigen. Little Pemas Platz befindet sich in der hintersten Ecke rechts außen. Hier läßt es sich am besten träumen. Dem Kauderwelsch des Lehrers zu folgen, hat sie längst aufgegeben. Zwar gibt es auch unter den dummen Kindern welche, die darum kämpfen, irgendwann die Seite wechseln zu dürfen, aber wer im Unterricht schon so weit abgetrieben ist wie Little Pema, hat keine Hoffnung mehr, das rettende Ufer zu erreichen.

Wäre sie doch wenigstens die Schönste in der Klasse! Aber in keinem ihrer Märchen gibt es eine Prinzessin, die nachts ins Bett macht und Löcher in den Strümpfen hat. Prinzessinnen müssen sich auch nicht dafür schämen, daß sie geprügelt werden. Es sind nicht die Flecken und Striemen, die Little Pema daran hindern, ein Mädchen wie alle anderen zu sein. Es ist dieses Gefühl der tiefsten Blöße, das sich wie eine Klette an jede Tracht Prügel hängt. Das letzte Mal hat der Vater sie mit einem feuchten Lappen geschlagen. Danach hatte sie das Gefühl, nicht mehr wert zu sein als der feuchte Lappen, den der Vater in seiner Rage aus dem Putzeimer fischte. Die schönen Mädchen werden bestimmt nicht geschlagen. Ihre Nasen sind zierlich, ihr Lachen klingt hell, und ihre Augen leuchten beim Spielen auf dem Schulhof.

»Ein Khampa-Mädchen muß nicht schön sein«, hat Großvater einmal gesagt, »Hauptsache, es hat Mut.« Aber wer sogar Angst davor hat, nachts aus dem Bett zu klettern, um sich eine frische Hose aus der Truhe zu holen, wird nie ein Held.

Vor ihrem Großvater haben alle Respekt. Denn Kelsang Norbu gilt als der letzte richtige Khampa in der Region. Er hat den erbitterten Widerstandskampf gegen die Chinesen überlebt, nur mit seinem Messer und einer maroden Flinte bewaffnet. Er hat auch die Jahre des großen Hungers überdauert, als die Chinesen die Bauern gezwungen haben, Weizen statt ihrer robusten Gerste anzubauen. Doch die Sommer in Tibet sind kurz, und so hatte der Weizen zuwenig Zeit, um sich goldgelb zu färben. An den Folgen der Mißernten starben Hunderttausende von Tibetern. Nicht Kelsang Norbu.

»Er wird sich erst zum Sterben auf den Acker legen, wenn diese Hundefleischfresser verschwunden sind und Tibet endlich wieder frei ist«, sagen die Alten im Dorf.

Man hat ihnen die Gebetsmühlen aus der Hand, nicht aber die frommen Wünsche aus den Herzen gerissen. Man drehte ihre Uhren um drei Stunden zurück, konnte aber nicht verhindern, daß die Sonne trotzdem wieder am Horizont auftauchte. In den Arbeitslagern verging man sich an ihren Frauen, die wehrlos waren – wie ihre Erde.

Doch die Natur schlägt irgendwann zurück, wenn man sie vergewaltigt. Seit Kolonnen von Lastwägen mit dicken Baumstämmen in Richtung China rollen und nichts zurücklassen als verkarstetes Land, verbrennt die Hitze des Sommers das Gras auf den Weiden. Dann kommen die Leute aus dem Dorf zu Großvater, bringen Biskuits und schwarzen Tee: »Unsere Yaks werden sterben, wenn du nicht hinausgehst und mit den Göttern sprichst«, sagen sie und beugen ihre Nasen bis auf den Boden hinunter. Auch die Jungen, die schon lange nicht mehr in den Tempel gehen. Statt dessen in den Karaokebars der Stadt betrunken chinesische Schlager grölen. Doch den Chinesen ist es egal, wenn die Weiden braun sind und den hungrigen Yaks das Fell schon bis zum Boden hängt. Viehsteuer ist Viehsteuer, und Grassteuer ist Grassteuer. Dann schnürt Großvater sein Tsampabündel und schlüpft in seinen alten Mantel aus gewalkter Wolle, um auf den Hügel zu steigen, den sie im Dorf den ›Geierthron‹ nennen.

Dort sitzt Großvater dann an einen spitzen Fels gelehnt, eingehüllt in seine Erinnerungen. Ißt nichts. Trinkt nichts. Oft tagelang. Auch der eisige Wind und die Einsamkeit der Nacht rütteln nicht an seinem eisernen Willen, dunkle Regenwolken hinter dem Horizont hervorzulocken. Die Augen – zwei tränende Schlitze – an den tiefen Himmel geheftet, schickt er seine Gebete zu den Göttern. Streut er goldgelbes Tsampa als Opfergabe in den Wind, freuen sich Rebhuhn und Murmeltier.

Einmal haben sich die Jungs aus dem Dorf mit ihren Steinschleudern auf den Geierthron geschlichen. Little Pema stolperte ihnen hinterher, um Großvater zu warnen, war aber dann doch zu neugierig. Sie zielten auf die Türkise in Großvaters Zöpfen. Trafen aber nicht. Sie schossen an seiner hageren Schulter vorbei ins Leere, und auch seine breite Nase verfehlten sie mit zittriger Hand. Vielleicht war es die seltsame Stimmung, die den meditierenden Alten umgab. Wahrscheinlich aber der gruselige Ruf des Ortes, der sie nervös machte. Hier soll früher einmal ein riesiger Geier mit gebrochenen Flügeln gehockt haben – so lange, bis er sich in den Felsen verwandelte, an den der Großvater nun seinen krummen Rücken lehnt.

Little Pema kann sich nicht erinnern, daß es Großvater jemals wirklich gelungen wäre, Regen zu erbitten. Aber solange Schafe und Yaks die Dürre überleben, sind die Bauern zufrieden, und man ist stolz darauf, einen Regenmacher unter sich zu haben.

Sie haucht in die Nacht. Vielleicht können die Geister ihren Atem sehen. Es ist jetzt eisig kalt in der Hütte. Großvater hustet. Ein trockener Husten, der den ausgemergelten Körper beutelt. Der große Dolch klappert im silbernen Futteral. Großvater nimmt ihn sogar mit ins Bett. Türkise und rote Korallen zierten einst den prächtigen Schaft seiner Waffe. Die Steine sind längst ausgefallen. Wie Großvaters Zähne. Doch die Schneide ist immer noch scharf. So wie sein Geist.

Den Schwiegersohn hat Kelsang Norbu von Anfang an nicht leiden können, denn er war ein ›Überläufer‹, der mit chinesischen Thermoskannen handelte und Regenjacken, die keiner mehr brauchte. Unter normalen Umständen wäre ihm der junge Mann nie über die Schwelle gekommen. Doch als seine Tochter sich in diesen Taugenichts aus Chamdo verliebte, saß er wieder einmal im Gefängnis: Er hatte zum nationalen Feiertag der Besatzer statt der chinesischen Flagge seine langen Unterhosen aufs Dach gehängt. »Zum Lüften«, wie er den Polizisten beteuerte.

Normalerweise übersiedelt die Braut nach der Hochzeit zur Familie des Mannes. Doch da der Bräutigam weder Haus noch Familie hatte, die Frischvermählte aber ein Haus, in dem der Mann fehlte, wurde von nun an unter Kelsang Norbus undichtem Dach der tibetische Buttertee in chinesischen Thermoskannen serviert.

Ein Scheppern in den Regalen reißt Little Pema aus ihren Gedanken. Ratten. Sie sausen von links nach rechts und quer durch den Raum. Vielleicht sind es zwei, vielleicht auch mehr. Wie sind sie in die Hütte gekommen?

»Die Leere in unserem Speicher lockt das Ungeziefer ins Haus«, schimpft Großvater immer, »bald besteuern die Chinesen auch noch die Lumpen, die wir auf dem Körper tragen. Bis irgendwann gar nichts mehr von uns übrigbleibt, nur unsere blanken Knochen!«

Peng! Das war eine Opferschale, die scheppernd zu Boden ging.

Stille.

Die Mutter ist nicht aufgewacht. Auch Großvaters gleichmäßiger Atem rasselt weiter durch die Nacht.

Einmal hat Little Pema im Stall junge Ratten gefunden. Sie waren gerade neu geboren, und ihre Haut war noch ganz rosig. Großvater hat sie hinaus in die Felder getragen. Seit er aus dem Gefängnis zurück ist, tötet er keine Tiere mehr. Den Hund hat er auch von der Kette gelassen. Der ist jetzt sanft und schlägt nicht mehr an.

Großvater hat nie darüber gesprochen, wie viele Chinesen er auf dem Gewissen hat. Der Widerstandskampf ist lange her, und wenn es um die Freiheit geht, drücken die Götter vielleicht ein Auge zu.

Wenn diese Nacht ewig dauern würde, müßte sie morgen nicht zur Schule gehen.

Wenn diese Nacht ewig dauern würde, müßte sie keine Angst mehr haben – vor dem Vater und der Schmach, verprügelt zu werden.

Wenn diese Nacht ewig dauern würde, wären auch die Löcher in ihren Strümpfen egal.

Wenn diese Nacht ewig dauern würde, bräuchte sie nicht nach Indien zu gehen.

Doch wenn diese Nacht ewig dauern würde, müßte auch Großvaters Gebetsmühle für immer ruhen.

»Kommst du mit?« hatte sie ihre Ama gefragt, nachdem sich die Sonne hinter den Bergen verkrochen hatte.

»Ich bleibe bei Großvater und Tashi. Tashi ist zu klein und der Großvater zu alt für den weiten Weg.«

»Wann muß ich gehen?«

»Sobald es die Würfel mir sagen.«

Köln, im Winter 1997

Nirgendwo fühle ich mich so wohl, wie auf Jürgens grauer, abgewetzter Couch, deren Anblick nur durch einen üppig geblümten IKEA-Überwurf erträglich ist.

Jürgen ist Journalist bei der Tagesschau, mein bester Freund, und wenn ich Angst vor wirren Träumen habe, darf ich bei ihm klingeln, zweimal kurz, einmal lang, dann weiß er, daß ich es bin. Denn in meiner engen Dachbude lebt es sich gefährlich als Schlafwandlerin. Vor einigen Tagen bin ich aufgewacht, als ich mich mit nackten Armen durch den Schnee wühlte, der nachts auf Köln herabgefallen war. Ich hatte von einem verlorenen Schlüssel geträumt und war gerade dabei, ihn auf meinem verschneiten Dach zu suchen. Jürgen wohnt im zweiten Stock, und seine Nähe bringt mich immer wieder auf den Boden der Tatsachen zurück. Außerdem finde ich es absurd, daß jeder Single in Köln in seiner eigenen Single-Wohnung schlafen soll. Außerdem hätte ich bei mir ohnehin keinen Parkplatz mehr gefunden. Außerdem ist meine Heizung kaputt, und außerdem habe ich Hunger.

Jürgen weiß, wie man über Internet eine vegetarische Pizza ohne Knoblauch, Zwiebeln, Käse, Ei, dafür aber mit doppelter Portion Tomaten und Brokkoli bestellt, und sein Thermostat steht von Anfang September bis Ende Mai auf fünfundzwanzig Grad plus.

Jeden Morgen fahre ich mit Jürgens rotem Golf und

schwarzgefärbten Haaren nach Wiesbaden, wo ich gerade dabei bin, mich als türkische Physiotherapeutin in einen hessischen Biobauern zu verlieben. Ich bin eine mittelmäßig talentierte Schauspielerin der SAT-1-Vorabendserie ›Kurklinik Rosenau‹. Meistens bewege ich mich joggend oder schwimmend durchs Bild, manchmal darf ich auch was sagen oder meinen attraktiven Filmpartner küssen. In der nächsten Staffel werde ich sogar ein Kind bekommen und freue mich jetzt schon auf die Drehtage mit umgeschnallten Kissen unterm T-Shirt.

Heute scheint Jürgens Pizzabestellung abgestürzt zu sein. Jetzt bleibt nur noch das Nutella-Glas auf seinem Küchenregal, denn Jürgens Kühlschrank macht mir angst: Fleischwurst, Majo und Kölsch. Blöderweise hat mir unser Aufnahmeleiter heute gesteckt, daß gestocktes Rinderblut die Schokocreme so wunderbar streichfähig macht. Nutella geht also auch nicht mehr. Schade, daß Jürgen schon schläft. Er hätte sich für mich bestimmt noch in die feuchtkalte Nacht hinausgewagt, um sich auf die Suche nach einem offenen Büdchen zu machen. Und zweifelsohne hätte er reiche Beute nach Hause gebracht: Krokantschokolade, Pringles und eine Familienpackung Milky Ways.

Also bleibt mir nichts anderes übrig, als mich mit Heißhunger durch die Fernsehprogramme zu arbeiten: die öffentlich-rechtlichen, für die ich gerne arbeiten würde, die privaten, von denen ich lebe, vorbei an VIVA, VIVA 2 und MTV, schnell weiter durch die seltsamen Zwanziger-Programme, bis ich schließlich wieder beim Ersten angelangt bin. Hier läuft ein österreichischer Krimi aus den frühen Achzigern. ›Kottan ermittelt‹ – absolut genial! Als Kind habe ich mein Ohr an der Wand zu unseren schwerhörigen Nachbarn plattgedrückt, um den Kottan wenigstens als ›Hörspiel‹ zu verfolgen. Meistens hatte ich ja Fernsehverbot, wollte aber auf dem Schulhof unbedingt mitreden können. Jetzt muß ich mir den ›Kottan‹ selbst verbieten, sonst verfalle ich über Nacht noch in meinen Wiener Slang, den ich mir hart abtrainieren mußte, um bei SAT 1 als ›Quoten-Türkin‹ durchzugehen.

Auf dem Zweiten erhasche ich gerade noch das Ende eines Beitrags über die gesundheitlichen Risiken einer Brustvergrößerung. Das nächste Thema der Sendung: tibetische Kinder, die ohne ihre Eltern über den Himalaya nach Indien flüchten. Die Fotos eines erfrorenen Mädchens – nicht älter als zehn – und eines noch kleineren Jungens werden gezeigt. Ein Bergsteiger war zufällig auf ihre Leichen gestoßen, als er illegal das tibetisch-nepalesische Grenzland durchstreifte.

Der Anblick dieser Kinder trifft mich genau da, wo ich am verwundbarsten bin. Verloren, verlassen, von ihren Eltern über das höchste Gebirge der Welt ins Exil geschickt – mit dünnen Stoffschuhen an den Füßen, die kleinen, zerbrechlichen Finger nicht einmal durch warme Handschuhe geschützt. Ich ahne, wie kalt es da oben ist in den Nächten und wie knapp die Luft zum Atmen. Ich weiß, wie häßlich Erfrierungen aussehen. Bergsteigen ist so ziemlich das einzige, was ich recht gut kann.

Ich hole mein Bettzeug aus der Weidentruhe, drehe Licht und Fernseher ab, verkrieche mich in Jürgens grauer Couch. Doch meine Gedanken lassen sich nicht abstellen. Waren die Kinder Geschwister? Haben sie sich ganz alleine auf den Weg gemacht? Oder waren sie Teil einer Gruppe und sind in einem Schneesturm verlorengegangen? Hat ein skrupelloser Schlepper sie im Stich gelassen, weil ihr langsames Tempo den Rest der Gruppe gefährdete? Was ist mit den Eltern? Wie konnten sie so verantwortungslos sein, die Kleinen im Winter über die Berge zu schicken? Warum sind sie nicht mitgegangen, warum haben sie ihre Kinder nicht ins Exil begleitet? Wissen sie überhaupt, daß ihre Kleinen dort oben im Himalaya erfroren sind? Das muß das Schlimmste für ein Kind sein: nicht in den tröstenden Armen der Mutter, sondern ganz alleine da oben in der Eiswüste zu sterben – in dem Bewußtsein, daß es die Eltern nie erfahren werden. Ich weine in mein Kissen, doch weil Jürgen mich nicht hört, schlafe ich schließlich ein. Im Traum werden die Bilder lebendig. Ich sehe die beiden Kinder in einer gigantischen eisgrauen Kulisse umherirren. Nicht ein kleiner Pfad, der ihnen Halt gäbe! Nicht eine Yakflade, die die vertraute Nähe von Menschen angekündigt hätte! Und als die Berge nachts zu schwarzen Ungeheuern werden, läßt sich der kleine Bruder auf den gefrorenen Schnee fallen und weint nach seiner Mutter. Die Schwester hält seine kalten Hände. Verspricht, daß sie nach Hause zurückkehren werden, wenn wieder Tag ist. Doch als Nomadenmädchen weiß sie, daß die Eiseskälte sie für immer an das Schneebett fesseln wird.

Als ich aufwache, höre ich Jürgen in der Küche Orangensaft pressen. Der Kaffee ist auch bereits gekocht, nur der Bäcker hatte noch nicht offen.

»Ich weiß, was ich von Beruf machen möchte.«

»Du bist Schauspielerin.«

»Ich möchte aber Bergführerin sein.«

»Da wirst du hier im Rheinland sicher schnell einen Job finden.«

»Nicht hier. Im Himalaya. Ich werde tibetische Kinder auf ihrer Flucht begleiten.«

Bevor Jürgen mich mit seinem Sarkasmus mundtot machen kann, verschwinde ich im Bad und verriegle die Tür. Ich dusche kalt, um mich schon mal auf die Kälte in sechstausend Metern Höhe vorzubereiten. Plötzlich ergibt alles einen Sinn: daß ich am Samstagabend das Fitneß-Studio immer als letzte verlasse, um am Sonntagmorgen beim Lauftraining die erste zu sein. Daß meine Ururgroßtante Paula die erste Skispringerin Österreichs war (mit langen wehenden Röcken sprang sie achtundzwanzig Meter weit); und daß Heinrich Harrer meiner Mutter zur Hochzeit drei silberne Opferschalen aus Tibet schenkte.

Beim gemeinsamen Frühstück ohne Brötchen, Müsli und Ei fragt mich Jürgen meinen mageren Text für den heutigen Drehtag ab.

Tamding, der Amdo-Boy

ཨོཾ་ *»Amdo ist die schönste Provinz in Tibet. In Amdo ist Seine Heiligkeit, der 14. Dalai Lama, geboren. Ich bin auch ein Amdo-Boy, und ich erinnere mich, daß die Leute über unseren Ort sagten, daß er der beste von Tibet sei!*

Ich lebte in einem kleinen Dorf, wo fast alle Familien Bauern sind. Meine Eltern hatten nur ein kleines Haus, und wir teilten uns zu fünft ein großes Bett: Amala, Paala, meine Brüder und ich.

Meine Großeltern lebten auch bei uns, und ich liebte sie sehr. Sie sind es, die ich heute am meisten vermisse.

Meine Mutter zeigte mir alles, was man als Bauer wissen muß. Deshalb weiß ich, wie hart das Leben der Bauern in Tibet ist. Wenn ich daran denke, tut es mir immer so leid für sie.

Meine Familie hatte große Probleme, denn wir hatten nie genug zu essen. Wann immer die chinesische Regierung Arbeiter zum Straßenbau brauchte, holten sie die Männer unseres Dorfes. Dann fehlte Vater auf dem Feld und bei den Tieren. Außerdem war es schlimm mit den Steuern. Wenn ein Kind zuviel in der Familie war, mußten die Eltern dafür Strafe zahlen…« TAMDING

»Seht ihr die drei Sterne?« Paala deutete in den Himmel, wo direkt über ihnen das Dreigestirn der Kassiopeia auf die Berge herabblickte. Die drei Himmelskörper, die wie auf einer imaginären Geraden nebeneinander um die Wette funkelten, machten es Tamding leicht, das Sternzeichen als erster zu erkennen. Aber auch seine Brüder Mipam und Dorjee hatten es schnell gefunden. Dann sprach Vater davon, daß er sie alle drei gleichermaßen lieben würde. Und daß er keinen von ihnen missen wolle – so wie Kassiopeia auf keinen ihrer drei Sterne verzichten konnte. Es sollte nie einen Unterschied zwischen den Brüdern geben.

Tamding wußte, daß sein Paala aus dem Herzen sprach. Sein Vater war der beste Mensch in der Familie. Und doch – es gab einen Unterschied zwischen ihm und seinen Brüdern. Tamding war der Jüngste. Er war derjenige, für den die Eltern hohe Steuern an die Chinesen zahlen mußten. Denn in seiner Provinz ist es nicht erlaubt, mehr als zwei Kinder zu haben. Für jedes weitere verlangt die Regierung so hohe Steuern, daß es die meisten Familien in den wirtschaftlichen Ruin treibt.

»Wegen des Dritten« mußte Amala schon seit Jahren dieselbe abgewetzte Chuba tragen. »Wegen des Dritten« hatte Paala eine tiefe Sorgenfalte zwischen den Brauen. »Wegen des Dritten« konnten sie für Großvater keine Medikamente kaufen. »Wegen des Dritten« wurden der Erste und der Zweite nicht satt. Natürlich hatte das nie jemand in der Familie so ausgesprochen. Es war Tamding, der es dachte und fühlte.

Die Nacht, in der der Vater seinen Söhnen das Dreigestirn am Himmel zeigte, war die erste, in der Tamding draußen in den Bergen übernachten durfte. Das war an seinem sechsten Geburtstag, und der Vater nahm den Jüngsten zu sich unter den weiten Fellmantel.

Die drei Brüder am Himmel sind seitdem Tamdings liebstes Sternzeichen. In den Wintermonaten stehen sie frühmorgens noch am Himmel und warten darauf, daß Tamding mit seiner Schultasche aus der Haustür schlüpft, den

Bach entlang bis zur Brücke läuft, auf den kleinen Felsen klettert und zusieht, wie sie sich langsam drehend hinter den Horizont schieben, einer nach dem anderen.

So beginnt jeder Morgen für Tamding mit einem kleinen Abschied.

Doch bevor die leise Melancholie dieser Stunde nach Tamdings Herz greifen kann, kommt meist auch schon Jamjang vom anderen Ufer über die Brücke gekeucht, um Luft und dumme Ausreden für seine Verspätung ringend.

Jamjang ist Tamdings bester Freund, und er ist auch der Beste in der Klasse, weil Tamding ihn immer abschreiben läßt. Tamding ist Zweitbester, weil er das schlechtere Schreibzeug hat. Die billigen Kulis aus China machen so häßliche Kleckse und verschmieren die Schriftzeichen auf dem schlechten Schulpapier. Jamjang schreibt seine Arbeiten mit einem guten Füller aus dem Westen. Er hat keine Geschwister, und seine Großeltern brauchen keine teuren Medikamente, weil sie schon lange gestorben sind. Doch Tamding ist seinem Freund nicht neidisch. Es ist besser, einen billigen Kuli und dafür noch Großeltern zu haben. Sie kennen all die alten Geschichten von Tibet und viele Lieder.

Früher mußten die heiratsfähigen Männer in Amdo gut singen können, sonst haben sie keine Frau abbekommen. In großen Gruppen sind sie damals in die Nachbardörfer gezogen, um unter den Fenstern ihrer Auserwählten zu singen. Wer da keine Luft in den Lungen hatte, mußte mit den Geiernasigen vorliebnehmen, der häßlichen Schwester oder einer grauhaarigen Witwe.

Großvater hat die schönste Frau bekommen, und er ist immer noch ein guter Sänger.

Als Paala der Familie mit sorgenvoller Miene eröffnete, daß es zu Losar in diesem Jahr weder neue Kleider für die Kinder noch Biskuits für die Gäste geben würde, schlug

Großvater auf den Tisch und rief: »Dann singen wir eben! Solange wir singen, merken die Neujahrsgäste nicht, daß unsere Hosen zu kurz und unsere Teller leer sind!«

Doch neue Kleider gehören zu Losar wie die Hörner zum Yak. Und die Süßigkeiten müssen auf den Teller wie der Schnee auf die Gipfel der Berge. Das Aufregendste an dem dreitägigen Neujahrsfest ist ja, daß man Besuch von befreundeten Familien bekommt und auch selber in andere Häuser eingeladen wird. Es sind die Tage im Jahr, an denen man sich nach Herzenslust satt essen kann. Die Amalas machen ›Kabzes‹, verschlungene Bänder aus süßem Teig, in Aprikosenkernöl gebacken. Dazu servieren die Väter salzigen Tee und süße Biskuits für die Kinder. Ist man bei einer armen Familie zu Besuch, zeugt es von guter Haltung, die Biskuits auch nach mehrfachem Anbieten dankend abzulehnen. Und jeder im Dorf wußte, daß sie arm waren. Aber es ging um die Geste! Es ging darum, etwas zum Anbieten zu haben! Es ging um den vollen Gästeteller auf ihrem Tisch. Denn Überfluß verspricht Glück für das kommende Jahr.

Tamding ahnte schon lange, daß die Mutter kein Geld mehr für Süßes haben würde. Denn nach Losar mußte auch das Schulgeld entrichtet werden, das Jahr für Jahr wie ein Bergwiesel in die Höhe kletterte. Amala war dieses Jahr nicht einmal in die Stadt gefahren, um Stoff für neue Chubas und Hosen zu kaufen. Daß sie ihre Kleider noch ein weiteres Jahr tragen müssen, finden nur Mipam und Dorjee schlimm, weil sie schon älter sind und den Mädchen gefallen wollen. Für Tamding ist es noch das Wichtigste, ein guter Schüler zu sein. Und das schafft man auch mit Hosen, die gerade mal über die Knie reichen.

Nach der Schule will Tamding zu dem Kloster, das vor langer Zeit am Rand ihres Dorfes in einen Berg hineingehauen wurde. So konnte es während der Kulturrevolution nicht zerstört werden. Die Chinesen hätten den ganzen Berg niederreißen müssen. Nur Chenresig, der Buddha des Mitgefühls, mußte seine tausend Arme lassen, wie ein Pfau seine Federn. Daß die neuen Arme nicht vergoldet, sondern nur mit billiger Goldfarbe bemalt sind, hat seiner Autorität nicht geschadet. Und so werfen sich Tamding und Jamjang mit großer Ehrfurcht vor ihm nieder. Dreimal. Dann hocken sie sich mit übereinandergeschlagenen Beinen auf ihre Schultaschen und Tamding richtet still seine Bitte an den Tausendarmigen:

»Großer Buddha. Jede Nacht höre ich Ama weinen, denn mein Schlaf ist der eines Wachhundes. Wenn die Götter nicht bald Biskuits und Kekse vom Himmel schicken, werde ich gehen. Irgendwohin, wo ich nicht länger der Dritte bin.«

Chenresig ist riesengroß. Drei Meter oder mehr. Wenn er zuhört, sind seine Augen halb geöffnet. Und halb geschlossen sind sie, wenn er in Versenkung ruht. Zu seinen Füßen liegen die Opfergaben der Dorfbewohner: Tsampa, Reis, Brot, Kekse und Biskuits. Wer arm ist, bringt eine Schale mit Wasser. Vor wenigen Tagen feierte ein wohlhabender Mann aus dem Dorf seine Hochzeit. Die Süßigkeiten zu Füßen des Buddhas müßten also noch frisch sein und wurmfrei. Kekse mit bröckeliger Schokoladencreme, einfache Biskuits und solche mit Marmelade... Es würde bestimmt nicht auffallen, wenn ein oder zwei Packungen fehlten.

Verstohlen schielt Tamding nach dem dicken Mönch, der Tempeldienst hat. Er sortiert die Butterlampen aus, die schon heruntergebrannt sind. Mit einer langen Zange, damit er sich nicht die Finger verbrennt, läßt er sie laut klappernd in einen schmierigen Eimer fallen. Tamding zuckt zusammen. Nein. Es ist schlimm genug, auch nur daran zu denken! Ratten, Mäuse und anderes Ungeziefer machen sich nachts heimlich über die Opfergaben her, doch nicht er!

»Warum ist der Tempelmönch so dick?« fragt sich Jamjang auf dem Nachhauseweg.

»Weil er nicht auf dem Feld arbeiten und vermißten Schafen hinterherrennen muß«, meint Tamding.

»Aber vom Beten allein wird man doch auch nicht satt!«

»Manchmal geschehen Wunder.«

»Ich glaube, daß er von den Opfergaben nascht.«

»Das glaub' ich nie und nimmer!« ereifert sich Tamding. »Wer den Göttern die Gaben stiehlt, wird als Ratte wiedergeboren!«

Am letzten Schultag vor Losar gibt der Lehrer die Plazierungen der Schüler bekannt. Es ist eine kleine Dorfschule, die Tamding besucht. Es gibt nur sechs Klassen und sechs Lehrer. Sie sind alle Tibeter, müssen sich aber strikt an den Unterrichtsstoff halten, den die Chinesen vorschreiben. An der Wand über der Tafel hängt ein Bild von Mao Zedong.

Der Lehrer ist nett, und er hat eine Neujahrsüberraschung mitgebracht: Für jedes Kind gibt es heute ein klebriges Bonbon. Für die drei besten Schüler sogar ein Geschenk.

Tamding spürt dieses seltsame Prickeln unter den Haaren. Es meldet sich immer, wenn er aufgeregt ist oder Gefahr droht.

Platz drei geht an die fleißige Dolma, die sich mit einer kleinen Verbeugung für die Tafel Schokolade bedankt. Nun holt der Lehrer eine riesige Packung Marmeladenbiskuits aus der Plastiktüte. Sie ist für Tamding bestimmt – Platz zwei, wie jedes Jahr. Jamjang bekommt als Klassenbester eine große Dose mit chinesischen Krokantpralinen.

Auf dem Nachhauseweg schimmert für sie die Straße golden vor Glück. Und die Schritte sind leicht, als würde sie der Tausendarmige tragen. Als sie an die Brücke kommen, wo ihr Weg sich trennt, drückt Jamjang seinem Freund die Dose mit den Pralinen in die Hand: »Chenresig und wir beide wissen, daß du in Wahrheit der Klassenbeste bist.«

Dann läuft er schnell über die wankende Brücke, dreht sich am anderen Ufer noch einmal um: »Ein schönes Losarfest! Und paß auf, daß deine Brüder dir nicht alles wegfressen!«

Als Tamding nach der dünnen Thukpa – einer Suppe aus Nudeln und Gemüse – die Biskuits und Pralinen auf den Tisch legt, ist das Staunen groß: Hier ist ein kleines Wunder geschehen.

Doch auch in dieser Nacht hört Tamding seine Ama weinen, und er weiß, daß das Problem seiner Eltern mit Biskuits und Bonbons nicht zu lösen ist.

Tibetisches Kinderdorf, Ladakh, im Sommer 1998

Den Gedanken, Bergführerin für tibetische Flüchtlingskinder zu werden, habe ich erst mal verworfen. Etwas zu abgefahren. Ich beschließe, einen Benefizabend für tibetische Flüchtlingskinder zu machen. Wozu bin ich Schauspielerin? Neben meinem Bett liegt das Telefon, und ich wähle die Nummer meiner Freundin Andrea. Sie spielt Saxophon und ist eine begeisterte Bergsteigerin. Vor allem bergauf. Runter fliegt sie neuerdings mit dem Paraglider. Wir könnten das erspielte Geld unseres Auftritts direkt in den Himalaya bringen und mit einer Bergtour verbinden. »Bergsteigen ist immer gut«, sagt Andrea, gähnt und legt wieder auf. Es ist drei Uhr morgens.

Ein halbes Jahr später verkrieche ich mich in Andreas starken Armen, denn für einen Landeanflug im Himalaya braucht man entweder ein ausgeprägtes Phlegma oder den unerschütterlichen Glauben an eine glückliche Reinkarnation. Mit rasanter Geschwindigkeit fällt die kleine Maschine aus den dichten Wolken herab, die ohne Vorwarnung aufreißen und den Blick auf gigantische Felswände freilegen. Rechts, links, hinten, vorne – überall nur steinerne Monster, gegen die das Flugzeug mit an Sicherheit grenzender Wahrscheinlichkeit prallen wird. Ich gelobe gerade, ein besserer Mensch zu werden, da verläßt die Maschine ihren Crashkurs, zieht eine halsbrecherische Kurve und landet schließlich mit einem eleganten Bogen auf dem dreitausend Meter hoch gelegenen Flugplatz von Leh, der Hauptstadt Ladakhs. Im Nordosten Tür an Tür mit Tibet, im Nordwesten bedrohlich nah an Pakistan und im Westen an ein ungeliebtes Kaschmir grenzend, liegt dieses ›Land der hohen Pässe‹, das als Wiege des Buddhismus gilt. Der Ladakhi hält nicht viel davon, daß er politisch gesehen zu Indien gehört, und hat sich – hinter unwegbaren Bergketten – sein eigenes Universum geschaffen: Ein ›Klein-Tibet‹, wie es die tibetischen Herrscher einst abfällig nannten, doch heutzutage mit seinen unzähligen buddhistischen Klöstern tibetischer als Tibet selbst.

Als Andrea und ich unseren ersten Schritt auf ladakhischen Boden setzen, fühle ich mich, als wäre ich endlich zu Hause angekommen: Nur Berge um uns herum – mit dem Bonus, daß es nicht die österreichischen Alpen sind. Hier gibt es weder klaustrophobische Täler noch klamme Finger und Schnürlregen, noch bärtige Männer mit Karohemden und zweifelhaftem Humor und Hüttenwirte, die ihre lernschwachen Kinder verprügeln. Hier ist die Luft kristallklar und dünn, die Farben sind heiter, und die Landschaft ist von märchenhafter Weite.

Mit Jürgens Hilfe habe ich mir beim WDR ein kleines Aufnahmegerät ausgeliehen. Denn seit Peter Lustig in der Kindersendung ›Löwenzahn‹ an einem rauschenden Bach versuchte, das Gluckern des Wassers einzufangen, möchte ich Geräusche-Sammlerin werden. Schon nach den ersten Tagen unserer Akklimatisierung kann sich die Beute auf dem kleinen Sony hören lassen: Da wiegen sich rotgewandete Mönche mit sonoren Gesängen in Trance, und die mit Türkisen geschmückten Frauen singen Erntedanklieder. Die Kinder, die am Indus den Schmutz aus ihrer nassen Wäsche klopfen, muntern einander mit Sprechgesängen auf. Ein

Pferdeführer bändigt sein scheuendes Tier mit einer uralten Weise. Die Moslems aus Kaschmir seufzen traurige Schnulzen von unerfüllter Liebe, und ihr Muezzin ist ständig heiser – kein Wunder, wenn man fünfmal täglich versucht, gegen eine buddhistische Übermacht anzusingen.

Meine sonst so wirren Gedanken ordnen sich nachts zu poetischen Reimen, die ich schlaftrunken in mein Mikro hauche, und Andrea ist allmählich genervt. Ich spüre, daß es besser für unsere Freundschaft wäre, das Aufnahmegerät während unserer mehrtägigen Bergtour zurückzulassen. Also verkrieche ich mich mit meinem kleinen Sony, auf dem wichtigtuerisch ein blauer WDR-Aufkleber prangt, unter der zentnerschweren Decke unseres ladakhischen Gästehauses. Bevor ich einschlafe, sollte ich mir zumindest noch das erste Interview meines Lebens anhören, das ich mit dem ersten Tibeter meines Lebens gemacht habe: im Kinderdorf von Choglamsar.

Zwanzig Minuten Busfahrt westlich von Leh liegt Choglamsar. Von der indischen Regierung auf das unfruchtbarste Stückchen Land verbannt, haben sich hier etwa viertausend Exiltibeter ein neues Leben aufgebaut, mit stetem Blick auf die Heimat, die hinter den Bergketten auf ihre Rückkehr wartet. Im tibetischen Kinderdorf von Choglamsar – einem von insgesamt elf Kinderdörfern im indischen Exil – wächst die Generation tibetischer Jugendlicher heran, deren Eltern und Großeltern bereits über den Himalaya geflohen sind. Und jene Kleinen, denen erst jüngst die Flucht über die Schneepässe gelang.

Nachdem uns der Direktor des Kinderdorfes dankend eine Spendenquittung für die Einkünfte unseres Benefizabends ausgestellt hat, vertraut er uns einem sympathischen jungen Lehrer namens Tsering an. Der führt uns über den sandigen Boden des riesigen Schulhofs, der von den ebenerdigen Schulgebäuden eingesäumt wird. Sie sind im traditionellen tibetischen Baustil errichtet worden. Die langgestreckten Fensterfronten speichern auch im Winter die Wärme der Sonne, und die Fensterrahmen aus dunklem Holz verleihen den weiß gestrichenen Fassaden eine schlichte Gemütlichkeit. In der Mitte des Schulhofes ruht – eingerahmt von kargen Blumenbeeten – eine riesige Landkarte aus buntem Stein: ›Tibet, our country‹. In der trockenen, wüstenartigen Hitze flimmert das steinerne Abbild der besetzten Heimat wie eine Fata Morgana. Aus den umliegenden Klassenräumen dringen verhalten die Geräusche des Schulalltags. Eine ruhige Konzentriertheit liegt über dem ganzen Gelände.

»Wir bereiten uns darauf vor, China eine gute Antwort zu geben. Nicht mit Waffen, sondern mit der Kraft unseres Geistes«, lacht Tsering und fordert uns auf, einen Blick in die verschiedenen Klassenräume zu werfen. In der Montessori-Kindergruppe sitzen die Jüngsten – nicht älter als drei, vier Jahre – in kleinen Gruppen auf dem hölzernen Bretterboden und bemühen sich, bunte Plättchen zu geometrischen Formen zu legen. Die Kinderzeichnungen an den Wänden unterscheiden sich kaum von denen in deutschen Kindergärten, nur daß die Berge mehr Schnee tragen und die Yaks längere Hörner als unsere Rinder haben.

Die Sechsjährigen der ersten Grundschulklasse wirken wesentlich jünger und zerbrechlicher als europäische Erstkläßler. Doch das Singspiel, das ihnen das englische Alphabet beibringen soll, singen sie mit großer Begeisterung:

A, B, C, D, E, F, G
My mother always made the tea
H, I, J, K, L, M, N
My father is a Khampa man!

O, P, Q, R, S, T
When Tibet will be one day free
U, V, W, X, Y, Z
I will go home to our little flat.

Im Chemiesaal dürfen die Oberstufenschüler heute ohne ihren Lehrer Tsering an einem Versuchsaufbau experimentieren; und in der Bibliothek, die mit farbenprächtigen Holzschnitzereien ausgestattet ist, schmökern die Abiturienten in moderner westlicher Literatur und in antiken tibetischen Schriftrollen. Keine Frage: Das hier ist eine Eliteschule. Hier werden die Kinder ausgebildet, die Tibets Hoffnung und Zukunft sind.

»Wenn Tibet einmal frei sein wird, werden wir viele gut ausgebildete Leute brauchen, die unsere zerstörte Heimat wieder aufbauen«, sagt Tsering, »und all diese Kinder, die ohne ihre Eltern ins Exil kamen, werden mit einem großen Schatz an Wissen nach Hause zurückkehren und ihrem Land mit den erworbenen Fähigkeiten dienen.«

Wenn Tibet einmal frei sein wird. Ein schöner Gedanke, wenn auch etwas utopisch. Die Kinder scheint er jedenfalls zu beflügeln, denn sie pauken mit auffallendem Eifer.

»Schicken die Eltern ihre Kinder wegen der guten Ausbildung nach Indien?« fragt Andrea bei einer sehr süßen Tasse Tee in der Schulkantine.

»Es gibt so viele verschiedene Gründe für tibetische Mütter, ihre Kinder einem Flüchtlingsguide anzuvertrauen!« holt Tsering aus, und ich drücke schnell den Aufnahmeknopf meines Sonys: »Oft sind es wirtschaftliche. Vor allem in den entlegeneren Gegenden Tibets herrscht extreme Armut. Und der Gipfel ist, daß diese armen Leute absurd hohe Steuern an die Chinesen zahlen müssen! Es ist so lächerlich, was für Arten von Steuern es mittlerweile in Tibet gibt:

Fellsteuern für das Vieh, Wollsteuern, Weidetaxen für das Gras, das die Tiere fressen, Wassersteuern, Landsteuern, Menschensteuern – pro Kopf in der Familie! Man nennt das ›Mi-tey‹, ›mi‹ heißt Mensch, ›tey‹ heißt Steuer. Dann ist es nicht erlaubt, mehr als zwei Kinder zu haben. Wenn eine tibetische Mutter mehr Kinder bekommt, muß sie hohe Strafen zahlen. Das geht von tausend bis fünftausend Yuan.«

»Wieviel sind tausend Yuan?« fragt Andrea. »In Dollar?«

»Ungefähr sechzig Dollar müßten das sein.«

»In Deutschland bekommt man Geld für jedes Kind, das man in die Welt setzt!«

»Die Chinesen nennen das Geburtenkontrolle. Darunter fallen übrigens auch die Zwangssterilisierungen und Zwangsabtreibungen bis in den achten Monat! Niemand versteht, warum das in Tibet so praktiziert wird. Bei der Weite und Größe des Landes haben wir nie Probleme mit Überbevölkerung gehabt! Die vielen Mönche und Nonnen sind außerdem die natürlichste Geburtenkontrolle, die bekommen nie Kinder. Familienpolitik ist einfach überhaupt nicht notwendig in Tibet! Aber seit China auf der Bildfläche erschienen ist, wollen sie die tibetische Bevölkerung kontrollieren. Und dazu kommt die chinesische Ansiedelungspolitik: Immer mehr Chinesen kommen in unser Land, und die Tibeter werden immer weniger, weil immer mehr ins Exil auswandern. Bald sind wir in unserer eigenen Heimat nur noch eine Minderheit.«

»Aber dann ist es doch ungünstig für Tibet, daß die Kinder ins Exil auswandern?«

»Was würdet ihr machen, wenn ihr euer Kind nicht mehr ernähren könntet? In vielen Familien herrscht Hunger! Außerdem ist das Schulgeld für tibetische Kinder viel höher als für chinesische. Die Folge ist, daß viele tibetische Eltern ihre Kinder nicht mehr zur Schule schicken können.«

»Ich habe gehört, daß in den Schulen ab dem zweiten Jahrgang ohnehin nur auf Chinesisch unterrichtet wird?«

»Ja, das ist richtig! Die meisten Kinder können dann dem Unterricht nicht mehr folgen und werden schnell zum Gespött der chinesischen Mitschüler. So entsteht bereits in der Schule eine Zweiklassen-Gesellschaft. Und da steckt tatsächlich System dahinter: Denn wer nichts lernt, bekommt später einmal keine Arbeit oder nur die miesen Jobs. So werden die Tibeter immer mehr an den Rand der Gesellschaft gedrängt. Die Gewalt –«

Klack. Das Band ist aus. Ich lege das nächste ein und höre mich sagen: »O.k., jetzt kannst du weiterreden.« Und dann wieder Tserings Stimme: »Wißt ihr, mit Gefängnissen, Arbeitslagern, Folter, Druck und roher Gewalt ist es den Chinesen nie gelungen, unsere Religion und Kultur zu zerstören. Druck erzeugt immer Gegendruck. Also mußten sich die Chinesen etwas Subtileres einfallen lassen. Etwas, womit unsere tibetische Gemeinschaft von innen heraus geschwächt und allmählich aufgeweicht wird. Und das scheint ihnen mit dem neuen Steuer- und Schulsystem zu gelingen. Denn wer um sein nacktes Überleben kämpfen muß, hat nicht mehr viel Zeit zur Dharma-Pflege.«

»Dharma-Pflege?«

»Das Dharma ist die Lehre vom Buddha. Das Rezitieren von Gebeten und Mantras, das Lesen buddhistischer Schriften und religiöse Übungen waren immer ein wesentlicher Bestandteil unseres Tagesablaufs. Doch ein Kind ohne Zukunft wird später nicht fähig sein, seine Religion und die Kultur unseres Landes weiterzutragen. Deshalb sage ich immer, die Wogen der Zerstörung sind vielleicht kleiner geworden in Tibet. Aber es ist immer noch eine Tragödie. Eine stille Tragödie, die in der Weltöffentlichkeit keine große Beachtung findet.«

Das Band beginnt zu leiern. Im Dunkeln kann ich nicht genau herausfinden, warum. Wahrscheinlich geht langsam die Batterie aus. Andrea schläft schon, und es wäre nicht gerade rücksichtsvoll, nach neuen Batterien zu kramen.

Ich schließe die Augen und denke an Tsering. Ich beneide diesen Mann um seine Aufgabe. Er lebt im Exil, und doch hat er seinen Platz im Leben gefunden. Das Einkommen eines Lehrers in einem tibetischen Kinderdorf ist gering, doch seine Berufung ist groß. Neben dem Eingang zur Schulkantine hängt zur rechten Seite eine Tafel für die Lehrer, zur linken Seite eine Tafel für die Schüler. Jeden Morgen werden zwei neue Sprüche an die Tafeln geschrieben. Der eine soll die Kinder, der andere die Erwachsenen durch den neuen Tag begleiten: »Ein Lehrer sollte zu seinen Schülern nicht nur verbal von Liebe und Güte sprechen, sondern ihnen auch mit Liebe und Güte begegnen, so daß sein Verhalten einen tiefen Eindruck in den Seelen dieser Kinder hinterläßt.«

»Ein Zitat vom Dalai Lama«, erklärte uns Tsering, »er ist unsere Inspiration, sein Vorbild hält im Exil alles zusammen. Wir versuchen den Kindern nicht nur eine moderne Ausbildung zu vermitteln, wir wollen keine Egoisten großziehen, die nur hinter dem Geld her sind. Wir wollen diesen Kindern helfen, als Menschen mit einem fühlenden Herzen heranzuwachsen. Menschen, die stolz von sich sagen können: ›Ich bin ein Tibeter!‹ – mit all den Werten unserer Kultur.«

Mit lautem Geschepper unterbrach die Pausenglocke unser Gespräch. Hunderte von Kindern stürmten aus den Schulgebäuden, verteilten sich plappernd und lachend über den riesigen Hof. Die Mädchen tragen dunkelgrüne Chubas, die Jungs graue Wollpullover über ihren grauen Hosen. Jedes tibetische Kinderdorf hat seine eigene Schuluniform.

Auch Tsering geht Grau in Grau, wie seine kleinen Schüler. »Chola Tsering«, rufen ihn die Jüngsten und holen sich verstohlen kleine Streicheleinheiten bei ihm ab, um anschließend schnell wieder in dem grün-grauen Gewusel unterzutauchen. Chola nennen die tibetischen Kinder ihren älteren Bruder. In einem tibetischen Kinderdorf ist man nicht nur Lehrer, sondern auch Vater, Mutter, Bruder, Schwester, Onkel für diese Kinder, die alles in Tibet zurücklassen mußten.

»Warum schicken die Eltern sie alleine fort? Warum gehen sie nicht mit nach Indien?« fragte ich Tsering. Diese Frage beschäftigt mich, seit ich die Bilder von den beiden erfrorenen tibetischen Kindern im Fernsehen gesehen habe.

»Die meisten Menschen in Tibet sind Bauern oder Nomaden. Sie leben von ihren Tieren oder ihrem Grundbesitz. Sie haben sonst keinerlei Ausbildung. Für einen Erwachsenen ohne Qualifikationen ist es in einem überbevölkerten Entwicklungsland wie Indien kaum möglich, sich eine neue Existenz aufzubauen. Also schicken sie ihre Kinder. Ein anderer Grund ist die tibetische Großfamilie: In Tibet gibt es keine Altersheime wie bei euch. Würden die Eltern dieser Kinder auswandern, ließen sie ihre Alten schutzlos zurück.«

Die Alten. Es stimmt, was Tsering sagte. In unserer Kultur werden sie einfach abgeschoben. Zurückgelassen. Wie meine alte Oma in Österreich. Sie hatte fünf Kinder. Ich war ihr ›sechstes‹. Und dann bin ich nach Deutschland gegangen, weil es da für mich als Schauspielerin mehr Chancen gab. Sie muß sehr traurig gewesen sein, aber sie zeigte nur ihre aufrichtige Freude über mein erstes Engagement an einem richtigen Theater!

»Nur zwei Jahre«, habe ich ihr gesagt. »Zwei Jahre lerne ich richtiges Hochdeutsch da oben bei den Piefkes, und dann komme ich wieder zu dir zurück.«

»Dann wirst du Brötchen statt Semmel sagen und Tüte statt Sackerl.«

»Ich werde nie Brötchen sagen, Omili.«

»Wie werden sie dich da oben nennen? Zazie oder Maria?«

»Maria. Die Deutschen haben es nicht so mit den Spitznamen wie wir.«

»Für mich wirst du immer das Zazili bleiben – auch wenn du berühmt bist.«

»An einer Provinzbühne wird man nicht berühmt, Omili – auch nicht in Deutschland.«

Dann hat Oma mir ein recht seltsames Abschiedsgeschenk gegeben: feine, seidene Unterwäsche – viel zu sexy für ein Omageschenk. Wahrscheinlich dachte sie, daß man so was braucht bei den Piefkes. Als sie dem Taxi hinterherwinkte, das mich zum Bahnhof bringen sollte, leuchtete ihr Haar noch weißer als sonst.

Das war vor sieben Jahren. Ausgerechnet hier in Ladakh treibt mir die Erinnerung an diesen Abschied endlich die Tränen in die Augen, die ich damals so tapfer heruntergeschluckt habe.

Ich hasse Abschiede. Sie sind das schmerzhafteste Geschenk Gottes.

Meine liebe Oma. Bevor wir morgen in die Berge aufbrechen, werde ich sie noch schnell von einem der vielen kleinen Telefonläden in Leh anrufen.

Chime und Dolker, die beiden Schwestern

ཨོཾ *»Meine Mutter ist der Mensch, der uns alles gegeben hat: Liebe, Erziehung, Essen und Kleidung. Sie lehrte uns auch gutes Benehmen. Oft lieh sie sich Geld von den Nachbarn, damit sie uns Kindern eine Freude machen konnte. Sie spielte viel mit uns: Seilspringen und Aupo – das Spiel mit den Steinen. Sie erzählte uns viele Geschichten, und sie backte das beste Brot. Sie konnte wunderbar weben und nähte alle Kleider selbst. Sie war aber auch eine gute Tänzerin und Sängerin. Zu Losar, wenn die ganze Familie zusammenkam, trug sie uns ihre Künste vor. Sie machte viele Witze und schien immer glücklich zu sein – auch wenn sie es nicht war.*

Mein Vater war ein guter Mann, aber er liebte es, zu spielen. Ich habe gehört, daß er ein Mensch war, den die Leute früher sehr schätzten. Aber dann verspielte er eine Menge Geld und brachte Armut in unser Haus. Deswegen hatte meine Mutter immer große Geldprobleme.

Ich vermisse meine Mutter sehr. Sie arbeitete so hart für uns! Sie war es, die unsere Familie zusammenhielt. Und ich hoffe, daß ich sie später einmal glücklich machen werde …« CHIME

Ein rotbrauner Drache windet sich mit Anmut auf dem hellen Porzellan der Tasse, die Vater einmal von einer Geschäftsreise aus Xining mitgebracht hat. Das war zu einer Zeit, als er noch Geld für Geschenke und Zeit für seine Kinder hatte. Amala flocht bunte Steine in ihr schwarzes

Haar, und aus jeder Ecke des Hauses strahlte das Glück der Familie.

»Mit seinem Feuer beschützt der Drache den kostbaren Inhalt der Tasse«, erklärte Ama den Kindern und stellte sie behutsam auf das oberste Regal in der Küche. Und wenn sie nach ihren Einkäufen auf dem Markt noch ein paar Münzen übrig hatte, ließ sie diese mit eifrigem Geklimper in die Drachentasse fallen. Es gab immer etwas, wofür Amala sparte: Lampions für ein Schischi – ein großes Fest im Freien, ein Festmahl für Losar, ein neues Kleid für Chime oder ein Spielzeug für Dolker. Fielen die Münzen mit einem dumpfen Geräusch in die Tasse, war sie bald randvoll und die Erfüllung eines geheimen Wunsches sehr nah. Deshalb nannten die Mädchen den wilden Beschützer von Amas Ersparnissen ihren ›Glücksdrachen‹.

Vom Bett aus können sie beobachten, wie er seinen roten Drachenschwanz schnalzen läßt und böse grinsend Feuer aus den Nüstern bläst. Wirklich gefährlich wird der Glücksdrache allerdings nie, denn ein zarter Goldrand hält das Tier in Schach und gebietet auch dem Trinker angemessene Zurückhaltung, wenn er die edle Tasse an den Mund führt.

Es gibt Tassen, aus denen man mit Wonne dickflüssigen Buttertee schlürft. Und es gibt Tassen, aus denen man dezent den grünen Tee aus China nippt.

Eine solche Tasse war jene aus Xining.

Doch seit Vater nur noch üble Laune von seinen Geschäftsreisen nach Hause bringt, steht die Tasse auf dem obersten Regal des Küchenschrankes und wartet – wie die blassen Chinesinnen, die an der Ecke ihrer Straße stehen, mit Minirock und hohen Schuhen, die Lippen blutrot geschminkt, was das gespenstische Weiß ihrer Gesichter noch mehr zur Geltung bringt. Erst schimpften die Nachbarn auf die leichtgeschürzten Mädchen, die man sich um den Preis einer Coladose abholen kann. Doch irgendwann lästerten nur noch die Nachbarinnen, und die Männer fanden es interessant, daß die Chinesinnen auch bei zwanzig Grad minus noch Netzstrümpfe tragen.

Amala schimpft nie, wenn Paala erst morgens nach Hause kommt und sein Geldbeutel wieder leer ist. Sie verzweifelt auch nicht daran, daß ihre Haut viel dunkler ist als die der Chinesinnen und ihre erdfarbene Chuba viel länger als deren Röcke aus knallrotem Leder. Sie versucht sich auch nie an spitzen Schuhen mit dünnem Absatz. Denn Amas Gang gleicht einer Wiege, die abends ein Baby in den Schlaf schaukelt. Amas Hände sind immer rauh von der Arbeit und groß von der Liebe, die alles verzeiht. Wenn Ama lacht, vibriert die Luft vor Glück. Wenn Ama traurig ist, vibriert die Luft von ihrem Lachen. Chime hat ihre Ama noch nie weinen gesehen. Auch nicht, als Paala zum ersten Mal über Nacht wegblieb und plötzlich nach dem billigen Parfum der Mädchen roch. Und wenn Dolker spätabends nach ihrem Paala fragt, erzählt Ama, daß Väter manchmal auch nachts arbeiten müssen.

Chime hat längst aufgehört zu fragen. Mit ihren zehn Jahren weiß sie Bescheid: Wie ein Leuchtturm weist die Spielhalle der Stadt mit einer flackernden Leuchtbanderole all jenen Tibetern, die sich nicht mehr an die Traditionen halten, den Weg in den chinesischen Vergnügungshafen. Und wer bereits die Mädchen an der Ecke kennt, folgt meistens auch dem Ruf der nächtlichen Sirenen, die schnelles Geld verheißen. Hat der Steuermann Familie, reißt er Frau und Kinder mit ins Verderben.

Als Ama merkte, daß der sichere Boden unter ihrem wiegenden Schritt zu schwanken begann, handelte sie mit Entschlossenheit. Nun stellt sie ihr Bett schon frühmorgens auf die Straße und legt darauf die Ware aus, die sie nachts mit brennenden Augen und müdem Rücken angefertigt hat: von Hand gewebte Taschen, Teppiche und buntgestreifte Schürzen, die nur verheiratete Frauen tragen. Ihr besonderes Geschick sprach sich schnell herum, und nach dem Markttag ist wieder das vertraute Klimpern kleiner Münzen zu hören, die auf den tiefen Grund der leeren Drachentasse fallen.

Doch wenn ein Spieler im Haus ist, nützt auch ein feuerspeiender Hüter nicht viel:

Das Geld, das Ama in vielen Tagen mühevoller Kleinarbeit erwirtschaftet, verspielt der Vater während einer Nacht. Also ließ Ama eine neue Haustür zimmern, um dem Vater nicht nur den Zutritt zu den Ersparnissen, sondern auch den Weg zu ihrem Herz zu erschweren. Sie hat Dolker erzählt, die Maßnahme gälte nächtlichen Dieben. Aber auch die jüngere Tochter ahnt mittlerweile, wer der Dieb in ihrem Haus ist.

»Dekyi, mach auf!«

Klopft der Vater nach durchzechter Nacht frühmorgens an der verriegelten Tür, umfaßt die Mutter mit der Hand das Bettgestell, um diesmal endlich stark zu bleiben!

Dolker stellt sich vor, daß der Vater, der vor der Tür steht, ihr Paala aus früheren Zeiten ist: mit einer Blume aus Papier im Knopfloch und einem kleinen Vogel unterm Hut. Chime weiß nicht, was sie hoffen soll. Ihr Wunsch, für den Ama schon seit langem spart, ist groß: ein Radiorekorder, der all die Schlager aus Amerika in ihr Haus bringt, aus dessen Ecken das Glück längst verschwunden ist. Läßt Amala den Vater jetzt ins Haus, wird es nichts mit der coolen Disco-Musik. Bleibt Ama jedoch hart, wird Vaters Gejammer die Nachbarn aus dem Schlaf holen. Und dann wissen morgen alle Bescheid: die alten Großmütterchen und Großväterchen, die in der Sonne ihre Gebetsketten durch die krummen Finger laufen lassen; die jungen Männer, die arbeitslos vor den Teestuben hocken; die überhebliche Besitzerin des Telefonladens; der dicke Moslem, der das Fleisch samt Maden auf die Waage wirft; der zahnlose Süßigkeitenverkäufer; der freundliche Busfahrer; die Kinder in der Klasse und die Lehrer in der Schule.

»Mach endlich auf, Dekyi!!!« Fluchend tritt der Vater gegen die Tür.

Gleich wird er toben.

Dann wird er drohen.

Dann wird er weinen.

Und schließlich in Selbstmitleid zerfließen. Seine Stimme klingt dann so jämmerlich, daß man meint, er würde gleich durch die enge Ritze der Tür in die Stube rinnen – eine kleine Lache mit dem Blick eines geprügelten Hundes.

Das ist der Moment, in dem Ama zu schwanken beginnt. Schon steht sie an der Tür, den müden Kopf an das schwere Holz gelehnt.

»Ich werde mich bessern, Dekyi.«

»Das reicht mir nicht. Sag, was du ändern wirst.«

»Ich werde mit dem Trinken und dem Huren aufhören.«

»Und dem Spielen.«

»Und dem Spielen.«

»Sag, daß du mit dem Spielen aufhören wirst.«

»Ich werde mit dem Spielen aufhören, Dekyi.«

»Schwöre es.«

»Ich schwöre es bei allen unseren Göttern.«

»Wie kannst du bei unseren Göttern schwören, wenn nichts mehr an dir tibetisch ist?«

Für eine kleine Weile wird der Vater still. Dann flüstert er: »Ich bin so tief gefallen, Dekyi. Hilf mir, wieder auf die Beine zu kommen. Ich liebe dich. Und die Kinder. Tu es für sie.«

Die Mutter dreht sich zu den Mädchen um: Frierend hocken sie auf der Bettkante und lassen ihre nackten Füße in die Nacht baumeln.

Als Ama am nächsten Abend an ihrem Webstuhl sitzt und Vater in die Küche schleicht, folgt Dolker heimlich dem Dieb. Leise öffnet er den Schrank, in dem die Drachentasse Amas Ersparnisse für Chimes Radiorekorder hütet.

»Amala!« ruft Dolker und rüttelt wütend am Ärmel von Paalas Anzugjacke. Die Mutter kommt, und der Enttäuschung in ihrem Blick schleudert der Vater nur seine Vorwürfe entgegen: »Jetzt hast du's geschafft, daß sogar die Kinder mich hassen!«

»Laß das Geld«, sagt die Mutter.

»Sei nicht kindisch. Ich bringe dir morgen das Zehnfache wieder!«

Als der Vater Amas Ersparnisse in seine Hosentasche schiebt, wird Dolker richtig böse. Sie packt seine Hand und beißt hinein. Daß dies kein Vater mehr ist, vor dem man Respekt haben muß, hat sie begriffen, als er heute nacht vor ihrer Tür winselte. Der Vater – immer noch die Tasse in der Hand – schlägt zu. Verwundert hebt Dolker den Kopf, greift vorsichtig in ihr kurzes, schwarzes Haar. Ihre Augen werden weit, als warmes Blut an ihren Fingern klebt.

In Scherben liegt sie auf dem Boden: die Tasse aus Xining.

Ladakh, im Sommer 1998

Heute noch schließe ich, wenn ich erschöpft von Alltag, Beruf und Familie bin, die Augen und stelle mir vor, auf dem Dach eines ladakhischen Klosters zu stehen, die Arme auszubreiten, abzuheben und als Lichtwesen über der grenzenlosen Weite der Landschaft zu fliegen. Auf unserer Bergtour ging es freilich trivialer zu: Es gab Pferde für unsere Rucksäcke und Pferdeführer, die darauf achteten, daß sie unser Gepäck auch auf den richtigen Gipfel brachten. Es gab einen wunderbaren Koch, der unseren irdischen Hunger stillte, und zwei junge Bergführer, deren Aufgabe es war, die Gruppe mit Gesängen, Witzen und romantischen Lagerfeuern bei Laune zu halten. Abends bauten sie unsere Zelte auf und morgens weckten sie uns mit warmem Milchkaffee. Als wir aus der kargen Mondlandschaft wieder in das üppige Grün der Täler hinunterstiegen, waren Andrea und ich uns einig: Das war die unsportlichste und schönste Bergtour unseres Lebens.

Am Tag vor unserer Rückreise nach Deutschland besuchen wir noch einmal das Tibetische Kinderdorf. Tsering hat uns zur Generalprobe einer großen Schulaufführung eingeladen, die zu Ehren des Dalai Lama abgehalten wird. Das Flugzeug des Dalai Lama soll genau dann seinen Anflug auf Leh nehmen, wenn Andrea und ich wieder nach Delhi zurückfliegen. Ich stelle mir vor, wie unsere Maschinen aneinander vorbeischweben und ich Seiner Heiligkeit von meinem Fensterplatz aus zuwinke. Und er grüßt zurück – ein freundlicher, älterer Herr mit einer eckigen Krankenkassenbrille, ein Gottkönig über den Wolken. Auf alle Fälle hat er am 6. Juli Geburtstag, und den will der ›freundliche ältere Herr‹ mit den tibetischen Kindern von Choglamsar verbringen.

O meine Landsleute! Ihr tapferen Männer und Frauen!
Mögen die Tibeter durch das Mitgefühl unseres
Tausendarmigen Buddhas
die Freiheit, die uns rechtmäßig zusteht, wiedererlangen.

... singt der Chor des Kinderdorfes in der riesigen Veranstaltungshalle. Und auch wenn sie ihre Stimmen während der Generalprobe schonen, schlägt die Pegelanzeige meines Sonys in alle Richtungen aus. Mir läuft ein Schauer über den Rücken, und Andrea stehen die Tränen in den Augen. Kein deutscher Schulchor wäre je in der Lage, ein Heimatlied mit solch rührender Begeisterung zu singen.

An diesem zehnten Tag im März,
dem Tag des tibetischen Volksaufstandes,
opferten Zehntausende Tibeter ihr Leben für die Freiheit.
Mönche, Nonnen, Männer, Frauen und Kinder.

Meine Brüder und Schwestern in Tibet
mußten unter größter Brutalität leiden.
Aber mit unerschrockenem und standhaftem Mut
kämpften sie alle für die Freiheit.

Euch gilt meine Bewunderung.
In Gedanken an Eure Taten
verneige ich mich in Demut vor Euch.

Das hier spiegelt die Kraft eines Volkes wider, das im Exil eine neue Identität finden mußte.

Jenseits des Himalaya droht Tibet der Untergang. Diesseits des Himalaya scheint es sich mit großer Empathie wieder aufzurichten.

Tibeter in Tibet und außerhalb unserer drei Provinzen,
vereinigt Euch!
Und schreitet voran im Kampf für unsere Freiheit!

Der Kinderchor verläßt den großen Saal. Als letzter ein schmächtiger Junge mit Krücken. Ihm fehlt ein Bein. Noch lange ist das Klappern seiner Krücken draußen auf dem Betonweg zu hören.

»Er ist auf seiner Flucht über die Berge in einen Schneesturm geraten. Als er im Flüchtlingslager von Kathmandu ankam, waren seine Erfrierungen schon so weit fortgeschritten, daß das Bein amputiert werden mußte«, erzählt uns Tsering, als wir im Abendlicht über den ausgedehnten Schulhof schlendern.

»Was ist eigentlich deine Geschichte, Tsering?«

»Meine Eltern sind noch vor meiner Geburt nach Indien geflohen.«

»Das heißt, du hast Tibet nie gesehen?«

»Doch. Einmal. Ich war achtzehn Jahre alt und hatte Heimweh nach der Heimat, die ich nicht kannte. Da habe ich meinen Rucksack gepackt und bin zu Fuß über die ›weiße Grenze‹ hineingegangen – um wenigstens einmal einen Blick in mein Mutterland zu werfen.«

Als wir uns verabschieden, brennt noch diese allerletzte Frage:

»Tsering, glaubst du wirklich, daß Tibet einmal frei sein wird? Oder haltet ihr euch an diesem Glauben nur fest?«

»Der Dalai Lama hat einmal gesagt: Solange der Wind des Bösen auch weht, er kann die Flamme der Wahrheit nicht löschen. Daran glaube ich.«

Seine Heiligkeit startete offenbar mit Verspätung aus Delhi, denn sein Flieger taucht nirgendwo im grauen Wolkenmeer auf. Mit unseren weißen Khatas, den tibetischen Glücksschärpen, die wir zum Abschied geschenkt bekommen haben, fühle ich mich trotzdem beschützt. Während der vier Wochen unserer ersten Himalaya-Reise haben wir viele Freundschaften geschlossen. Und daß Andrea nach dieser langen Zeit immer noch meine Freundin ist, erfüllt mich mit großer Dankbarkeit. Denn ich war keine angenehme Reisegefährtin mit meiner ständigen Bereitschaft, mich in irgend jemanden zu verlieben: in Fabrizio, den rothaarigen Italiener, der hinduistische Gottheiten malt; in Olivier, den dunkelhäutigen Inder, der an seiner Verwandlung in Licht arbeitet; und schließlich in Majid, den süßen Ladakhi aus dem Telefonladen, von dem aus ich meine Oma in Österreich angerufen habe. Und vielleicht auch ein bißchen in Tsering.

»Es ist verrückt, daß die Welt nichts von den Tragödien weiß, die sich da oben im Himalaya abspielen«, sagt Andrea, als uns die schweren Monsunwolken schließlich ganz verschlingen.

»Ja«, sage ich, »wir müssen das ganz vielen Leuten erzählen.«

Dann schlafe ich ein. Und als ich kurz vor unserem Landeanflug auf Delhi wach werde, weiß ich endlich, was ich aus meinem Leben machen will: »Ich werde einen Film über so eine Flucht machen. Wenn Tsering illegal nach Tibet reingekommen ist, schaffe ich das auch.«

»Wie, einen Film?«

»Eine Dokumentation über einen Kindertreck. Das wäre doch irre, so was mit der Kamera zu begleiten! Dann würden das ganz viele Menschen in Deutschland erfahren!«

»Kannst du eine Kabelträgerin brauchen?«

»Ich weiß nicht, ob man im Schnee mit Kabeln dreht. Aber es wäre toll, wenn du mitkommst.«

Suja, der Wujing

ཨོཾ་ *»Ich arbeitete vier Jahre lang als Wujing bei der chinesischen Armee. Die Aufgabe eines Wujings ist es, Leute zu verhaften, zu verhören, zu foltern und zu exekutieren. Bei den Verhören, denen ich beiwohnte, wurden vor allem elektrische Schlagstöcke, Stromgeneratoren, Zacken- und Hakenmesser verwendet, um die Häftlinge zum Reden zu bringen. Manchmal trieb man ihnen Bambussplitter unter die Nägel. Außerdem ließ man die Häftlinge tagelang, manchmal bis zu einer Woche nicht schlafen. Sobald der Häftling einnickte, wurde er mit einer großen Nadel gestochen. Irgendwohin. Wir hatten auch ein spezielles Halsband, das an der Innenseite Dornen hatte. Wenn der Häftling einschlief, trieb es ihm die Dornen in Hals und Kopf. Eine andere Methode war, eiskaltes Wasser auf ihn zu schütten. In Tibet ist es sehr kalt, es ist kaum auszuhalten, wenn du mit kaltem Wasser überschüttet wirst.*

Meinem Vorgesetzten, der ebenfalls ein Tibeter war, habe ich es zu verdanken, daß ich nie jemanden exekutieren oder foltern mußte. Ich arbeitete als Gefängniswärter. Ich mußte die Häftlinge zu den Verhören holen und hinterher wieder in die Zelle zurücktragen. Da ich sowohl Tibetisch als auch Chinesisch spreche, wurde ich auch als Übersetzer eingesetzt. Und so habe ich viel Folter gesehen in diesen vier Jahren …« SUJA

Sie haben den Häftling mit Lederriemen an einen Stuhl festgebunden. Er muß etwa sechzig Jahre alt sein. Vielleicht auch fünfzig? Man altert schnell in chinesischen Gefängnissen. Sein Körper wirkt zerbrechlich wie der eines hungrigen Kindes. Und sein faltiges Gesicht ist von der starken UV-Strahlung in den Bergen gegerbt. Wie oft mag er wohl über den Himalaya gewandert sein, hin und her zwischen Indien und Tibet?

Sie hatten den Tip von einem anderen Häftling bekommen, den sie in der Grenzregion mit verdächtigem Gepäck erwischten. Erst hatte er nicht reden wollen, doch schon beim Anblick der Schlagstöcke kritzelte er hastig eine Liste mit Namen auf das Protokollpapier, die Suja sogleich ins Chinesische übertragen mußte: Namen von Guides, die Flüchtlingsgruppen aus Tibet herausbringen, und Namen von Grenzgängern, die verbotene Bücher und Schriften des Dalai Lama nach Tibet hereinschaffen.

Sein vorgesetzter Offizier war der erste Mensch, der Suja vom ›Dalai‹, wie er ihn abfällig nannte, erzählt hatte: »Alles, was aus Dharamsala in unsere Heimat kommt, ist gefährliches Propagandamaterial, denn der Dalai ist ein Staatsfeind der chinesischen Regierung. Er trachtet nach einem eigenen Staat für die Tibeter, obwohl Tibet untrennbar zu China gehört, wie das Baby in den Schoß seiner Mutter. Deshalb hat China im Jahre 1959 den ›kleinen Bruder Tibet‹ endlich nach Hause geholt. Der Dalai will das nicht akzeptieren, denn er ist herrsch- und geltungssüchtig. Seit fünfzig Jahren versucht er vom Exil aus Unruhe und Unzufriedenheit zu säen. Dabei war es die chinesische Regierung, die Modernisierung und Fortschritt in dieses rückschrittliche Land gebracht hat, in dem die Menschen früher wie Barbaren leben mußten: ohne Straßen und Fabriken. Ohne Elektrizität und fließendes Wasser. Ohne Schulen und Krankenhäuser. Der Dalai und seine Vorgänger beuteten ihre Untertanen schamlos aus, um ihren aufwendigen Mönchsstaat zu finanzieren. Eine dünne Oberschicht von blutsaugenden Aristokraten und Mönchen lebte in Saus und Braus. Alleine der Dalai hatte zwei Paläste – einen für den Sommer und einen für den Winter! Deshalb sind die Chinesen gekommen, um das unterjochte Volk von seiner herrschenden Elite zu befreien.«

Suja verbrachte seine frühe Kindheit im Schatten eines chinesischen Militärcamps. Seine Mutter hütete die Schafe und Yaks der Armee. Sein Vater war Vermittler zwischen den tibetischen und chinesischen Bewohnern der Region, denn er sprach beide Sprachen fließend. Die Soldaten waren immer freundlich zu Suja gewesen und luden ihn oft in ihr Armeekino ein, wo all die chinesischen Filme mit lautem Kampfgeschrei über die versiffte Leinwand flimmerten. Da saß nun Suja – kaum älter als fünf – in einem dunklen Saal, beschützt von lauter grünen Uniformen, und durfte die Schlagfertigkeit der Kung-Fu-Helden bewundern, die ihre bösen Widersacher mit kunstvoll gesetzten Schlägen und Tritten zur Strecke brachten.

Das war Sujas Kindheit. Sie endete, als er sieben war, mit dem Besuch seiner Tante.

»Ihr habt vier Kinder und seid arm«, sagte die Tante zu Sujas Eltern, »wir haben kein einziges und sind reich. Gebt mir einen eurer Jungen, damit er auf unsere Tiere aufpassen kann.«

Die Brüder hatten Angst vor dem verbitterten Blick der Tante, Suja nicht. Und so war er es, den die Mutter ihrer kinderlosen Schwester anvertraute. Der Weg zum Dorf der reichen Verwandten war weit, und irgendwann hatte Suja aufgehört zu zählen, wie oft der Bus nach links und rechts abgebogen war ...

Der Mönch auf seinem hölzernen Stuhl beginnt zu zittern. Vor Kälte oder Angst. Vielleicht ist es auch die Erschöpfung. Mehr als dreißig Verhöre hat er schon hinter sich. Und immer noch schweigt er. Der Polizeichef, der das Verhör leitet, läßt seinen Häftling heute warten. Vielleicht würde die zermürbende Ungewißheit schlimmer zu ertragen sein als der körperliche Schmerz. Auf einem Tisch liegt die Gerätschaft schon bereit.

Zwei Polizisten in Zivil schleppen einen Generator zur Tür herein. Das ist neu für Suja, nicht aber für den Mönch. Er schließt die Augen, versinkt nach innen. Betet er? Wie hat er es geschafft, so lange durchzuhalten? Manche Häftlinge stöhnen, bevor es noch richtig losgeht. Andere versuchen das Äußerste, doch irgendwann bringt der Boss auch sie zum Brüllen. Dann dauert es meist nicht mehr lange, bis sich die überdrehten Schmerzensschreie zu Worten formen, auf die Suja unruhig wartet, weil sie Erlösung bringen – wenigstens für dieses Mal. »Jeder Häftling hat die Wahl«, erklärt der Polizeichef den jungen Wujings, die noch frisch und knieweich sind, »wenn es ihm zuviel wird, ist er endlich bereit für die Wahrheit.«

Diese Wahrheit zu übersetzen ist Sujas Aufgabe.

Die Polizisten in Zivil haben eine Rolle Draht dabei. Sehr dünnen Draht. Suja soll den Häftling auffordern, seinen Mund zu öffnen.

»Kushola«, sagt Suja, »– ehrwürdiger Mönch. Du sollst deinen Mund öffnen. Bitte tu es, ansonsten wird es nur noch schlimmer für uns alle.«

Der Mönch schaut Suja mit einem sonderbaren Blick an und öffnet den Mund. Die Polizisten wickeln den Draht um die wenigen Zähne, die dem Alten nach seinem entbehrungsreichen Leben geblieben sind. Als sie den Draht mit dem Generator verbinden, hält Suja dem Blick des Mönchs nicht länger stand. Mag sein, daß er im nächsten Leben schlimmere Qualen wird erdulden müssen als dieser kleine Mann, dem nicht einmal der Folterstuhl die Würde nehmen kann.

Dann kommt der Chef, und seine braune Uniform ist noch zerknittert von dem Verdauungsschläfchen, das er jeden Mittag hält. Doch sein Schritt ist flott und voller Tatendrang: Heute will er endlich sein Geständnis haben. Es wird Zeit, den Häftling für den Gerichtsprozeß freizugeben. Seine erste Frage an den Häftling, die Suja übersetzen soll, ist:

»Dein Kollege sagt, du warst drei Jahre in Indien. Was hast du in Indien gemacht?«

»Kyi lerok gi kyo Gyakar ra song ni lo sum gor song si. Kyi Gyakar ni chishik le?«

»Nga jalkor ra song-ni.«

»Er sagt, er war auf Pilgerreise«, übersetzt Suja.

»Drei Jahre auf Pilgerreise?«

»Indien ist groß, und meine alten Beine sind schwach.«

»Wohin ging die Pilgerreise? Nach Dharamsala? Zum Dalai?«

»Nein, nach Bodh Gaya, dem Geburtsort des Buddha.«

»Nicht zum Dalai nach Dharamsala?«

»Nein, nach Bodh Gaya.«

»Warum haben wir dann Bücher des Dalai in deinem Gepäck gefunden?«

»Jemand hat sie mir mitgegeben. Für einen Freund. Ich selbst kann weder lesen noch schreiben. Ich dachte, es seien Bücher über tibetische Medizin.«

»Wer ist dieser Freund?«

Der Mönch schweigt.

»Wie heißt der Freund, dem du diese Bücher bringen solltest?«

Der Mönch schweigt.

Der Polizeichef gibt seinen Helfern ein Zeichen. Ein Polizist in Lederjacke stellt den Generator an.

»Der Kopf den Mönchs wurde hin und her gebeutelt. Schon für mich, der zusehen mußte, war es nicht zu ertragen. Der Boß wiederholte seine Fragen, doch der Mönch schwieg weiterhin. Sie drehten den Strom noch stärker. Speichel floß aus dem Mund des Häftlings. Irgendwann mischte sich Blut in den Speichel. Ich spürte, wie ich zu beten begann. Ich betete, daß der Mönch sterben möge. Aber er starb nicht. Auch nicht das nächste und das übernächste Mal.

O mein Gott, er war so zäh ...« SUJA

Der Alte wird ohnmächtig, und der Boß schickt einen der Helfer um kaltes Wasser.

»Bitte«, sagt Suja leise, »das hier ist nicht mehr menschenwürdig.«

»Du mußt das so sehen: Diese Maßnahmen sind der rettende Ast, den man einem Ertrinkenden ins Wasser hält. Er muß schon selber danach greifen, um das rettende Ufer zu erreichen«, sagt der Boß und kratzt sich mit dem Daumennagel die Reste des Curryhuhns von seiner Jacke: »Wer stur bleibt, wird sich selbst zugrunde richten.«

Die Helfer kommen mit dem Wasser, doch der Boß befiehlt Suja, den Häftling loszubinden. Ihm ist die Laune für heute vergangen. Die Luft riecht nach verschmortem Fleisch.

Kraftlos gleitet der Bewußtlose in Sujas starke Arme. Er ist leicht, wie ein junger Vogel, den der Wind aus seinem Nest geblasen hat. Behutsam trägt Suja ihn zurück in seine Zelle. Hier ist er sicher vor reißenden Wölfen, Leoparden und all dem Bösen auf der Welt.

»Kushola, es ist vorbei«, sagt Suja, und der Alte blinzelt.

Bevor der Wujing geht, deckt er sein Vogeljunges zu.

Zurück in Köln

Feldsalat und Chicorée, Ananas und frische Feigen, Camembert, Baguette, Mandelmus und Krokantschokolade. Der Beutezug durch den Supermarkt nach meiner ersten Himalaya-Reise war erfolgreich. Jetzt kann ich mich beruhigt in meiner kleinen Dachwohnung verbarrikadieren und die Idee, einen Dokumentarfilm über tibetische Flüchtlingskinder zu drehen, auf zwei Zettel niederschreiben. ›Exposé‹ nennt man so was in der Fachsprache. Auf das Deckblatt klebe ich das Foto eines kleinen ladakhischen Jungen mit einer dicken Pudelmütze. Aus seinen traurigen Augen blickt er in die Welt, als hätten ihn seine Eltern aus Tibet ins Exil geschickt. »Hoffentlich kommt mir nie einer auf diesen Schwindel drauf!« denke ich und wähle die Nummer einer Bekannten, die bei einer renommierten Filmfirma in München arbeitet. Evi reagiert skeptisch:

»Dieses Thema ist zu heiß für einen öffentlich-rechtlichen Sender. Die haben doch alle Austauschprogramme mit China! Meiner Meinung nach kann es sich heute niemand mehr leisten, einen antichinesischen Film zu senden.«

»Aber ich mache doch China nicht schlecht! Ich möchte nur sagen, wie es ist: daß in Tibet etwas nicht stimmen kann, wenn Mütter ihre Kinder über das höchste Gebirge der Welt ins Exil schicken, ohne zu wissen, ob sie einander jemals wiedersehen. – Das wird übrigens der erste Satz in meinem Film sein.«

»Du bist dir ja sehr sicher, diese Doku zu machen.«

»Mit oder ohne euch.«

»Ich meine, die Geschichte an sich ist wirklich gut, aber ...«

»Mein Exposé wird dir die Tränen in die Augen treiben!«

»Dann schick doch mal«, sagt Evi und legt auf.

Geschafft. Als nächstes werde ich Jürgen gestehen, daß ich mich in einen Ladakhi verliebt habe.

»Ein Ladakhi? Was ist das – eine Hunderasse?« fragt er mich bei einer Tasse Milchkaffe im Römerpark-Café. Und meine tibetische Chuba, die ich mit Würde trage, findet er zum Kotzen: »Westlich verklärte Anbiederung an die Kultur einer Minderheit, genauso lächerlich wie ein Eskimo im Dirndl oder ein Indianer in Lederhosen.«

Als ich ihm von meiner Dokumentarfilm-Idee erzähle, wird Jürgen endlich friedlich: »Ein wirklich tolles Thema. Mit so was kann man den bayerischen Filmpreis gewinnen!«

»Ich pfeif' auf den Filmpreis! Ich will der Welt erzählen, was für ein Unrecht in Tibet geschieht!«

Eine Woche später erhalte ich einen Anruf aus Mainz. Evi hat ohne mein Wissen das Exposé mit dem ladakhischen Pudelmützenkind auf dem Deckblatt zum ZDF geschickt. Der Redakteur hat eine ruhige, angenehme Stimme, und ich bekomme die Krise, weil gerade heißes Wachs an meinen Beinen klebt. Wie soll man einem ZDF-Redakteur plausibel erklären, daß das Wachs, wenn es einmal heiß aufgetragen ist, so schnell wie möglich gegen die Haarwuchsrichtung heruntergerissen werden muß (samt unliebsamer Behaarung natürlich), weil es sonst zu spröde wird und sich nur noch mit dem Küchenschaber von den Beinen kratzen läßt. Daß dies außerdem ein Spezialwachs aus Spanien ist, wo die Frauen in der Regel intensiver unter ihrer Beinbehaarung leiden als in Norddeutschland und Skandinavien, und ich nach einer vierwöchigen Bergtour aussehe wie eine andalusische Zigeunerin unter den Volants ihres knöchellangen Rocks …

»Ja, hier spricht Maria Blumencron, entschuldigen Sie, ich hatte gerade ein Auslandsgespräch auf meiner anderen Leitung.«

Der Tonfall des Redakteurs verrät Interesse an meiner Geschichte, und ich werde versuchen müssen, mir das Wachs während dieses Gespräches geräuschlos und in möglichst breiten Streifen von den Beinen zu reißen.

Daß der ZDF-Mann Genaueres über die tibetischen Kinder – wie dem Jungen auf dem Deckblatt – erfahren möchte, ist schon schlimm genug. Daß er auch Näheres von mir wissen will, eine Katastrophe. Schnell zähle ich die Paraderollen auf, die ich an diversen österreichischen und deutschen Provinzbühnen gespielt habe –, hoffend, daß ihn das Timbre meiner ausgebildeten Stimme beeindruckt und die gefürchtete Frage ausbleibt:

»Welche Dokumentationen haben Sie denn bisher gedreht?«

»Keine. Aber ich habe eine Geschichte zu erzählen. Und die fehlt den meisten Dokumentationen.«

»Haben Sie denn in irgendeiner Weise schon mal journalistisch gearbeitet?«

»Ich habe für den WDR mehrere Hörspiele geschrieben.«

»Politisch relevant?«

»Das erste handelt von einem König. Das zweite von einem Jungen aus Afghanistan.«

»Kinderhörspiele also.«

Ertappt. Ich höre den Redakteur in meinem Exposé rascheln: »Sie schreiben hier, Sie wollen einer Gruppe von tibetischen Flüchtlingen entgegengehen. Waren Sie denn schon mal in Tibet?«

»Nein. Aber ich bin trittsicher im Geröll und würde auch eine Nacht im Schneesturm überleben.«

Mit so was kann man im Flachland offenbar Eindruck schinden, denn am Ende unseres Gespräches habe ich eine Einladung nach Mainz auf den Lerchenberg – in die größte Fernsehanstalt Europas!

Für Jürgen ist sofort klar: »Du brauchst eine neue Brille, wenn du dahin fährst. Eine, die zumindest optisch einen seriösen Menschen aus dir macht. Und zieh bloß diesen tibetischen Fummel aus! Besitzt du einen Hosenanzug? Wenn nicht, gehen wir sofort einen kaufen.«

Ein paar Tage später saß ein flaschengrüner Anzug mit Hornbrille in Jürgens rotem VW Golf. Ich glaube, das war ich.

Little Pemas Unglück

Es ist noch früher Morgen, als der Vater plötzlich zur Tür hereinpoltert. Niemand hat das Moped kommen gehört. Auch der Hund, der sanfte, hat nicht angeschlagen. Wahrscheinlich kam Vater zu Fuß, hat das Moped unterwegs liegen gelassen, weil er zu betrunken war, es zu lenken. Oder ein Kumpel hat ihn aus der Stadt mitgenommen. Plötzlich steht er in der Hütte und fordert seinen Platz neben der Mutter ein. Die Kinder flüchten aus ihren Betten in die Küche. Der Alte verschwindet fluchend im Stall. Mit zittrigen Händen macht Little Pema Feuer. Gleich wird der Vater nach Tee rufen, wenn er mit Ama fertig ist.

Ihre Ama ist so schön. Warum gerade er?

»Als du geboren warst, hat dein Vater dich in warmem Kräuterwasser gebadet, und sein Gesicht strahlte vor Stolz. Mit Safran hat er dann das Zeichen der Weisheit auf deine Zunge gedrückt. Die ganze Nacht konnte er nicht schlafen vor Glück und Erleichterung«, hat Ama ihr einmal erzählt. Das zu wissen macht es manchmal leichter. Aber immer erst hinterher, wenn alles überstanden ist.

Jetzt hört sie Ama, die sich wehrt. Mit ihren Nägeln. Den Vater, der wild wird und grob. Jetzt stößt Ama ihn weg. Dumpf fällt der Vater zu Boden. Und Ama rennt weinend aus dem Haus. Die Kinder sitzen in der Falle.

»Tee! Verdammt noch mal, wo bleibt der Tee?«

Gut, daß das Wasser bereits kocht. Little Pema gießt den

Tee auf – mit viel Milch und Zucker, das beruhigt – und geht vorsichtig ins Zimmer. Der kleine Bruder hat sich unterm Küchentisch versteckt. Halbnackt liegt der Vater auf dem Bett. Die Hose steht noch offen, auch das Hemd. Sein Atem riecht nach Schnaps und schlechten Liedern. Die Tasse mit dem heißen Tee in der Hand, nähert sich Little Pema dem Bett. Die Augen des Vaters sind geschlossen, im Halbschlaf hebt und senkt sich die nackte Brust. Ihre Knie zittern, und da passiert es – eine Ungeschicklichkeit, ein Versehen. Sie stolpert, und der heiße Tee ergießt sich über die Brust des Vaters, in der früher einmal ein gutes Herz geschlagen haben soll.

Der Vater schreit auf, greift tapsend nach dem Schmerz an der verbrannten Haut. Ein kurzer Moment der Genugtuung, den Little Pema eine Sekunde lang auskosten darf. In diesem kleinen Augenblick ist sie ganz groß. Doch dann beginnt ihr Kopf zu dröhnen. Sie steht starr und harrt dem Unheil, das gleich über sie hereinbrechen wird.

Schon packt der Vater zu und rüttelt sie. Little Pemas Arme werden schwach vor Angst. Längst hat sie aufgegeben, sich zu wehren. Der Vater hebt sein Kind hoch über den Kopf hinaus und schmeißt es mit voller Wucht zu Boden. Dann tritt er es. Mit seinen Stiefeln, den spitzen. Überallhin. Er hat die Schuhe nicht mal ausgezogen, als er ins Bett zur Mutter kroch.

Little Pema hält den Atem an, kein Laut kommt über ihre Lippen. Das macht den Tobenden noch wütender. Er springt hoch, und Little Pema wälzt sich im Reflex zur Seite unter das Bett. Nicht schnell genug, die Beine bleiben draußen. Mit seinem ganzen Gewicht läßt sich der Vater auf das Kind fallen. Ein Knacken … Ein unglaublicher Schmerz im linken Bein. Dann wird es schwarz um Little Pema. Sie ringt nach Atem. Hört den kleinen Bruder ins Freie stürmen, nach der Mutter schreien und nach dem Alten. Ihr ist schlecht. Sie denkt, daß sie sterben wird.

Der Vater wischt sich den Schweiß von der Stirn, richtet die Hose. Will sich erschöpft auf den Stuhl fallen lassen. Da kommt der Großvater, die rostige Flinte in der altersschwachen Hand. Vor vierzig Jahren war es ihm nicht gelungen, die Chinesen aus seinem Land zu vertreiben. Jetzt soll wenigstens der Schwiegersohn dran glauben, der Hund, der elende, und für immer aus ihrem Leben verschwinden. Der Großvater schießt, die Mutter schreit, der kleine Bruder hält sich die Augen zu, die Kugel verfehlt ihr Ziel nur knapp, und der Vater rennt um sein Leben. Mit offenem Hemd und wehenden Haaren, stolpert über seine spitzen Stiefel, fängt sich wieder, rennt und verschwindet hinter den Hügeln. Für immer.

Tamding und die Schafe

Den ganzen Tag über war Tamding zusammen mit seinen Brüdern auf den Weiden unterwegs gewesen, um Yakfladen zu sammeln, die in der Mittagssonne zu Brennmaterial getrocknet waren. Tamding liebt diese weiten Tage nach Losar, an denen die Zeit keine Beine hat, um vor ihm davonzulaufen. Immer wenn sie Pause machten, holte Tamding seinen kleinen Zeichenblock aus der Tasche. Und während die älteren Brüder über die hübschen Mädchen ihres Dorfes Witze rissen, zeichnete er alles, was sich aus seinem stumpfen Bleistift herausholen ließ: die Berge, hinter denen strahlend die Sonne steht, und den Bach, der zwischen ihren Tälern entspringt; die Gebetsfahnen, die über seine tanzenden Wellen flattern; die lachenden Fische im Kokonor-See und die Kinder, die an seinem Ufer ihre Drachen steigen lassen; das Haus seiner Eltern und die scharfen Hunde, die es bewachen; die großen Vögel, die über den Wäldern kreisen, und die Gebetszettel, die durch die Luft wirbeln; die Yaks mit ihrem langen Winterfell und ihrem Hirten, der unter einer krummen Fichte seine Flöte putzt; den Rauch, der aus dem dickbäuchigen Weihrauchbrenner steigt, und die Mutter, die sein Feuer mit duftendem Räucherwerk speist.

In vielen Familien ist es üblich, eines der Kinder ins Kloster zu schicken. Jeder kleine Mönch, jede kleine Nonne ist ein Esser weniger in einem armen Haushalt. Außerdem bringt ein betendes Kind im Kloster nicht nur Segen für die

Familie, sondern auch Glück für den kleinen Novizen, der sein Leben nun ganz der Lehre Buddhas widmen darf und sich nicht an den Mühen des weltlichen Lebens abarbeiten muß. Doch die Ausbildung im Kloster ist nicht mehr das, was sie früher einmal war, sagt der Vater. Und nach der Losar-Zeremonie im Kloster schimpfte er auf die korrupten Mönche, die sich mit den Chinesen arrangieren: »Man kann kein guter Mönch sein und gleichzeitig die Chinesen glücklich machen. Die wirklich guten Mönche sitzen entweder im Gefängnis, oder sie sind nach Indien zum Dalai Lama geflüchtet.«

Tamding würde gerne ein Bild vom Dalai Lama zeichnen. Aber das ist strengstens verboten, seit die Chinesen das religiöse Oberhaupt der Tibeter zum Staatsfeind ernannt haben. Allein sein Foto gesehen zu haben gilt als Vergehen. Wahrscheinlich hat jede Familie im Ort irgendwo im Haus ein Bildchen von ihrem Gottkönig versteckt. Zu Losar holen sie es dann hervor und zeigen es ihren Kindern. Tamding findet, daß der Dalai Lama sehr nett aussieht auf dem kleinen Amulett, das Großmutter unter die Tischplatte geklebt hat. Nur seine Brillen sind uncool, finden die Brüder.

»Er hat sich als Kind die Augen verdorben – vom vielen Lesen in der Nacht«, erzählte Großmutter einmal und kicherte ihr zahnloses Lachen. Dann sieht ihre Haut immer aus wie zerknittertes Drachenpapier. Schon oft hat Tamding versucht, die vielen Linien ihres kleinen Gesichtes nachzuzeichnen, doch Großmutter hält nie still. Ständig ist sie in Bewegung – murmelt Gebete, kratzt sich am Kopf, spuckt ins Feuer, verscheucht die Fliegen oder lacht über die dummen Streiche der Brüder.

»Tamding, was ist, du wirst noch anwachsen auf deinem Stein!« Sanft holt Mipam den jüngsten Bruder zurück aus seiner Gedankenreise. Das Wunderbare am Zeichnen ist, daß es dem Künstler einen Raum verschafft, ungestört seinen inneren Bildern nachzuhängen. Und keiner fragt unwirsch: Wovon träumst du? Denn statt nutzlos Löcher in die Luft zu starren, läßt der Künstler träumend seinen Stift über das Papier flitzen. Deshalb hat Tamding einen stillen Wunsch: Er möchte Maler werden.

Die Kälte des Abends kommt langsam durch das Weidegras geschlichen, und es ist höchste Zeit, nach Hause zu gehen. Da die Suppe auch heute nicht dick sein wird, ist keine Eile geboten, finden die Brüder. Als sie endlich den Hügel erreichen, von dem aus der Blick auf das elterliche Haus am schönsten ist, mischt sich der bläuliche Rauch aus dem Schonstein in die Abenddämmerung, und die Tiere stehen bereits im Pferch.

Tamding hält inne. Irgend etwas stimmt heute nicht. Das Blöken der Schafe. Es ist so dünn. Er spurtet zum Pferch, der die kleine Herde der Familie zusammenhält. Der Zaun ist dicht – und doch fehlen ... sechs Schafe!

»Jemand hat unsere Schafe gestohlen!« Tamding stürzt in das Zelt, wo Großmutter den spröden Nudelteig walkt und Paala roten Chili stampft.

Niemand blickt erschrocken auf. Nur die Mutter blickt verlegen weg.

»Ich habe sie verkauft«, sagt der Vater und wischt sich eine Chili-Träne aus den Augen.

Tamding spürt wieder dieses seltsame Prickeln unter seinem Haarschopf. Es gibt nicht viele Gründe für einen tibetischen Bauern, seine Schafe zu verkaufen. Ist er reich, schafft er sich eine Solaranlage oder einen Fernseher an. Ist er arm, braucht er das Geld, um einen Flüchtlingsguide zu bezahlen.

An diesem Abend redet keiner beim Essen. Zu bedrohlich steht diese eine Frage zwischen ihnen: Welcher von den drei Söhnen wird gehen?

Plötzlich haut der Großvater auf den Tisch und brüllt den Vater an: »Jedes Kind, das nach Indien geschickt wird, hinterläßt nichts als ein Stück leeren Raum! Das ist meine Meinung, aber die ist ja längst nicht mehr gefragt hier in diesem Haus!« Damit steht er auf und verläßt wütend das Haus. Großmutter beginnt zu weinen, und Mutter schlägt die Decken auseinander: Es ist Zeit, schlafen zu gehen.

Spät in der Nacht schlüpft Tamding zu seinem Vater ins Bett: »Schick mich weg, Paala. Mipam ist Großmutters Herzblatt, und Dorjee hat sich gerade frisch verliebt.«

Der Vater drückt den Kleinsten an sich, und seine Tränen sind heiß wie purpurner Chili.

»Außerdem – ich möchte so gerne tibetische Malerei studieren, Paala ... in Indien ... beim Dalai Lama.«

Als der Vater nicht aufhört zu weinen, ist es Tamding, der ihn trösten muß: »Ich werde dein Gesicht in mein Büchlein malen«, flüstert er, »damit ich dich nie vergesse und euch später einmal wiederfinde, wenn ich groß bin und nach Tibet zurückkehre.«

Dharamsala, im Herbst 1999

Ich habe ein kleines Problem: Ich muß irgendwo im Himalaya eine tibetische Flüchtlingsgruppe finden – mit möglichst vielen Kindern, denn das wärmt die Herzen der Zuschauer. Die ZDF-Redaktion 37° ist mein mutiger Auftraggeber für einen Film mit dem Arbeitstitel ›Flucht über den Himalaya‹.

Als erstes recherchiere ich, was es zu diesem Thema bereits gibt:

›Flucht aus Tibet‹ heißt eine Dokumentation von Yorkshire-TV, in der ein Filmteam auf einem fast sechstausend Meter hohen Grenzpaß einer tibetischen Flüchtlingsgruppe begegnet. Ein wirklich guter Film! Man erfährt viel über das Leid der Tibeter in ihrem besetzten Mutterland. Doch da sich in der Flüchtlingsgruppe nur ein Kind befindet, wird die ausweglose Situation, die viele Eltern veranlaßt, ihre Kinder durch die weiße Todeszone ins Exil zu schicken, nicht thematisiert.

Schließlich stoße ich auf die beeindruckenden Fotos eines Schweizer Fotografen, der bereits 1995 einen Vater und dessen kleine Tochter von Lhasa aus über den Himalaya bis nach Dharamsala begleitet hat. Der Nachname des Fotografen ist Bauer – davon gibt es sicher Hunderte in der Schweiz. Doch sein Vorname ist Manuel, und diese Kombination scheint in seinem Land einzigartig zu sein: Manuel Bauer. Er hat dieselben Initialien wie ich, denke ich mit klopfendem Herzen und wähle seine Nummer, die mir die freundliche Dame bei der Auslandsauskunft gegeben hat. Herr Bauer ist kurz angebunden: »Ich kredenze gerade Kürbiscremesuppe. Können Sie später noch mal anrufen?«

Wie lange braucht ein Schweizer für seine Suppe?

Zwei Stunden später rufe ich nochmals an. Manuel Bauer ist nicht sehr begeistert darüber, daß ich dieses Thema, das er in mutiger Pionierarbeit erschlossen hat, nun für ein Massenpublikum noch einmal »aufwärmen« will. Ich bleibe hartnäckig und habe am Ende des Gesprächs, was ich will: das erste Date mit einem Schweizer. In drei Tagen. Am Hauptbahnhof Winterthur.

»Wie erkenne ich Sie?«

»Ich bin klein und häßlich«, sagt Manuel Bauer.

Als ich in der menschenleeren Bahnhofshalle von Winterthur stehe, ist klar, daß der kleine, häßliche Schweizer unsere Verabredung vergessen hat.

»Bin schon unterwegs!« ruft er, als ich ihn per Handy aus dem Bett schmeiße.

Die Informationen, die mir Herr Bauer in einem gemütlichen Schweizer Bistro kredenzt, sind düster: Die Sache ist wirklich gefährlich – vor allem für den Guide und die Flüchtlinge. Wenn sie zusammen mit einem Filmteam erwischt werden, drohen ihnen Haft und Folter. Die Wahrscheinlichkeit, daß der Guide heil davonkommt, ist sehr gering.

Außerdem habe man da oben nie genug zu trinken, weil nachts das Wasser in den Flaschen friere. Wenn der Urin dann ganz dunkel und zähflüssig werde, stehe man kurz vor einem Nierenversagen. Und bei Schneesturm sollte man in der dünnen Luft besser gar nicht mehr atmen, weil sich die Schneekristalle in der Lunge festsetzen – langsames und qualvolles Ersticken sei die Folge. Was Herr Bauer sonst noch sagte, weiß ich nicht mehr so genau, weil seine Augen so blau sind wie zwei Gletscherbonbons, durch die die Sonne ihr kristallisierendes Licht wirft.

»Wie groß bist du eigentlich?« frage ich Manuel, als wir das Bistro verlassen.

»Einen Meter vierundsiebzig«, sagt er.

Laut Paß bin ich genauso groß. Gleich alt sind wir natürlich auch. Und unsere Lieblingsfarbe ist Blau.

Beim Abschied sage ich ihm, daß er nie mehr von sich sagen soll, klein und häßlich zu sein.

Wie lange braucht ein Schweizer, bis er versteht, daß das eine Verliebtheitserklärung ist?

»Hoffentlich ewig«, meint Jürgen im Römerpark-Café. »Hast du ihn gefragt, wie du eine Flüchtlingsgruppe findest?«

»Habe ich vergessen.«

Zwei Monate später reise ich nach Dharamsala, der größten tibetischen Gemeinde im Exil, Domizil des Dalai Lama und Sitz der tibetischen Exilregierung.

D-H-A-R-A-M-S-A-L-A. Wie die geblähten Segel eines Schiffes trägt der wohlklingende Konsonantenreichtum jedes Jahr Tausende von Sinnsuchenden aus aller Welt in dieses kleine Örtchen. Der eher nüchterne Charakter kann das zweite ›A‹ dieses magischen Wortes auch stillschweigend unter den Tisch fallen lassen. ›Denke einfach an Darmsalat, dann kommst du sicher an.‹ Diesen Tip hat mir der nette Schweizer mit den Gletscheraugen gegeben.

Doch wer in Dharamsala nach Tibetern sucht, wird sich bald wie zu Ostern ohne Eier fühlen. Denn die tibetische Siedlung befindet sich gar nicht in diesem durchwegs indischen Städtchen, sondern thront oberhalb auf einem Berg und nennt sich McLeod Ganj. Man denke einfach an Köln-Hürth oder München-Pasing, dann hat man es: Dharamsala-McLeod Ganj.

Mit dem Propellerflieger geht's von Delhi aus eineinhalb Stunden schnurstracks in den Norden, wo der Himalaya sanft in die Vorberge von Himal Pradesh ausläuft. Wer feige oder pleite ist, muß sich dreizehn Stunden im Nachtbus durchrütteln lassen. Ich bin beides.

Die Vorbereitungen für meinen Film brauchen viel Zeit. Seit einem Jahr beschäftige ich mich mit nichts anderem mehr. Zum Glück glaube nicht nur ich an mich, sondern auch der freundliche Angestellte der Stadtsparkasse Köln-Lindenthal. Ihm habe ich zu verdanken, daß ich von meinem Vermieter nicht vor die Tür gesetzt werde.

Dharamsala-McLeod Ganj wird in vielen Artikeln und Fernsehbeiträgen gerne als ›idyllisch‹, ›beschaulich‹ und ›malerisch‹ beschrieben. Das rührt wahrscheinlich daher, daß sich das Domizil des Dalai Lama in einem romantisch-verträumten Ambiente besser denken läßt als in einem Haufen recht häßlicher Häuser, die drei schlammige Straßen säumen. Der ›Palast‹ des Dalai Lama ist nichts anderes als ein schlichter Bungalow, der jedes deutsche Reihenhaus an Luxus unterbietet. Sehr sympathisch.

»Two months ago I was spontaneously called during a meditation«, erzählt mir ein junger Amerikaner, den ich im kultigen Green-Hotel kennenlerne: »It was His Holiness who told me to come. And so I'm here.«

Manchmal wäre ich auch gerne einer dieser relaxten New-Age-Touristen, die langsamen Schrittes, eingehüllt in dunkelrote Ponchos, mit Nasenring und einem tätowierten ›Om‹ über dem Bauchnabel wie ferngesteuert durch den Dharamsalamer Nieselregen wandeln, um in der Nähe ›Seiner Heiligkeit‹ der Erleuchtung ein paar Zentimeter näher zu kommen. Dann hätte ich wahrscheinlich kein Problem mit meiner Schilddrüse, die sich bei Streß wie ein hyperaktives Kind verhält, das zur Frühförderung muß. Nein, ich werde nie Zeit für ayurvedische Massagen, spirituelle Teachings und tibetische Astrologie haben, I am always busy. Heute habe ich eine Verabredung mit meinem Kontaktmann. Es ist ihm gelungen, einen Guide ausfindig zu machen, der bereit ist, meinen Kameramann und mich auf eine geführte Flucht über den Himalaya mitzunehmen. Der Zeitpunkt der Flucht und die geplante Route stehen bereits fest: Eine etwa fünfzehnköpfige Gruppe wird Anfang Februar von Lhasa aus in Richtung der Berge starten.

»Diesen Winter schon?« frage ich ungläubig meinen Kontaktmann. Es erscheint mir zu bald und vor allem zu kalt!

Wir sollten froh sein, mit unserem schweren Kamera-Equipment über eine gefrorene Schneedecke laufen zu können, erklärt man mir, anstatt bis zum Bauch im geschmolzenen Matsch zu versinken. Das Frühjahr und der Sommer seien eine gefährliche Zeit, in der Flüchtlinge – vor allem Kinder – in der Regel die schwersten Erfrierungen erleiden. Denn untertags sind die Temperaturen mild, und die Flüchtlinge holen sich schnell nasse Füße im schmelzenden Schnee. Nachts fällt das Barometer dann auf bis zu zwanzig Grad minus herab, Schuhe und Klamotten frieren am Körper an. Dieses Argument leuchtet mir ein.

»Welche Route werden wir gehen?« frage ich.

»Das wird der Guide im letzten Moment entscheiden.«

Seit Monaten hänge ich jeden Abend vor dem Schlafengehen über meiner großen Tibet-Karte und versuche anhand der Reliefs und Farben und mit Hilfe der gekennzeichneten Wege, Straßen und Höhenverhältnisse zu eruieren, welcher Fluchtweg der sicherste sein könnte. Tibet ist so groß wie Westeuropa, und der Himalaya ein weitläufiger Schutzwall im Süden des Landes, an dem es viele undichte Stellen zu geben scheint, durch die man in die Freiheit schlüpfen kann. Obwohl ich noch nie in meinem Leben in Tibet war –

die Landkarte des ›Schneelandes‹ ist mir mittlerweile vertrauter als der Stadtplan von Wien.

»Wann werde ich den Guide kennenlernen?« frage ich.

»Kurz bevor es losgeht.«

Zurück in Deutschland, beginnt die harte Phase meiner Vorbereitungen. Seit ich nicht mehr bei Dreharbeiten rumhänge, gibt es für mich nur noch einen Ort, an dem ich nette Typen kennenlernen kann: den Kölner ASV. Ein exklusives Fitneß-Studio, in dem hart gegen Speckröllchen, Cellulitis und Schwabbelbäuche vorgegangen wird. Holger ist der beste Sportlehrer der Welt und somit der Mann, den ich brauche. Zumindest für die nächsten vier Monate.

Der junge Foodcoach und Lauftrainer erarbeitet einen genialen Ernährungsplan für mich. Und da es in Köln außer dem Dom keine Berge gibt, treibt mich Holger beim Joggen in eine Atemlosigkeit, die mit dem Sauerstoffmangel in extremer Höhe vergleichbar ist. Bei schlechtem Wetter muß ich zum Kältetraining frühmorgens in den Liblarer See – und zwar genau an der Stelle, wo dunkle Schlingpflanzen nach jungen Schwimmerinnen greifen, um sie heißhungrig in die Tiefe zu ziehen. – Ich soll meine Ängste abbauen und Vertrauen in die Natur bekommen. Bereits nach drei Monaten fühle ich mich fit für den Paß.

Und trotzdem: Je näher die Dreharbeiten rücken, desto größer wird die Angst: Rechtfertigt ein Film, der über die Not der Tibeter aufklären will, die Gefahren, die der Guide und die Flüchtlinge auf sich nehmen müssen? Geht es mir wirklich um die Kinder Tibets, oder liebäugle ich in der hintersten Kammer meines Herzens nicht doch mit dem bayerischen Fernsehpreis? Wen möchte ich besiegen? Die Chinesen? Einen sechstausend Meter hohen Paß?

Suja im Bunker

»Es war in der Zeit mit diesem alten Mönch, als ich begann, über all das nachzudenken, was in unserem Armeegefängnis geschah. Ich konnte nachts nicht mehr schlafen. Mein Blut kochte vor Wut, und allmählich begann ich, die Chinesen zu hassen.

Der alte Mönch tat mir leid, und ich wollte ihm helfen. Jeden Morgen zwischen acht Uhr dreißig und neun Uhr werden die Zellen der Häftlinge geöffnet, damit die Männer in der Toilette ihre Eimer leeren und sich im Duschraum waschen können. Das war die einzige Gelegenheit für mich, dem Alten Nahrungsmittel zuzustecken: Brot und Eier, manchmal auch Kartoffeln. Langsam begann er, mir zu vertrauen, auch wenn wir kaum miteinander reden konnten. Wir verständigten uns über Blicke.

Eines Tages wurde ich zu unserem Boß zitiert. Einige der Häftlinge hatten mich verraten. ›Warum hast du diesem Mönch Essen gebracht?‹ fragte er mich voller Wut. ›Er war hungrig, und ich konnte sehen, daß er es wirklich braucht‹, sagte ich. Das machte den Boß nur noch wütender, und er stellte mir ein Strafpapier aus. Es war das erste Strafpapier, das ich als Wujing bekam. Bei drei Strafpapieren muß man die Armee verlassen und hat hinterher keine Chance mehr auf einen guten Job. Eine Zeitlang hörte ich auf, dem Mönch Nahrungsmittel zu bringen. Doch dann ergab es sich eines Tages, daß ich mit ihm reden konnte. Alle Häftlinge sollten nach draußen, um sich auf dem umzäunten Areal die Füße zu vertreten. Der alte Mönch war von der Folter zu schwach, um herumzugehen. Also legte er sich einfach auf ein Stückchen Gras und versuchte, die Sonne zu genießen. Als die anderen Häftlinge weit genug weg waren, begann ich das Gespräch. Ich wagte nicht, mich zu ihm zu setzen, sondern blieb in einiger Entfernung stehen:

›Warum läßt du dich für diesen Dalai schlagen? Er hat den Tibetern nur Unheil gebracht!‹

›Das erzählen die Chinesen, weil sie an nichts glauben‹, sagte der Mönch. ›Deshalb müssen sie das, was uns heilig ist, zerstören. In Wahrheit haben sie Angst vor Seiner Heiligkeit.‹

›Erzähl mir mehr von ihm.‹

›Wenn du wirklich wissen willst, wer der Dalai Lama ist, und wenn du erfahren willst, was uns Tibetern widerfahren ist, mußt du selber zum Dalai Lama nach Indien gehen. Dann wirst du alles verstehen.‹

Mehr sagte er nicht. Von diesem Moment an wollte ich die Wahrheit wissen.

Die tibetische Wahrheit. Bisher kannte ich ja nur die chinesische ...« SUJA

Die Hölle ist vier Quadratmeter groß und so leer, daß sich der innere Schmerz darin ausbreitet wie glühende Lava. Das mußten die Chinesen gewußt haben, als sie den neuen Strafbunker für ihr Militärgefängnis planten. Der Strafbunker ist die Zelle, in der die krummen Gedanken eines Überläufers wieder geradegebogen werden sollen. Hier werden die Mitglieder der Armee weggesperrt, wenn sie sich des Ungehorsams schuldig gemacht haben.

Es gibt eine Matratze, einen Tisch und einen Stuhl im Strafbunker – für tausend Fragen, tausend Ängste und tausend innere Qualen. Es gibt kein Fenster, durch das man der eigenen Hölle entkommen könnte. Und die doppelte Eisentür liegt schwer im Schloß. Es gibt auch keine Ritze zwischen Tür und Boden, durch die sich ein winziges Stück Leben zu ihm hineinschleichen könnte: ein dünner Streifen Tageslicht oder das Geräusch vorbeieilender Schritte. Plötzlich sehnt sich Suja nach körperlichem Schmerz. Jede Ablenkung wäre jetzt besser als keine. Schon als Kind waren die Schläge der Mutter leichter zu ertragen als gar keine Berührung. Er überlegt, ob er die Neonröhre an der Decke mit dem Stuhl zerschlagen soll. Sie brennt ohne Unterlaß, schenkt ihm nicht einmal das leiseste Flackern. Es gibt keine Nacht und keinen Tag in dieser Hölle. Keinen Abend, an dem man seine Sorgen an das Universum abgeben, und keinen Morgen, an dem man wieder von vorne beginnen kann. Suja hat keine Ahnung, wie lange er schon eingebunkert ist. Er weiß auch nicht, wie viele Tage noch vor ihm liegen. Hier gibt es keine Zeit, und alle Qualen dauern in die Ewigkeit. Einen Monat hat ihm der Boß gegeben. Er hätte ihn auch exekutieren lassen und vorher von der Mutter das Geld für drei Patronenkugeln eintreiben können – so wie es vor jeder Erschießung praktiziert wird, um auch die Angehörigen seelisch zu exekutieren.

Drei seiner Kollegen hatte Suja niedergeschlagen, er prügelte auf sie ein, bis sie nicht mehr aufstehen konnten. Warum hatten sie ihn auch provozieren müssen beim Abendessen? Suja wußte, daß sie auf Befehl des Bosses handelten. Sie sollten herausfinden, ob er noch auf ihrer Seite war.

»Du ißt wie ein Schwein!« beschimpfte ihn einer quer über den Tisch.

»Kein Wunder«, lästerte ein anderer, »wo soll er auch Manieren gelernt haben?«

»Die Tibeter sind doch alle Barbaren!« rief ein Dritter.

»Verpiß dich!« sagte Suja. Zwar leise, doch laut genug für die anderen, um sich daran hochzuschaukeln. Kurz darauf war er das Zentrum einer Schlägerei und teilte aus – so lange, bis die anderen nur noch Sterne sahen.

Es war nicht das erste Mal, daß Suja um sich schlug wie ein verwundetes Tier.

»Ich werde deine fette Mutter ficken!« hatte dieser kleine Chinese auf dem Schulhof damals geschrien. Er rechnete nicht damit, daß ›der dumme Tibeter‹ zuschlagen würde. Doch Suja ging es um die Ehre seiner Mutter. Daß diese hinterher nur sauer war, als er von der Schule flog, kann er bis heute nicht verstehen.

Wie lange dauert ein Tag ohne das Ticken seiner Armbanduhr? Wie lange eine Woche ohne die Sirenen, die zum morgenlichen Appell rufen? Wie lange ein Monat ohne das Blöken der Schafe hinter der Armeemauer? Die Stille ist die leiseste Foltermethode der Chinesen. Suja hört das Blut in seinen Ohren rauschen. Würde China von feindlichen Fliegern bombardiert, er würde es nicht hören in seinem Bunker. Würde ein Orkan über Amdo hinwegjagen, er würde es nicht sehen in seinem Bunker. Würden aufständische Bauern ihre Barracken anzünden, er würde es nicht riechen in seinem Bunker.

Vor vielen Millionen Jahren war Tibet vom Meer bedeckt, heißt es, und daß man heute noch versteinerte Muscheln in den Bergen finden kann. Davon hat er immer geträumt: einmal das Meer zu sehen. Vielleicht ist es zurückgekommen, das Meer, und schlägt seit einer Ewigkeit schon über seinem Bunker Wellen? Wie tief ist das Meer, wenn man auf seinem Grund gefangen sitzt? Und wie hoch der Himmel, wenn man frei und glücklich ist? Wie lange dauert die Ewigkeit? Und wie alt ist sein Schicksal? Trägt er die Schuld eines anderen Lebens ab?

Ob der alte Mönch noch lebt? Nein, es tut ihm nicht leid, daß er ihm Essen zugesteckt hat. So hat er wenigstens etwas

Gutes getan, falls sie ihn hier verrecken lassen. Das Leben im Bunker ist verwirrend genug. Richtig gehandelt zu haben, als er dem Alten Brot und Eier gab, ist das einzige, was Suja jetzt noch mit Sicherheit weiß. Und das gibt ihm Kraft.

Auf dem Tisch liegen zwei Bücher. Das ›kleine Rote‹ und das ›dicke Braune‹. Das eine beschreibt das Leben von Mao Zedong. Im braunen Armeebuch sind alle Regeln und Grundsätze für einen guten Soldaten festgeschrieben. Noch jeder, der lange genug im Bunker gesessen hat und kurz davor war, seinen Verstand zu verlieren, hat sich schließlich an diese Bücher geklammert, deren Inhalt von vorne nach hinten und von hinten nach vorne gelesen, die Schriftzeichen, Wörter und Sätze aufgesaugt wie ein Vergifteter das rettende Gegenmittel. Das ist es, worauf sie hinauswollen: ›Umschulung‹. Am Ende wartet auf Suja eine Prüfung, in der sie testen werden, ob er wieder fest im Sattel der Armee sitzt.

Nein. Er wird diese Bücher nicht anrühren. Denn seit er die Chance hatte, mit dem alten Mönch zu sprechen, hat eine neue Sehnsucht den alten Hunger nach Anerkennung verdrängt: Er muß die Wahrheit herausfinden. Und die liegt nicht in diesen Büchern. Sondern jenseits des Himalaya.

Tamdings Abschied

ཨོཾ *»Meine Ama ging mit mir zum Laden unseres Dorfes, um einen Rucksack für mich zu kaufen. Den letzten Abend verbrachte ich dann mit meiner Familie. Wir aßen zusammen, und ich war sehr traurig. Ich durfte es mir aber nicht anmerken lassen, denn Großvater und Großmutter wußten nicht, daß ich am nächsten Morgen nach Indien aufbrechen würde. Sie hätten mich sonst nicht gehen lassen.*

Am frühen Morgen brachen mein Vater und ich auf. Wir gingen zu dem Fluß, der Yellow River heißt. Auf der anderen Seite wartete ein Mann, den mein Vater kannte: mein Guide. Vorsichtig gingen wir über das gefrorene Eis. Als wir das andere Ufer erreichten, legte mein Vater eine Glücksschleife um meinen Hals und segnete mich. Der Mann, der auf uns wartete, sagte, daß wir uns beeilen müßten. Wir gingen lange durch eine Landschaft, die wie die Wüste war. Auf einer Anhöhe machten wir Rast, und mein Vater forderte mich auf, Niederwerfungen in Richtung meines Heimatdorfes zu machen. Ich warf mich dreimal zu Boden und dachte an das, was Ama mir zum Abschied gesagt hatte: ›Du bist der einzige aus unserer Familie, der nach Indien geht. Deshalb mußt du dich sehr bemühen in der Schule und viel lernen.‹ Und als ich weinte, tröstete sie mich: ›Du wirst sehen, es ist sehr schön in Indien. Es gibt so viele Früchte da zu essen und andere gute Dinge!‹

Ich glaube, ich habe ein Lied gesungen, als mein Vater und ich weiter über das Grasland gingen:

In der Wiese hinter mir
lasse ich meine Fußspuren zurück
Sie erzählen eine Geschichte
Die Geschichte meines Abschieds« TAMDING

»Nachdem ich aus dem Strafbunker entlassen wurde, bat ich meinen Vorgesetzten, mich aus der Armee zu entlassen. Er verstand mich nicht, denn ich hätte Karriere in der Armee machen können. Aber er ließ mich gehen.

Immer wieder mußte ich an den Mönch in unserem Gefängnis denken. Ich unterhielt mich mit den alten Leuten aus unserem Dorf, die Tibet noch kannten, bevor die Chinesen kamen. Sie sagten, daß viele junge Männer ins Exil gehen, um dort an der Seite des Dalai Lama für ein freies Tibet zu arbeiten. Ich spürte, daß es kein Zurück mehr gab. Ich mußte weg. Zunächst reiste ich mit dem Zug bis Kermo. Dort erfuhr ich, daß die Polizei hinter mir her war. Sie vermuteten, daß ich vorhatte, nach Indien zu gehen, und als ehemaliger Wujing hatte ich zuviel erlebt, zuviel gesehen.

Am 1. Januar 2000 erreichte ich Lhasa. Sofort machte ich mich auf die Suche nach einem Flüchtlingsguide. Ich mußte vorsichtig sein. Oft geben sich Polizisten in Zivil als Guides aus, um Jagd auf tibetische Flüchtlinge zu machen. Doch ich hatte Glück und fand einen Guide, der fünfunddreißig Mönche aus Amdo und ein Kind nach Indien bringen sollte. Er nahm mich mit zu einer tibetischen Familie, denn es war zu gefährlich für mich, in einem Hotel zu wohnen. Dort lernte ich Tamding kennen. Der Guide hatte auch den Kleinen bei seinen Freunden untergebracht, weil Tamdings Vater wieder nach Hause mußte, nachdem er den Sohn bis nach Lhasa gebracht hatte. Tamding schien nicht besonders traurig zu sein. Er freute sich auf Indien und machte sich auch in der Familie nützlich. Er kochte Amdo-Tee für uns und wusch das Geschirr. Ein richtig netter Junge.« SUJA

Nachts ist es eiskalt auf den Straßen, auch wenn man in einem Bus sitzt. Doch die Heizung funktioniert nicht, und überhaupt fragt sich Tamding, ob das ein richtiger Bus ist. Denn richtige Busse fahren nur am Tag, wenn es hell ist. Dieser hier fährt nachts, wenn die Schlaglöcher noch tiefer sind und in den Straßengräben Räuber lauern. Deshalb hat sich Tamding, als sie am Abend ihr Versteck verlassen mußten, schnell den Sitzplatz neben Suja geschnappt. Suja hat halblange Haare und eine große Narbe auf der Stirn. Er kann einen Apfel mit bloßen Händen in der Mitte durchbrechen. Er redet wenig, aber er kann auch sehr lustig sein, und dann muß Tamding nicht ständig an seine Großeltern, die Eltern, Brüder und Jamjang denken. Der Freund weiß nicht einmal, daß Tamding auf der Flucht nach Indien ist. Ama und Paala haben den anderen Familien im Dorf erzählt, daß sie ihren jüngsten Sohn in ein entferntes Kloster schicken.

»Du kommst mich doch bald besuchen, oder?« fragte Jamjang, als sie einander an der kleinen Brücke Lebewohl sagen mußten.

»Ich glaube, man kriegt da nicht frei. Das ist ein sehr strenges Kloster.«

»Wenn du nicht kommen darfst, werde ich auch Mönch. Dann sind wir wieder zusammen.«

»Das wäre schön«, sagte Tamding und spürte ein schmerzhaftes Kratzen in seiner Kehle. Paala hatte ihm mehrmals eingeschärft, daß jeder Mitwisser der Familie gefährlich werden könnte. Es war so schwer, den besten Freund zu belügen!

Als die Männer ihr sechstes Bier öffneten, holte der Guide eine kleine Flasche mit einer seltsamen braunen Flüssigkeit aus seiner Manteltasche: »Die ist für dich, Kleiner. Damit wir auf deine Zukunft in Indien anstoßen können!« Die

Cola zwickte auf der Zunge und schmeckte angenehm süß. Noch nie hatte Tamding etwas so Köstliches getrunken! Den ganzen Abend über nippte er sparsam an der Flasche, die ganz alleine ihm gehörte. Und das Prickeln auf der Zunge war ein süßer Trost.

Bevor der Vater zurück nach Amdo gegangen war, hatte er dem Guide alles Geld gegeben, das ihm der Verkauf seiner Schafe eingebracht hatte. Es war wirklich viel, doch der Guide hatte einen guten Ruf. Und tatsächlich war er von Anfang an um Tamdings Wohl bemüht gewesen. Eines Tages brachte er eine grüne Armeejacke mit goldenen Knöpfen vom Markt und trug der Frau des Hauses auf, daraus einen warmen Mantel für Tamding zu schneidern.

Der Mantel ist richtig cool – und wohlig warm. Die jungen Amdo-Mönche beneiden ihn darum. Einige haben sich schon während ihrer ersten Nachtfahrt verkühlt. Jetzt husten sie, und sie rotzen einfach auf den Boden des Busses. Daß es Mönche sind, würde kein Fremder mehr vermuten. In Lhasa haben sie ihre roten Mönchsroben gegen winterfeste Kleidung getauscht, und ihre Haare sind mittlerweile lang und struppig. Manche tragen sogar einen finsteren Bart. Vielleicht sind das gar keine Mönche, denkt Tamding, sondern Verbrecher, und sie müssen deshalb aus Tibet fliehen. Fünfunddreißig Diebe und Mörder, und er das einzige Kind unter ihnen! Die Vorstellung gefällt Tamding: Dann haben die Straßenräuber keine Chance, ihm die goldenen Knöpfe vom Mantel zu schneiden.

»Du solltest besser schlafen«, sagt Suja und holt einen großen Pullover aus seinem Rucksack.

Auf seinen Knien baut er ein wollenes Kissen für Tamding, legt behutsam den Kopf des Kleinen darauf. Dann fängt er wieder an zu singen. Ein altes Kinderlied. Leise und etwas schräg. Aber geflüsterte Worte tun immer wohl. Tamding schließt die Augen und sucht nach einem schönen Traum. Sujas Stimme wird immer weicher vor Trauer, und plötzlich fallen von oben zwei warme Tränen auf das schlafende Kind.

Wenn deine Hände noch schmutzig sind,
nimm kein Brot!
Mein kleiner Liebling, wasch erst deine Hände,
wasch sie ganz sauber!...

Als Tamding erschrocken aus dem Schlaf hochfährt, haben sie angehalten, und eine Männerstimme brüllt auf Chinesisch einen Befehl quer durch den Bus.

»Wir müssen aussteigen«, murmelt Suja. »Keine Angst. Ist nur eine Kontrolle.«

Zwei chinesische Polizisten treiben alle Insassen aus dem Bus. Am Straßenrand stehen fünf bewaffnete Männer, die ihre Gewehre auf die Flüchtlinge richten. Das Grün ihrer Uniform unterscheidet sich nur für das geübte Auge vom Grün normaler Soldaten.

»Wujings«, hört Tamding Suja leise fluchen. Die Flüchtlinge müssen den Chinesen ihre Papiere zeigen. Einer nach dem anderen. Tamding hat keinen Ausweis.

»Zu wem gehört dieses Kind?« fragt einer der Polizisten. Keiner der Flüchtlinge antwortet. Auch Suja nicht. Es ist jetzt besser, so zu tun, als verstünde er die Sprache der Besatzer nicht. Fragend dreht sich Tamding nach Suja um, der sich instinktiv in die Nähe des Guides geschummelt hat. Die beiden Polizisten beratschlagen sich kurz, dann fordern sie die Flüchtlinge auf, wieder in den Bus zu steigen. Alle sind erleichtert und hoffen, daß die Reise weitergeht. Doch dann steigen auch drei der Wujings zu, verteilen sich mit ihren entsicherten Gewehren im Bus. Der Fahrer muß die Türen schließen und den Bus auf der schmalen Straße wenden. Er soll dem schwarzen Polizeijeep folgen. Zwei weitere hängen sich hintendran.

Die Mönche sind stumm. Keiner wagt ein Wort zu sagen. Steif vor Angst sitzt Tamding auf seinem Platz. Neben ihm liegt verwaist Sujas Rucksack und auch der dicke Pullover aus hellbrauner Wolle. Tamding drückt sich an der Scheibe die Nase platt. Auch draußen kann er Suja nicht entdecken. Er reckt den Kopf, hält Ausschau nach dem Guide. Doch der Platz neben dem Fahrer ist leer. Das Ziehen im Bauch tut weh. Suja ist abgehauen. Und auch sein Guide. Jetzt ist gar niemand mehr da, der ihn beschützen könnte.

Die Zelle, die Tamding mit zwölf Mönchen teilt, ist viel zu eng für so viele Leute. Es gibt weder Möbel noch eine Glühbirne oder Kerze. Nicht einmal Matratzen oder Decken. In der Ecke steht ein Plastikeimer für alle. Der Boden ist mit den vertrockneten Fäkalien ihrer Vorgänger beschmiert.

Langsam wird es draußen hell. Durch das gebrochene Glas ihres vergitterten Fensters fällt der frostige Atem eines neuen Tages auf sie herab. Es war also kein Alptraum. Sie sind wirklich Gefangene. Was nun aus ihnen wird, ist ungewiß. Vier Mönche haben die Wärter bereits zum Verhör geholt, sie ruppig vom Boden hochgerissen und aus der Zelle getrieben. Die anderen blieben zurück mit ihrer Angst, die sie statt eines Frühstücks teilten.

Was wollen die Polizisten wissen? Ahnen sie, daß sie auf der Flucht sind? Hat jemand ihre Gruppe verraten? Sitzt der Verräter vielleicht sogar unter ihnen? Und die, die gerade verhört werden – was erzählen sie? Werden sie es schaffen, den Mund zu halten? Oder lassen sie sich von den Schlagstöcken der Polizisten einschüchtern?

Tamding schließt die Augen. Dann kann er die Nähe der Berge spüren. Auf ihren schneebedeckten Pässen sieht er die

Gebetsfahnen flattern. Er riecht den Duft von frischem Buttertee, den Großvater in seinem hölzernen Bottich stampft. Er hört das Pfeifen seiner Brüder, die ihre Yaks und Schafe auf die Weide treiben. Sechs Schafe hat der Vater für seine Flucht verkauft. Und jetzt ist alles verloren, bevor es noch richtig losging. Sein Guide ist weg. Vielleicht wird er seine ganze Kindheit in dieser Zelle verbringen. Zusammen mit zwölf Mönchen. Dann wäre es fast wie in einem Kloster. Und frei bekäme er auch nicht. Dafür jede Menge Prügel.

Das ist es, wovor sich die Mönche am meisten fürchten. Angestrengt lauschen sie, ob man die Schreie ihrer Mitbrüder hören kann. Einige beten so innig, als könnten die Mantras sie unsichtbar machen. Ob die Polizisten auch Kinder schlagen? Tamding ist noch nie geschlagen worden. Doch, einmal, als sie im ersten Schuljahr einen chinesischen Klassenlehrer hatten. Aber der ist zum Glück nicht lange an ihrer Schule geblieben. Es war ihm wohl zu kalt und zu einsam in ihrem kleinen Dorf. Außerdem hat keiner von den Kindern seine Sprache verstanden, auch wenn er sie rüttelte und schüttelte und ihnen die Hefte um die Ohren schlug.

Und einmal hat Paala seine älteren Brüder vermöbelt, weil ihnen ein Schaf verlorengegangen war und sie ihre Unaufmerksamkeit mit dummen Lügen vertuschen wollten.

Schritte auf dem Gang. Ein Schlüssel wird ins Schloß gesteckt. Mit Bangen blicken die Mönche zur schweren Eisentür: Wen werden sie als nächstes holen?

Die vier, die zurückkommen, sehen nicht gut aus. Erschöpft sinken sie zu Boden. Einer weint. Die anderen vergraben ihre Köpfe in den Händen. Mit einer unwirschen Geste deuten die Wärter auf jene, die nun mit ihnen kommen müssen. Tamding bleibt – und vier andere, die noch einmal aufatmen können.

»Was wollen die von uns?« fragt einer leise.

»Daß wir Flüchtlinge sind, ist denen klar. Sie wollen diesen Typ mit der Narbe auf der Stirn. Sie haben seinen Rucksack im Bus gefunden, mit Papieren und allem. Auf den sind sie schärfer als auf unseren Guide! Außerdem haben sie gefragt, zu wem der Junge gehört.«

Da ist es wieder, dieses Prickeln unter seinen Haaren. Jetzt weiß Tamding, daß die Wärter auch ihn holen werden. Man wird ihn nach dem Namen seiner Eltern fragen und nach dem Dorf, aus dem er kommt. Aber er wird nichts sagen, egal, was passiert. Verrät er seine Familie, muß Paala noch mehr Schafe verkaufen. Plötzlich geht ein Ruck durch seinen leeren Magen: Das Büchlein mit dem Portrait seines Vaters! Was ist, wenn sich die Chinesen mit seiner Zeichnung auf die Suche nach den Eltern machen? Er wird den Polizisten erklären, daß der Mann in dem Büchlein sein Lehrer ist, dessen Züge er in einer langweiligen Unterrichtsstunde auf Papier gekritzelt hat. Was aber, wenn die Chinesen seine Lügen gar nicht verstehen können?

Köln, Ende Februar 2000

»Gib nicht auf! Egal, was passiert, gib nicht auf. Hör auf dein Herz. In euren Ländern hört man zu sehr auf die Vernunft statt auf die Herzen. Fühle mit! – Nicht nur mit deinen Freunden, sondern mit jedem. Fühle mit. Tritt für den Frieden ein. In deinem Herzen und in der Welt, tritt für den Frieden ein. Und ich sage noch einmal:

Gib nicht auf.
Egal, was passiert.
Egal, was um dich herum vorgeht.
Gib niemals auf.«

SEINE HEILIGKEIT, DER VIERZEHNTE DALAI LAMA

Im Kölner Stadtwald trainiere ich für meinen zweiten Anlauf, den Film über tibetische Flüchtlingskinder zu machen. Der erste Versuch lief schief und endete schließlich mit meiner Verhaftung in Tibet.

»Never give up« steht in großen weißen Buchstaben auf dem Rücken meines grünen T-Shirts, auf das ein bekannter Slogan des Dalai Lama gedruckt ist. In Dharamsala läuft jeder zweite Eso-Tourist mit so einem T-Shirt herum. Ich bin mittlerweile auch soweit.

Es hat ein paar Wochen gedauert, bis ich mich nach meinem kläglichen Scheitern ohne einen Millimeter Film im Gepäck nach Deutschland zurückwagte. Jürgen kam extra von Luxemburg angereist, um mich vom Kölner Flughafen abzuholen. Er packte mich und meinen zerfledderten Rucksack in seinen roten Golf und brachte uns zu seiner grauen Couch. Dort tröstete er mich mit Nougat und Krokantschokolade, um hinterher über die grauen Haare abzulästern, die mich die letzten Wochen gekostet hatten.

»Was willst du jetzt tun?« fragte er, und ich mußte grinsen.

»Was wollen Sie jetzt tun?« hatte auch mein ZDF-Redakteur gefragt, als ich ihn von Kathmandu aus anrief, um ihn über den vorzeitigen Abbruch unserer Dreharbeiten zu informieren. Daraufhin sang ich die ersten Zeilen von ›Im Märzen der Bauer‹ in die Muschel, weil die chinesische Geheimpolizei angeblich auch in Nepal gut vernetzt ist.

Seit meiner Verhaftung leide ich unter Paranoia. Hoffentlich legt sich das bald, denn wenn im Märzen der Bauer sein Rößlein anspannt, werde ich meinen zweiten Versuch starten, diesen Film zu machen.

»Du spinnst«, sagte Jürgen.

»Ich bin einfach nicht bereit aufzugeben«, sagte ich.

Nach meinem ausgedehnten Waldlauf stemme ich im Fitneß-Studio noch ein paar Gewichte. Es ist Samstag abend, und in den Umkleiden stylen sich bereits die schlank trainierten Singles für eine Nacht mit großem Fun- und Flirtfaktor. Ich würde lieber allein auf einer Eisscholle im Nordmeer treiben, als mich jemals wieder zu verlieben. Männer sind so ziemlich das letzte, was mich im Augenblick interessiert – außer Kameramänner. Das ZDF hat mir tatsächlich eine zweite Chance gegeben! Allerdings soll ich diesmal von der nepalesischen Seite des Himalaya einer Flüchtlingsgruppe bis zum Grenzpaß entgegengehen. Da das Budget jedoch wegen des gescheiterten ersten Anlaufs fast alle ist, brauche ich noch festere Muskeln an Schultern und Armen:

Ich werde den Großteil unseres Equipments selber schleppen müssen.

Drei Geräte weiter trainiert ein junger Typ. Seine Haare sind irgendwie zu lang für dieses leistungsorientierte Etablissement und zu kurz für einen edlen Designerzopf. Offen fallen sie auf seine schmalen Schultern herab. Ich habe eine Schwäche für langhaarige Männer. Oje, jetzt hat er gemerkt, daß ich ihn beobachte. Schnell flüchte ich zum nächsten Gerät, das dicke Waden zaubert, wenn man übertreibt. Der Langhaarige greift zu den Kurzhanteln – die lassen jeden Augenflirt mühelos zu. Er wirkt zwar etwas zu entspannt, doch auf seinem T-Shirt steht ›Red Hot Chili Peppers‹ – der Name einer sehr genialen Band. Wie war das noch mal mit dem Eismeer und der Scholle?

»Wer bist du denn?« fragt der heiße Chili-Mann, und ich werde rot wie eine Pfefferschote. Was soll ich sagen, wer ich bin? Eine ehemalige Schauspielerin? Eine Filmemacherin ohne Film? Ein Nervenbündel, das immer noch Angst vor der chinesischen Polizei hat?

»Bist du Kameramann?« frage ich einfach zurück.

»Lichtmann«, antwortet er.

»Heißt das, du hängst Scheinwerfer in Bühnendekos?«

»So ähnlich. Im Moment arbeite ich für ›Geld oder Liebe‹.«

Als ich Jörg zwei Tage später durch die großen Scheiben des Café Schmitz auf mich warten sehe, weiß ich, daß ich heute und nie mehr in meinem Leben alleine schlafen muß. Und das ist gut so. Denn ich bin wirklich müde und habe nur noch zwei Wochen bis zu meinem zweiten Anlauf...

Little Pema und der alte Amchi

Der alte Amchi tastet Little Pemas Bein ab. Ein schlecht verheilter Bruch.

»Wie ist es denn passiert?« will er wissen.

»Beim Spielen!« antwortet Little Pema fast zu schnell. »Tenzin wollte mich verprügeln!«

»Tenzin?«

»Vom Haus nebenan. Ich habe ihm einen Aprikosenkern mitten auf die Stirn geschossen – direkt hier. Peng! Da wurde er wütend wie ein wildes Yak, und ich mußte davonlaufen.«

»Dann bist du gestolpert?«

»Nein, ich bin auf unser Dach hinaufgeklettert, weil Tenzin viel schneller laufen kann als ich.«

»Dann bist du also vom Dach heruntergefallen?«

»Nein, ich habe laut gepfiffen, damit Dschandschur kommt!«

»Wer ist Dschandschur?«

»Großvaters alter Gaul. Dann bin ich vom Dach auf Dschandschurs Rücken gesprungen.«

»Das ist ja – also das ist ja unglaublich!«

»Aber als ich davonreiten wollte, hat Dschandschur gebockt, weil Großvater mit frischem Futter aus dem Stall kam. Dschandschur ist ein echter Vielfraß! Zu Losar hat er seinen Kopf beim Fenster hereingestreckt und die Biskuits von unserem Teller gefressen. Und wenn Großvater mit dem

Gerstensack raschelt, läßt Dschandschur jede Stute auf der Weide stehen! Und einmal ...«

»Moment, ganz ruhig, meine Kleine.« Der alte Amchi drückt das vor Aufregung zitternde Kind sanft in die Kissen zurück: »Das sind ja alles tolle Geschichten, die du mir da erzählst. Ich möchte jetzt aber gerne wissen, wie das mit dem Bein passiert ist.«

»Kung-Fu«, flüstert Little Pema leise, als verrate sie ein strenggehütetes Geheimnis. »Tenzin hat mich vom Pferd heruntergezerrt. Er hat gesagt, er schleppt mich auf den Geierthron und hackt mich dort in tausend Stücke. Da bin ich in die Luft gesprungen – ganz hoch – und dann: Kung-Fu! Doch Tenzin hat einen Kopf aus Beton –, und dann hat es ›Knacks‹ gemacht. Und dann weiß ich nichts mehr.«

Erschöpft läßt sich Little Pema auf das Untersuchungsbett des Amchi fallen.

»Es scheint, daß deine Tochter zu viele schlechte Filme guckt.« Ratlos dreht sich der Amchi zu der Mutter um und seufzt: »Wie auch immer es passiert sein mag, ich verstehe nicht, warum du dein Kind nicht sofort in ein Krankenhaus gebracht hast.«

»Die Behandlung wäre unbezahlbar für uns gewesen.«

»Dein Mann ist weg?«

Die Mutter nickt. Ihre Augen füllen sich mit Tränen, als sich der Amchi wieder dem Kind zuwendet. »Ich kannte deinen Großvater gut, als er noch jung war. Du siehst ihm ähnlich.«

Ein kleines Lächeln huscht um Little Pemas schmalen Mund.

Mit seinen guten Händen streicht der Alte eine kühle Kräuterpaste auf das verletzte Bein. Über seinem Untersuchungsbett hängt ein alter Wandteppich, auf dem die Orakelgöttin Palden Lhamo mit flammenden Haaren über einen riesigen

See aus Blut und Gebeinen reitet. Mit ihrer Krone aus Totenköpfen sieht sie furchterregend aus. Doch in Wahrheit hat Palden Lhamo aus Mitgefühl so viele Gebrechen der Welt wie möglich geschluckt und den Rest in eine große, schwarze Tasche gestopft. Die Hufe ihres dampfenden Tieres scheinen in der Luft zu schweben, sie berühren kaum noch den See, dessen blutrote Farbe allmählich vergilbt.

Es muß toll sein, fliegen zu können, denkt Pema, wer fliegt, ist den Göttern so nah!

Auf dem Weg in die Stadt haben sie eiserne Vögel gesehen, die durch den Himmel schwammen. Sie malten weiße Streifen in sein tiefes Blau, die immer länger und breiter wurden.

»Die Menschen, die in diesen Fliegern sitzen, sind reich«, erklärte die Mutter. »Sie haben Pässe und dürfen überallhin. Für sie ist die Heimat kein dunkles Gefängnis.«

Sorgfältig wickelt der Amchi einen weißen Verband um das Bein der kleinen Träumerin.

»Wann wird mein Kind wieder richtig laufen können?« fragt die Mutter leise.

»Tage, Wochen, vielleicht auch Monate. Es wird Zeit brauchen, bis der Knochen nicht mehr schmerzt. Ganz gerade wird er vermutlich nie.«

»Wird sie jemals weite Strecken gehen können?«

»Weite Strecken?«

»Weite Strecken über hohe Berge.«

Der Amchi teilt den Verband mit einer Schere und bindet eine Schleife um Little Pemas Bein. Dann verschwindet er wortlos im Nebenzimmer, wo braune Kräuterkügelchen verschiedenster Zusammensetzung in durchsichtigen Gläsern die Regale füllen.

Die Mutter hört das Rascheln der Papiertütchen, in die der Amchi seine Medizin abfüllt. Hinter ihnen brodelt Wasser auf einem kleinen Gaskocher.

Als der Amchi mit einem scharf gewürzten Tee wiederkommt, ist Little Pema eingeschlafen und reitet auf einem Pferd mit flammender Mähne über den weißen Kondensstreifen am Himmel davon.

Traurig schüttelt der Alte den Kopf und reicht der Mutter eine Tasse Tee: »Sein Kind nach Indien zu schicken ist doch keine Lösung für unser Land.«

»Es ist aber eine Lösung für viele Familien.«

Der Amchi seufzt. Er weiß, daß der Entschluß der Mutter längst gefaßt ist.

»Auch wenn der Bruch verheilt ist, wird dein Kind immer das schwächste Glied in einer Gruppe sein«, warnt er sie, »deshalb brauchst du einen guten Guide. Einen, der die Kleine nicht im Schnee zurückläßt, wenn sie nicht mehr weiterkann.«

»Ich habe kein Geld, um einen Guide zu bezahlen.«

Der Blick des Alten versinkt für eine Weile in der hellbraunen Brühe, bevor er sich mit einem kräftigen Räuspern Mut verschafft, um weiterzusprechen.

»Was ich dir jetzt sage, fällt mir nicht leicht. Denn wir leben in einer Zeit, in der keiner dem anderen trauen kann, und mein Sohn wird mich schelten dafür. Aber ich spüre, daß deine Not echt ist, deshalb mache ich dir einen Vorschlag: Unser jüngster Enkel – er wird bald acht – soll auch nach Indien gehen, um dort eine gute Schulausbildung zu bekommen. Du kannst dir vorstellen, was ich davon halte. Aber mein Sohn ist genauso stur wie du. Er kennt einen Guide, von dem die Leute sagen, er sei so gut wie Gold. Noch nie hat er ein Kind im Schnee verloren. Sein Name ist Nima, und er hat das Gewissen eines Amchis: Von den Kindern armer Eltern nimmt er kein Geld. Aber er verlangt, daß sie ihren Kleinen gute Schuhe, warme Jacken und Sturmmützen besorgen. Sobald Nima im Land ist, werde ich es dich wissen lassen.«

Die Mutter wagt nicht, einen Schluck Tee zu nehmen. Doch seine Wärme zieht durch ihre Hände, die mit Anspannung die Tasse umklammert halten, über die Arme und Schultern bis in die schmerzende Brust.

»Der Tee wird dir guttun«, sagt der Amchi mit auffordernder Geste.

Als die Mutter den ersten Schluck genommen hat, zerfällt der See in ihren Augen, und Tränen kullern über ihre breiten Wangen. Vielleicht wird doch noch alles gut. So wie die Würfel es ihr prophezeit haben.

Kathmandu, im März 2000

Im Thamel, dem freakigen Touristenzentrum von Kathmandu laufe ich meine neuen Bergschuhe ein – mit Mundschutz gegen den dicken Smog, der schon frühmorgens auf der Stadt liegt. Jürgen war gegen diesen zweiten Anlauf. Er war auch gegen meine Beziehung zu diesem »Lampenschirm«, wie er Jörg nannte. Doch irgendwann ist für jeden Großstadt-Single die Zeit gekommen, sich von der Meinung seines besten Freundes zu emanzipieren.

Jörg ist auf den Malediven. Mit einer hübschen Blondine. Der Urlaub war schon lange, bevor er mich kannte, gebucht.

»Dafür bin ich dann gut erholt für den Himalaya«, sagte er beim Abschied. Er hat sich entschlossen, mit einem Sonnenreflektor und ein paar Akkuleuchten professionelles Licht in meinen Anfängerfilm zu zaubern. Zusammen mit Richy, meinem neuen Kameramann, wird er nachkommen – sobald ich einen Guide gefunden habe.

Seit zwei Wochen bin ich schon vergeblich auf der Suche. Die Enge meiner Low-budget-Herberge ist nur noch mit den ›Red Hot Chili Peppers‹ zu ertragen, deren wehmütige Songs zwar etwas blechern über die Lautsprecher meines Laptops kommen, aber besser wirken als der Stoff, den man hier an jeder Ecke von kleinen nepalesischen Junkies angeboten bekommt ...

I know I know for sure
That life is beautiful around the world
I know I know it's you
You say hello and then I say I do

Ich finde keinen Guide. Weder in Bodhnath, dem tibetischen Stadtteil von Kathmandu, noch in den Flüchtlingslagern. Seit der gelungenen Flucht des siebzehnjährigen Karmapa im Dezember letzten Jahres ist wenig los auf den Grenzpässen. Der Karmapa gilt neben dem Dalai Lama und dem Panchen Lama als einer der drei höchsten Reinkarnationen im tibetischen Buddhismus, und seine Flucht, die genau in den Tagen gelang, als ich vehaftet wurde, ärgerte die chinesische Regierung sehr. Seitdem scheint es für tibetische Flüchtlinge noch schwieriger geworden zu sein, die Grenzpässe zu erreichen, ohne vorher einer Patrouille in die Hände zu fallen. Wahrscheinlich sind die Zufahrtsstraßen zu den Bergen immer noch stark bewacht.

Ich gebe auf. Dieses Projekt stand von Anfang an unter keinem guten Stern. Es wird keinen Film geben. Tote Hunde prügelt man auch nicht wach.

In drei Stunden ist es in Deutschland zehn Uhr. Ein günstiger Zeitpunkt, um meine ZDF-Redakteure und die Produktionsfirma anzurufen. Dann haben sie ihren ersten Kaffee getrunken und die Nachricht kommt nicht auf nüchternen Magen.

Auf dem Weg zum Hotel beginne ich zu singen. Zum ersten Mal seit vielen Monaten. Endlich, ich werfe die Flinte ins Korn und mit ihr eine Last, die jeden rüstigen Sherpa auf Dauer zu Boden drücken würde: »I know, I know it's you, Ding Ding Dong Ding Ding . . .«

»Jemand hat nach Ihnen gefragt, Madam!« ruft mir der junge Boy von der Rezeption entgegen.

»Wer?«

»Zwei Männer. Ich glaube, es waren Tibeter.«

»Und was wollten sie?«

»Sie haben gesagt, sie kommen später noch mal.«

Nach einer halben Stunde klopft es an meiner Zimmertür.

»Hallo?« frage ich zaghaft, bevor ich öffne.

»You're looking for a guide? – Sie suchen einen Guide?« Sein Englisch klingt perfekt und seine Stimme sehr männlich.

Kurz darauf hocken zwei Tibeter auf meinem Bett und bestaunen meine bunten Goretex-Handschuhe, das Monster von Schlafsack und meine dicke Daunenjacke. Der eine ist klein, rundlich, etwa fünfunddreißig Jahre alt und hat einen Zwirbelbart. Der andere ist Ende Zwanzig, groß, schlank, und sein langes tiefschwarzes Haar schimmert fast bläulich. An Hals und Fingern trägt er schwere, in Silber gefaßte Türkise.

»Wer von euch beiden ist der Guide?«

»Er«, sagt ›Winnetou‹ und deutet auf den ›Zwirbelbart‹. »Aber er spricht kein Englisch, deshalb bin ich mitgekommen. Ich bin sein Schwager.«

»Wie heißt du?«

»Pema«, antwortet Winnetou.

»Und er?«

»Sotsi.«

»Ich heiße Zazie«, sage ich.

»Ist das dein richtiger Name?«

»Nein. Aber ich denke, Sotsi ist auch nicht sein richtiger Name.«

Pema grinst. Ich erzähle ihm von meinem Projekt und

frage, ob Sotsi eine Flüchtlingsgruppe aus Tibet holen könnte, der wir von der nepalesischen Seite des Himalaya her entgegengehen. Pema übersetzt mein Anliegen. Es folgt ein langer Wortwechsel zwischen den beiden Männern, aus dem ich vergeblich ein paar Wörter aufzuschnappen versuche.

»O.k.«, sagt Pema schließlich, »das Ganze ist so: Wenn Sotsi morgen nach Tibet aufbrechen würde, wäre er frühestens in zwölf Tagen in Lhasa. Dann bräuchte er mindestens eine Woche, um die Flüchtlinge zusammenzusammeln und zehn Tage, um sie bis an die Grenze zu bringen. Bis nach Kathmandu sind es dann noch einmal etwa zehn Tage. Alles in allem mehr als ein Monat. Deshalb folgender Vorschlag: Vor ein paar Tagen ist ein Freund von uns nach Tibet zurückgegangen. Er ist auch Guide und müßte bald in Lhasa ankommen. Wir können ihn mit einem Bee Beeji kontaktieren.«

»Ein Bibidschi?«

»So ein kleines Ding, auf dem man eine Nachricht hinterlassen kann. Wir können Nima ausrichten, daß er uns anrufen soll.«

»Er heißt Nima?«

»Ja.«

»Und das klappt?«

»Sure. Wir machen mit Nima einen Treffpunkt aus und gehen ihm dann entgegen.«

»Hören die Chinesen nicht alle Auslandsgespräche ab?«

»Wir wissen schon, wie wir miteinander kommunizieren müssen.«

»Aber so ein Date im Himalaya scheint mir ziemlich unzuverlässig. Ich meine, wir können mit dem Kamerakrempel maximal fünf Tage da oben im Schnee warten, wenn die Gruppe nicht zum vereinbarten Zeitpunkt kommt.«

»Nima ist der Beste. Wenn er sagt, er kommt am Neunten, dann ist er auch am Neunten da.«

»Ich brauche einen Dolmetscher, mein Tibetisch ist sehr ›tchungtchung‹ – sehr klein. Kommst du mit?«

»Wenn du uns auch so einen warmen Schlafsack kaufst –«

»Von mir aus auch Schuhe und lange Unterhosen.«

»O.k.«, sagt Pema. »Let's make a contract.«

Noch am selben Abend stehen wir unschlüssig vor der vollgestopften Auslage des Himalaya-Shop, einem der unzähligen Trekking-Läden im Herzen des Thamel.

»Pema, du mußt mit dem Nepali handeln. Ich hab' da als Europäerin keine Chance!«

»O.k., Zazie, let's go!«

Der etwas kleingewachsene Nepali hinter der Verkaufstheke begrüßt uns mit einem strahlenden ›Namaste‹. Wahrscheinlich hat er den ganzen Tag vergeblich auf Kundschaft gewartet. Normalerweise wandern die Guides mit Turnschuhen und einer Wolldecke statt Schlafsack über die weiße Grenze. Aber Pema und Sotsi gehören nun zu meinem Team. »Gleiche Rechte und gleiche Pflichten für alle, die in diesem Boot sitzen«, habe ich der Produktionsfirma in München gemailt und um einen Zuschuß für Bergausrüstung gebeten. »Namaste«, sage ich lächelnd und krame umständlich nach meiner Einkaufsliste – zu lange, denn schon kommt die gefürchtete Frage des Verkäufers: »Wohin geht es denn, Madam? Zum Mount Everest Base Camp?«

Ja klar, warum nicht! Da gehen ja alle rauf. Warum nicht auch wir?

»Yes. Everest Base Camp«, antwortet Pema schnell.

»Oh!« Theatralisch zieht der Nepali die Luft durch seine Nase: »Das ist eine sehr kalte Gegend!«

Als ich meine lange Liste auf die Ladentheke lege, beginnen seine Augen zu leuchten.

Wasserdichte Schneehosen, Anoraks, Schuhe, einen großen Kocher...

»Kann man bei Ihnen auch Schlafsäcke leihen?«

»Für wie viele Tage?«

»Vier Wochen.«

»Vier Wochen! Das ist sehr lang! Sagen wir 25 Rupees pro Tag.«

»Das ist ja Wucher!« Nun ist es Pema, der seine Stimme theatralisch aufheulen läßt.

Fachmännisch wühlt er sich durch die Schlafsäcke, die von der niedrigen Decke des Ladens baumeln.

»25 Rupees wären o.k.«, sage ich und nehme meinen ganzen Mut zusammen, »aber pro Woche.«

»Nononono, Madam! 25 Rupees pro Tag. Das ist ein wirklich guter Preis!«

»Oh my god!« Pema steckt seinen Kopf zwischen den Schlafsäcken hervor, »jetzt weiß ich, warum die so teuer sind! Da sind lauter Viecher drin!«

»Was für Viecher?«

»Bedbugs – Wanzen!«

»Du meinst, sie wären ohne Wanzen billiger?«

»Unsere Schlafsäcke haben keine Wanzen!« ereifert sich der Nepali und hakt noch einmal nach: »25 Rupees pro Tag ist ein wirklich guter Preis!«

»No«, sagt Pema. »30 Rupees ist ein guter Preis!«

Der Nepali stutzt. Pema macht weiter: »30 Rupees pro Tag für einen und 80 Rupees für zwei Schlafsäcke pro Tag.«

Nun ist der Nepali sprachlos. Zweifelsohne hält er uns für verrückt. Pema setzt noch eins drauf. »O.k., dann halt 100 Rupees für zwei Schlafsäcke pro Tag und für die Nacht noch 30 Rupees pro Schlafsack dazu.«

Jetzt beginnt er zu lachen: »Du machst Witze!«

Pema kontert überraschend scharf: »Du bist es, der hier

schlechte Witze macht! Deine Schlafsäcke stinken wie alte Schuhe! Entweder du gibst sie uns für 10 Rupees am Tag plus Fleece-Inlay, oder wir sind sofort drüben bei der Konkurrenz und du bleibst auf deinen Wanzenkäfigen sitzen!«

»O.k., o.k., 15 Rupees.« Der Verkäufer wirkt plötzlich noch ein Stückchen kleiner.

Demonstrativ packe ich meine Einkaufsliste wieder ein.

»12 Rupees pro Woche!« ruft der Verkäufer.

»O.k.«, sagt Pema, und ich fahre eilig mit meiner Einkaufsliste fort: »Schneebrillen, Taschenlampen, Gamaschen für die Schuhe, Sturmmützen, Rucksäcke, Trinkflaschen, Goretex-Handschuhe – ach ja, Brennspiritus und Töpfe für den Kocher, Zelte und Sonnencreme dürfen wir nicht vergessen!«

»Hast du bum-cream?« fragt Pema den Verkäufer, während wir die Zelte des Nepalesen auf Löcher und Risse inspizieren.

»Bum-cream? Du meinst wohl sun-cream!?«

»Nein, ich meine bum-cream«, sagt Pema.

»Was ist ›bum-cream‹?« frage ich Pema.

»Creme für den Hintern. Wenn wir uns den wochenlang nicht abwischen können, brauchen wir die vielleicht dringender als Sonnencreme.«

Nun kann sich der Nepali vor Lachen nicht mehr halten. Und das ist gut so. Denn wenn wir am Ende auch noch alle vorrätigen Kinderhandschuhe und Kindersocken aufkaufen, wird er uns zwar für vollkommen bekloppt halten, aber hoffentlich keinen Verdacht schöpfen.

Dhondup, der Sohn des Amchi

ཨོཾ *»In Tibet hatte ich fünf Spielzeugautos! Mit Paala habe ich oft Karten gespielt. Und Fußball. Am Vormittag bin ich immer in die Schule gegangen. Aber die war sehr klein, und es gab nicht viele Lehrer. Mein Paala ist Amchi. Und mein Großvater ist auch Amchi. Wenn ich groß bin, möchte ich Schauspieler werden. Oder König. Meine Ama ist sehr schön. Aber sie kann überhaupt nicht tanzen. Mein Paala hat ein gutes Herz. Er hilft vielen Leuten. Ich vermisse meine Eltern. Denn sie lieben mich, und ich liebe sie …«* DHONDUP

»Vielleicht sollten wir nach einem anderen Guide Ausschau halten. Der Winter ist fast um.«

»Nein. Ich vertraue mein Kind keinem Fremden an.«

»Und wenn Nima etwas zugestoßen ist?«

»Niemals. Die Götter sind mit ihm.«

»Und wenn doch?«

»Dann bleibt der Kleine erst mal hier.«

Heimlich dem Gespräch der Eltern zu lauschen ist wahrscheinlich nicht erlaubt. Außerdem ist es spätabends, und Dhondup sollte längst schlafen. Doch seit er weiß, daß er nach Indien gehen soll, ist es schwer, abends einzuschlafen. Jede Nacht könnte die letzte zu Hause bei Ama und Paala sein.

»Er ist noch so klein«, hört er die Mutter zum Vater sagen. »Vielleicht sollten wir noch ein Jahr warten.«

»Je älter er ist, desto schwieriger wird es in Dharamsala für ihn sein.«

»Je kleiner er ist, desto mehr wird er beim Abschied weinen.«

»Leicht ist es nie. Das weißt du.«

»Ich bin seine Mutter. Ich werde entscheiden, wann er geht. Und ob überhaupt.«

Beruhigt schließt Dhondup die Augen. Ama hat es sich also anders überlegt. Sie wird ihn bestimmt nicht nach Indien schicken.

Schimi Tata, sein schwarzweiß gestreiftes Kätzchen, schnurrt leise. Zusammengerollt liegt es bei Dhondups Füßen. Wenn alle schlafen im Haus und Ama die letzte Kerze ausgeblasen hat, wird Schimi Tata vom Bett herunterspringen und auf leisen Pfoten durch die Dunkelheit schleichen. Sein Kätzchen spielt am liebsten in der Nacht und schläft dann mittags in der warmen Sonne.

In der Schule ist Dhondup auch oft müde. Der Unterricht ist so langweilig. Lesen und Schreiben konnte er schon längst vor seiner Einschulung. Dhamchoe, sein älterer Bruder, hat es ihm beigebracht. Das zweite Schuljahr wird noch langweiliger werden. Dann werden sie nur noch auf Chinesisch unterrichtet, und er wird kein Wort verstehen. Dann wird es egal sein, ob er ausgeschlafen ist oder nicht. Dann kann er die ganze Nacht mit Schimi Tata spielen und tagsüber in der Schule schlafen! Dann sollten sie in der Klasse besser Betten statt Bänke aufstellen. Und statt ihrer Schuluniform könnten alle Kinder den gleichen Schlafanzug tragen. Der Lehrer auch: einen dunkelblauen Schlafanzug mit weißer Krawatte. Und wenn es warm ist, legen sie sich alle gemeinsam auf den Schulhof in die Sonne. So wie Schimi Tata. Und der Lehrer schnurrt im Schlaf auf Chinesisch. Dhondup grinst. Das muß er morgen seinen Schulkameraden erzählen. Er liebt es, wenn die anderen über ihn lachen. Dhamchoe hat ihm viele schlimme Chinesenwitze beigebracht. Aber die sind an der Schule strengstens verboten. Deshalb erzählt Dhondup sie den Kindern immer erst auf dem Nachhauseweg. Manche machen wegen Dhondups Chinesenwitzen sogar extra einen großen Schlenker.

Heute war der Mittagsbus nach Lhasa an ihnen vorbeigerauscht und hatte eine dicke Staubwolke aufgewirbelt, die alle Kinder für einen Moment verschlang. Als sich der Staub allmählich auf ihre Schuluniformen und Taschen gelegt hatte, wäre das der beste Zeitpunkt für den Witz vom Engländer, dem Tibeter und dem Chinesen im Autobus gewesen. Aber Dhondup hatte die Pointe vergessen, und so mußte er den Kindern einen anderen Witz erzählen.

»Ey, Dhamchoe«, flüstert er zum Bruder hinüber, der im Schein seiner Taschenlampe eine chinesische Illustrierte mit bunten Bildern von tollen Autos und schönen Filmschauspielerinnen durchblättert. Dhamchoe ist bald zwanzig Jahre alt. Genaugenommen ist er nicht wirklich Dhondups Bruder, sondern der Sohn einer armen Familie. Doch seit Dhondups richtiger Bruder ins Kloster gegangen ist, lebt Dhamchoe bei der Familie des Amchi und geht dem Vater in der Praxis zur Hand. Für Dhondup ist Dhamchoe ein guter Bruderersatz. Sie teilen sich das Bett und den Platz am Ofen. Und als Dhondup in die Schule kam, begleitete ihn Dhamchoe so lange, bis sein ›kleiner Bruder‹ genügend Freunde gefunden hatte, mit denen der lange Schulweg zum kurzweiligen Spaziergang wurde.

»Wie geht noch mal der Witz vom Engländer, dem Tibeter und dem Chinesen im Bus?« fragt Dhondup, und Dhamchoe seufzt. Er kennt die Willensstärke seines kleinen Bruders. Dhondup auf morgen früh zu vertrösten hätte wenig Sinn.

»Ein Inji, ein Tibeter und ein Chinese fahren im Bus. Der Inji fotografiert die Landschaft. Klick, Klick, Klick. Und als er fertig ist, schmeißt er seinen Fotoapparat einfach zum Fenster hinaus.«

»Und warum tut er das?« fragt Dhondup, denn sonst funktioniert der Witz nicht.

»Weil es in England ohnehin zu viele Fotoapparate gibt.«

»Weiter«, drängt der Kleine.

»Der Chinese zündet sich eine Zigarette an – Klack, Klack – und schmeißt den Rest der Packung einfach zum Fenser hinaus.«

»Und warum tut er das?«

»Weil es in China ohnehin zu viele Zigaretten gibt.«

»Weiter«, drängt der Kleine.

»Der Tibeter besitzt nichts, was er aus dem Fenster werfen könnte, denn er ist sehr arm. Also nimmt er einfach den Chinesen und schmeißt ihn zum Fenster hinaus.«

»Und warum tut er das?« fragt Dhondup, auch wenn er die Pointe längst wieder weiß.

»Weil es bei uns ohnehin zu viele Chinesen gibt!«

Als Dhondup am nächsten Tag aufgekratzt und überglücklich von der Schule kommt, schreit er schon am Gartenzaun nach Dhamchoe, um ihm vom großen Erfolg seines Witzes zu berichten. Doch der große Bruder kommt ihm heute nicht entgegen. Mit ernstem Gesicht hockt Dhamchoe auf dem Bett seiner Zieheltern und krault Schimi Tata zwischen den Ohren. Zwei Rucksäcke stehen an den Pfosten gelehnt. Ein großer und ein kleiner. Da tritt Ama aus dem Nebenzimmer mit warmen Pullovern und einem kleinen roten Anorak.

»Der ist für dich«, sagt sie mit zitternder Stimme, weil sie nicht weiß, wie sie es ihrem Sohn sagen soll.

Dhondup nimmt den Anorak in seine Hände. Er ist dick und warm. Er muß sehr teuer gewesen sein. Wahrscheinlich hat ihn Ama bei ihrem letzten Besuch in Lhasa gekauft.

»Danke, Amala«, flüstert er. Da beginnt das Zimmer zu wanken, und Dhondup kann den Boden unter seinen Füßen nicht mehr spüren. Die Mutter hat das Kind auf ihren Schoß genommen und wiegt es hin und her und hin und her.

»Wir müssen jetzt alle sehr tapfer sein«, hört Dhondup seine Ama sagen. Doch ihre Stimme klingt weit weg: »Heute nacht wird ein LKW kommen und dich holen. Du mußt aber nicht alleine gehen. Dhamchoe wird dich begleiten. Bis nach Dharamsala. Und wenn er zurückkommt, wird er mir alles erzählen – wie es war auf dem Weg und ob du gut beim Dalai Lama angekommen bist. Du wirst auch nicht das einzige Kind in der Gruppe sein. Ein kleines Mädchen wird heute noch zu uns kommen. Großvater hat gesagt, es ist sehr nett, und daß ihr bestimmt gute Freunde werdet auf dem Weg. Und der Guide ist auch ein guter Mann. Du mußt ihm nur immer gehorchen und alles tun, was er dir sagt. Versprichst du mir das? Dhamchoe wird sich um dich kümmern, und …«

»Ich kann nicht weg!« Dhondup springt vom Schoß seiner Mutter. »Nicht heute, Amala! Ich muß morgen unbedingt in die Schule!«

»Wir werden deinen Lehrern sagen, daß du krank bist«, versucht die Mutter das aufgeregte Kind zu beruhigen.

»Ich muß aber morgen in die Schule! Ich habe den Kindern den Witz versprochen, wo der Tibeter mitten auf die Straße kackt!«

Etwas vorwurfsvoll blickt die Mutter zu ihrem großen Ziehsohn: Sie mag diese dummen Witze nicht leiden. Doch Dhamchoe hat sich zu seinem kleinen Bruder auf den Boden gesetzt und packt ihn an seinen Schultern. »Du wirst deinen Witz erzählen, hörst du? Aber nicht in der Schule. Du wirst ihn den Kindern auf dem Weg erzählen. Sie werden unsere Witze noch viel dringender brauchen als deine Schulkameraden!«

Little Pema – der letzte Abend zu Hause

ཨོཾ· *»Daß ich unglücklich bin, ist nicht wirklich wichtig. Ich bin nur eine einzelne Frau. Alle Mütter, die ihr Kind wegschicken, haben Probleme. Deswegen ist mein größter Wunsch die Freiheit Tibets. Dann wird unser Land endlich die Möglichkeit haben, den Kindern eine Zukunft zu geben.«*

EINE MUTTER AUS TIBET

Seit der alte Vater mit seinen nackten Füßen auf dem Gefängnishof angefroren ist, trägt er das ganze Jahr über dicke Fellsohlen in seinen Stiefeln. Die schneidet Little Pemas Mutter jetzt mit einer großen Schere für das Kind zurecht, denn das Geld reichte nur für eine warme Jacke und für Sonnenbrillen gegen die Helligkeit des Schnees.

Der alte Amchi hat tatsächlich Wort gehalten und ihr Bescheid gegeben: Nima, der Guide, ist wieder im Land. Am Abend wird ein LKW kommen und sie zum Haus des Amchi bringen. Von dort geht es weiter nach Lhasa, wo sich alle Flüchtlinge aus Nimas Gruppe treffen werden. Wird es der richtige Zeitpunkt für Little Pema sein? Welcher Zeitpunkt ist überhaupt noch richtig für ein Kind, das nicht mehr gut laufen kann?

Die Würfel ruhen im ledernen Futteral. Seit jenem Tag, an dem ihr Mann für immer hinter den grünen Hügeln verschwand, hat sie die Utensilien, die sie braucht, um in die Zukunft zu sehen, nicht mehr angerührt. Sie fühlt sich betrogen – von ihrer eigenen Gabe. Wenn ein Bauer sein Yak verloren hatte, konnte sie ihm einen Tip geben, in welche Richtung es gelaufen war. Wenn ein Kind fleckige Haut hatte, wußte sie, an welchem Nahrungsmittel es lag. Wenn ein junges Paar heiraten wollte, sagten ihr die Würfel, ob diese Verbindung fruchtbar sein würde.

Warum hat sie dieser Instinkt bei ihren eigenen Entscheidungen verlassen?

Sie konnte die kleinen Dinge des Lebens sehen und die großen. Wenn eine alte Amala ihre Geldbörse verlegte, wußte sie, wo sie zu finden war. Meist ahnte sie, wenn jemand im Dorf sterben würde.

Warum war das Drama ihres eigenen Kindes nicht vorhersehbar für sie?

Daß Little Pema nach Indien gehen soll, hatten ihr die Würfel schon lange gesagt. Warum haben sie ihr damals nicht zur Eile geraten? Warum ließ das Schicksal es zu, daß ihr Mann sein eigenes Kind noch halb totprügeln konnte?

Sie sollte die Würfel auf einem hohen Hügel verbrennen. Oder vergraben. Tief in der Erde. Und mit ihnen die Gabe der Hellseherei.

Das Tsampa, das sie nun in eine große Papiertüte füllt, hat sie besonders lange in ihrer gußeisernen Pfanne geröstet, damit es nach Nüssen schmeckt und ein wenig nach Schokolade. Aus dem Korb mit Aprikosen, die sie im Sommer auf der Gartenmauer getrocknet hatte, sucht sie mit Sorgfalt die besten heraus. Je intensiver die Farbe, desto süßer der Geschmack. Der Abschied wird bitter genug für das Kind. Den frisch gerührten Käse ihrer Yaks hat sie zu körnigem Granulat gerinnen lassen, so wird er nicht schlecht auf dem langen Weg nach Indien. Sie packt Reservesocken in den Rucksack, falls Little Pema im Schnee nasse Füße bekommt. Doch statt eines zweiten Paars Schuhe legt sie einen

Schneeanzug aus gelbem Fleece dazu. Damit Little Pema etwas zum Wechseln hat, falls ... falls die Kleine schlecht träumt und in die Hose macht. Sie hat dem Amchi nichts von diesem Problem erzählt – aus Angst, der Guide würde ihr Kind sonst nicht mitnehmen.

Stumm beobachtet Little Pema die Handgriffe ihrer Mutter. Sie fragt nicht, wie lange sie in Indien bleiben muß. Sie fragt nicht, ob Ama sie besuchen wird. Sie will auch nicht wissen, ob sie Großvater jemals wiedersehen wird.

Mit ihren flinken Fingern knüpft die Mutter ein silbernes Amulett an einen Gürtel und bindet diesen um Little Pemas Taille: »Siehst du das Zeichen auf dem Amulett? Es ist das Symbol des unendlichen Knotens. Auch wenn wir getrennt voneinander leben werden – der unendliche Knoten wird uns für immer miteinander verbinden. Paß gut auf, daß du dieses Amulett nie verlierst! Es ist noch von meiner Mutter, die deine Großmutter war.«

Auf dem Ofen kocht bereits das Abendmahl. An diesem letzten Abend wird sie ihr großes Mädchen mit den Händen füttern, so wie sie es getan hat, als Little Pema noch zu klein war, um selbst zu essen. Sie setzt sich zu ihrem Kind aufs Bett und knetet Reis und Gemüse zu kleinen Häppchen. Little Pema öffnet den Mund und läßt zu, was der Mutter am Herzen liegt. Es tut gut, plötzlich wieder ganz klein zu sein. Zu klein für Messer und Gabel, zu klein für Worte. Zu klein, um zu begreifen, was hier geschieht. Zu klein für den großen Abschiedsschmerz. Die Mutter hat keine Eile, auch wenn die Zeit drängt. Sollte der Fahrer jetzt an die Tür klopfen, wird er warten müssen, bis sie das letzte Reiskorn auf dem Teller gefüttert hat.

Chime und Dolker – das Abschiedsessen

ཨོཾ *»Ich habe zu meiner Ama gesagt: ›Vielleicht wird Paala dich schlagen, wenn wir plötzlich nicht mehr da sind.‹ Und meine Ama hat gesagt: ›Das macht mir nichts. Es ist mir egal. Euer Glück ist das einzige, was mir wichtig ist.‹ Da mußte ich sehr weinen.* DOLKER

Sie wollte nicht, daß dieser letzte Abend traurig wird. Deshalb hatte sie Verwandte eingeladen und gute Freunde, die wissen dürfen, wohin sie ihre beiden Mädchen schicken wird. Ihr Mann ist wieder in Xining – auf Geschäftsreise, wie er sagt. Er weiß nichts von der bevorstehenden Flucht seiner Kinder. Wenn er nach Hause kommt, werden seine Töchter auf dem Weg in eine bessere Zukunft sein.

Bei den betuchten Nachbarn hatte sie einen Kassettenrekorder geliehen für Chimes Musik aus Amerika. Dazu haben alle getanzt. Ja, sie haben sogar gelacht, ihre Mädchen!

Genauso wollte sie es haben. Dann fiel der Strom aus. Und im warmen Schein der Butterlampen haben sie die Lieder gesungen, die Chime und Dolker nie vergessen sollen. Als es schließlich für die Gäste Zeit wurde aufzubrechen, haben die Tanten und Onkel weiße Glücksschärpen, Süßigkeiten und viele gute Ratschläge aus ihren Taschen geholt.

Nun faltet sie die bunten Gebetsfahnen zusammen, die sie an ein langes Band genäht hat. In der Mitte jedes Fähnchens trägt ein Pferd den wunscherfüllenden Juwel auf seinem Rücken. »Ich habe die Windpferde von unserem alten Lama weihen lassen. Hängt sie auf, wenn ihr oben auf dem Grenzpaß seid«, sagt die Mutter zu Chime und Dolker. »Die gelbe steht für unsere Erde, die grüne für das Wasser, die rote für das Feuer, die weiße für die Wolken und die blaue für den Himmel.«

Sie wickelt die Fahnen in eine Glücksschleife, auf die sie ihren Namen, den Namen ihrer Mutter und den Namen der Mutter ihrer Mutter geschrieben hat. So stehen die Mädchen unter dem Schutz ganzer Generationen.

»Die Glücksschärpe werdet ihr zwischen zwei Fahnen knoten. Dann wird der Wind die Gebete auf den Fahnen in alle Welt und meine Gedanken für immer zu euch nach Indien tragen.«

Dann füllt sie das Wasser, das sie auf dem Herd gewärmt hat, in einen großen hölzernen Bottich. Sie möchte, daß ihre Mädchen dieses Haus sauber verlassen. Sie schäumt das Haar der Großen mit einem duftenden Schampoo. Sie hat es an jenem Tag gekauft, als ihr klar wurde, daß die Liebe zu ihren Kindern das härteste Opfer von ihr fordern würde.

»Ich schicke euch nicht weg, weil ich euch nicht bei mir haben will. Ich schicke euch weg, weil ich euch liebe«, würde sie ihnen gerne sagen. Aber sie hat Angst vor jedem Wort, das neue Tränen bringt.

Sie setzt die Kleine in den Bottich und zählt im warmen Wasser noch einmal ab, ob alles da ist: Alle Finger, alle Zehen – so wie damals, als Dolker gerade geboren war.

Dann hüllt sie ihre Töchter in ein großes Tuch, um sie ein letztes Mal ins Bett zu tragen. Vorsichtig führt sie den Kamm durch ihre nassen Haare und murmelt dabei leise das Abendgebet.

»Ama«, flüstert Chime, als Dolker endlich in ihren Armen eingeschlafen ist, »ich wünsche mir was.«

»Ja, mein Schatz?«

»Können wir morgen noch Paala anrufen?«

»Du möchtest dich von ihm verabschieden?«

»Nein. Ich möchte nur seine Stimme hören … Ist das schlimm?«

»Ist schon gut so.«

Dhondups letztes Kartenspiel

»Meine Eltern haben den Rucksack gepackt: zwanzig Tabletten gegen Verkühlung und zwei kleine Pakete Nudeln auf dem Boden des Rucksacks. Brot, getrocknetes Yakfleisch und Kekse. Ein Paar Socken und Schuhe für Indien – ich habe nämlich zwei Paar Schuhe!« DHONDUP

»Das ist das Bild des Dalai Lama«, sagt Dhondups Mutter und legt das kleine Medaillon, das an einem handgeknüpften roten Band baumelt, um den Hals ihres jüngsten Sohnes. Als sie so nah ist, daß er ihren warmen Atem spüren kann, will Dhondup nach der Mutter greifen. Sich festhalten, damit sie ihn nie wieder loslassen kann. Aber er traut sich nicht. Ist wie gelähmt. Die Mutter nimmt seine kleinen Hände in ihre und schaut ihm in die Augen. »Wir schicken dich weg, weil du es in Indien besser haben wirst als hier. Du wirst eine große Schule mit vielen verschiedenen Klassen besuchen! Du wirst schöne Aufsätze in unserer Sprache schreiben und in dicken Büchern tolle Geschichten lesen – über Könige und Erfinder. Du wirst wunderbare Bilder malen und unsere tibetischen Instrumente spielen. Du wirst neue Ballspiele lernen und vielleicht sogar Computer! Du wirst andere Sprachen studieren und wenn du groß bist in fremde Länder reisen: nach Amerika, nach Frankreich und England! Wenn du hierbleibst, wirst du nie aus unserem Dorf herauskommen. Jenseits des Himalaya kannst du alles werden, was du willst: ein Lehrer, ein Anwalt, vielleicht sogar ein Schauspieler! Du wirst sehen: Es ist gar nicht schlimm, wenn du einmal in Indien bist. Ich bin sicher, du wirst viel Spaß in Indien haben.« Die Mutter steht auf, weil ihr die Stimme versagt. Sie flüchtet in die Küche.

»Wann kommt ihr mich besuchen, Paala?« fragt Dhondup.

»Bald, mein Kleiner, bald«, sagt der Vater und holt die Spielkarten aus dem Schrank. Es soll alles so sein wie immer an diesem letzten Abend. Er legt das Päckchen auf den Tisch.

»Wer hebt ab?«

»Ich«, sagt Dhondup und greift nach den Karten.

Mit dicker Wolle stopft Dhamchoe die Löcher in seinen Handschuhen. Er freut sich auf Indien. Er hat noch nicht viel von der Welt gesehen – außer Lhasa und dem kleinen Dorf, in dem sie leben. Er wird den Dalai Lama kennenlernen und eine seidene Glücksschärpe für seine Zieheltern segnen lassen, damit er ihnen die besten Wünsche des Gottkönigs mit nach Hause bringen kann. Er wird sich Dhondups neue Schule ansehen und das Kinderdorf, in dem der kleine Bruder leben wird. Er wird ihm erst Lebewohl sagen, wenn Dhondup so viele neue Freunde gefunden hat, daß ihm die Fremde zum Zuhause geworden ist. Dann wird er den ganzen weiten Weg wieder nach Tibet zurückgehen, um beim alten Amchi in die Lehre zu gehen. Was für ein Abenteuer!

Unruhig schleicht Schimi Tata um die Rucksäcke herum, die nun fertig gepackt an der Türe stehen.

Schmetterling, Schmetterling,
wohin fliegst Du?
Flieg hoch, flieg hoch!
Flieg nieder, flieg nieder!
Und lande auf den Blumen.

TIBETISCHER KINDERREIM

Zum Glück redet der LKW-Fahrer kein Wort.

»Sind Sie ein Freund von Nima?« hatte Little Pemas Mutter ihn gefragt, als sie neben ihm Platz nahmen und er den Wagen startete.

»Hör zu«, sagte der Fahrer. »Ich kenne keinen Nima. Ich transportiere Zementsäcke in den Westen, und ihr seid Pilger auf dem Weg nach Lhasa. Alles klar?«

Dann hat er die Musik aufgedreht. Stundenlang läuft immer wieder dieselbe Kassette: tibetische Popmusik, die krachend die Berge besingt, die Flüsse, Täler und Wälder – und das brüderliche Zusammenleben von Chinesen und Tibetern. Draußen ist es stockdunkel. Nichts ist zu sehen von der Schönheit des Landes. Doch hinter jeder Kurve könnte ein chinesischer ›Bruder‹ in einer grünen Uniform hocken, den Wagen anhalten und unangenehme Fragen stellen.

Wir sind Pilger auf dem Weg nach Lhasa. Ein schöner Gedanke, den Little Pema schnell zu einem Traum verwebt: An Amas Hand wird sie in Lhasa dreimal den Jokhang-Tempel umkreisen, um schließlich das Innere des Heiligtums zu betreten. Wenn sie genügend Niederwerfungen gemacht, Gebete gesprochen, genügend Opfer gebracht und Gebetsmühlen gedreht haben, werden sie anschließend in einem der vielen kleinen Läden des Tempelbezirks neue Türkise für Großvaters Dolch kaufen – und ein Spielzeugauto für Tashi! Danach kehren sie in einer Teestube ein, lassen sich dampfende Momos servieren und gehen anschließend ins

Kino. In den großen Kaufhäusern nahe des Potala darf sie dreimal mit der Rolltreppe fahren – rauf und runter. Vielleicht hat Ama dann noch Geld für eine Cola oder Schokolade. Und dann fahren sie wieder nach Hause in ihr kleines Dorf zurück.

Der Wagen biegt von der Hauptstraße ab auf einen Schotterweg. Sie fahren über eine kleine Brücke. Der Fahrer schaltet einen Gang zurück, als das Gelände steiler wird. Sie erreichen das Dorf, in dem der alte Amchi und seine Familie wohnen. Es ist schon spät, sein Haus ist das einzige, in dem noch Licht brennt.

Noch bevor sie an die Tür klopfen, wird ihnen geöffnet: Little Pemas Mutter blickt in die Augen einer Frau, die seit Tagen viel geweint hat: Es ist Dhondups Mutter. Die Mütter kennen sich nicht, aber sie umarmen einander. In diesem Moment sind sie sich näher als Schwestern.

Dhondup schaut nicht auf von seinem Kartenspiel.

»Wir sind spät dran«, mahnt der Fahrer.

Ich werde ihn heute ausnahmsweise gewinnen lassen, denkt der Vater, obwohl er das sonst nicht tut. Es ist nie gut, seinem Kind etwas vorzumachen.

Dhamchoe bringt schon mal die Rucksäcke in den Wagen.

Der Vater legt die Piksieben auf.

Triumphierend schmeißt Dhondup seine Karten auf den Tisch: Gewonnen! Seine Ama steht bereits hinter ihm, den roten Anorak in den Händen. Kopfschüttelnd wartet der alte Amchi in der Tür. Little Pemas Mutter wirft ihm einen langen Blick des Dankes zu.

Mit ihrem Taschentuch putzt Dhondups Mutter einen Schmutzfleck von der Backe ihres Kindes, nachdem sie die fünf Knöpfe seines Anoraks zugeknöpft und den Kragen hochgeschlagen hat. Dhamchoe muß ihr versprechen, gut auf seinen kleinen Bruder aufzupassen.

»Wir müssen vor sechs in Lhasa sein«, mahnt der Fahrer.

Little Pemas Mutter klettert neben den Fahrer und nimmt ihr Kind auf den Schoß. Dhamchoe steigt dazu, nachdem er seinen Zieheltern noch einmal versprechen mußte, gut auf den Kleinen aufzupassen. Der Großvater umarmt weinend seinen jüngsten Enkel. Der Vater umarmt weinend seinen jüngsten Sohn. Die Mutter umarmt weinend ihr jüngstes Kind.

Zum letzten Mal.

ༀ *»Als ich meinen Eltern auf Wiedersehen sagte, dachte ich, ich würde sie nie mehr wiedersehen. Sie weinten, und das machte mich so traurig. Sie sagten, ich soll gut aufpassen auf dem Weg. Sie sagten, ich soll ein fleißiger Schüler werden. Sie sagten, sie würden mich besuchen. Ich sagte immer nur ja ... ja.«* DHONDUP

»Wir sind Pilger auf dem Weg nach Lhasa«, flüstert Little Pema zu Dhondup, als der Wagen wieder auf der Hauptstraße ist.

Die spinnt, denkt Dhondup und fängt an zu heulen.

Suja, Nima und Lobsang, der junge Mönch

»Nachdem mir die Flucht aus dem Bus mit den fünfunddreißig Amdo-Mönchen gelungen war, versteckte ich mich in Lhasa. Ich hatte überhaupt kein Geld mehr und wußte nicht weiter. Achthundert Yuan kostete zu dieser Zeit die Flucht für einen Erwachsenen. Tausenddreihundert Yuan für ein Kind und tausendfünfhundert Yuan für einen alten Menschen. Der Rucksack mit meiner Geldbörse und meinen Papieren war weg. Ich hatte sie im Bus zurücklassen müssen.

Nach zwei Monaten lernte ich Nima, den Guide, kennen. Er sagte: ›Ich breche morgen mit dreizehn Leuten nach Indien auf. Wenn du willst, kannst du mitkommen. Ich habe vier kleine Kinder in der Gruppe. Du bist stark und könntest mir helfen. Dafür brauchst du nichts zu bezahlen.‹

Ich war einverstanden. Noch in derselben Nacht sollte ich einen Teil der Flüchtlinge, die in verschiedenen Herbergen untergebracht waren, zusammensammeln. Es war die Nacht, in der ich Lobsang kennenlernte …« SUJA

Trotz seiner modernen Jeans und dem blauen Daunenanorak ist nicht zu übersehen, daß dieser zierliche Junge ein Mönch ist. Seine Gesichtszüge sind fein geschnitten wie die Blüte einer Blume, und die schlanken Hände wie geschaffen, die Perlen einer kostbaren Gebetskette durch ihre Finger laufen zu lassen. In seiner dunkelroten Mönchsrobe muß er der hübscheste Mönch seines Klosters gewesen sein.

»Lobsang?« fragt Suja den Jungen, der an einem der wackeligen Tischchen des kleinen tibetischen Restaurants Platz genommen hat und sich nun unbeholfen aus seiner dicken Jacke schält.

Das Blut schießt in die Wangen des Jungen, er zögert, schließlich nickt er.

»Ich werde dich zu Nima bringen.«

Ein erleichtertes Lächeln huscht über Lobsangs Gesicht, und Suja setzt sich zu ihm.

»Hast du heute schon etwas Warmes gegessen?«

Lobsang schüttelt den Kopf.

»Ich habe Momos bestellt. Oder ißt du kein Fleisch?«

»Doch, manchmal.«

»Hätte ja sein können, daß du ein Heiliger bist. Aber wahrscheinlich bist du zu hübsch für die Erleuchtung. Wie läuft es denn so ohne Mönchsrobe? Hast du schon viele Mädchen unglücklich gemacht?«

Zum Glück kommen die Momos und ersparen Lobsang eine schlagfertige Antwort.

»Wie alt bist du?«

»Fünfzehn.«

»Und was treibt dich fort?«

»Auf alle Fälle kein Mädchen«, sagt Lobsang und lächelt schelmisch.

Suja zündet sich eine Zigarette an. Die Packung, die er auf den Tisch gelegt hat, trägt chinesische Schriftzeichen. »Wenn es kein Mädchen ist, was ist es dann?«

Lobsang zerteilt andächtig die dampfenden Teigtaschen, die mit Yakfleisch, Kartoffeln und Gemüse gefüllt sind.

»Los, raus damit!«

Mit einer entschiedenen Geste, die den leichten Hauch einer Verstimmung erahnen läßt, legt Lobsang seine Gabel zur Seite. »Sie haben Prüfungen in unserem Kloster abgehalten.«

»Die Chinesen?«

»Ja. Tests, in denen wir ...«

»O.k., das reicht. Iß weiter.«

Verdattert blickt Lobsang in das markante Gesicht dieses seltsamen Amdo-Typen.

Mit ernster Miene beugt sich Suja zu Lobsang: »Und was ist, wenn ich dir jetzt sage, daß ich für die chinesische Geheimpolizei arbeite?«

Trotz seiner warmen Jeans hat Lobsang das Gefühl, an seinem Stuhl festzufrieren.

Dezent bläst Suja den Rauch seiner Zigarette an ihm vorbei. »Nein, keine Sorge, ich bin kein Grünmann in Zivil. Aber wenn ich es wäre, sähest du jetzt ziemlich alt aus. Was ich dir damit sagen will, ist folgendes: Da sind auch Kinder in der Gruppe. Und noch so ein paar junge Grashüpfer, die gerade mal ein paar Jahre älter sind als du. Solange wir nicht über der Grenze sind, geht deine Geschichte niemanden was an. Du kommst von nirgendwo, du gehst nach nirgendwo, du bist ein Mönch auf Pilgertour. Kapiert? Falls uns die Chinesen einsacken, ist es besser, wenn keiner vom anderen was weiß. Und jetzt iß endlich, damit wir gehen können – ich muß noch die anderen Jungs einsammeln. Morgen früh geht es los.«

Der Abschied

Durch die eisige Kälte der Nacht fährt ein Lastwagen über die Landstraße in Richtung der Berge. Auf der Ladefläche versteckt, drängen sich siebzehn Menschen aneinander: Sechs junge Männer teilen sich eine Zigarette gegen die Angst, von der Polizei erwischt zu werden. Auch Dhamchoe macht einen Zug, obwohl sein Lebensweg ein anderer ist. Er wird wieder zurückkehren, während die anderen mit ihrer Heimat gebrochen haben. Wenn es eine Zukunft für sie gibt, dann nur jenseits des Himalaya.

Instinktiv hat Lobsang die Nähe zu Suja gesucht. Diesen rätselhaften Amdo-Typen umgibt eine Aura, in der man sich beschützt fühlt. Suja mag den Jungen: Lobsang strahlt eine Unschuld aus, die ihn berührt.

Little Pema hockt zwischen den Beinen ihrer burschikosen Mutter und schielt verstohlen zu den zwei ›Neuen‹ hinüber, die erst in Gyantse zu ihrer Gruppe gestoßen sind: Chime und Dolker versuchen in Amalas weichen Armen zu schlafen.

Es war nicht geplant, daß die Frauen ihre Kinder noch so weit begleiten. Doch in Gyantse waren ihre besorgten Mutterherzen noch nicht bereit für den Abschied. Sie haben darum gebeten, diese letzten Stunden vor dem Aufbruch in die Berge noch bei ihren Kindern bleiben zu dürfen. Der Fahrer wird sie nach Lhasa zurückbringen, sobald die Gruppe zu Fuß weitermarschieren muß.

Vielleicht ist es für eine Mutter leichter, ihre Kinder auf eigenen Beinen davongehen zu sehen, als den Rücklichtern eines Lastwagens hinterherzuwinken, die irgendwann hinter einer Kurve verschwinden.

Jede Mutter, die ihr Kind nach Indien schickt, hofft, daß es nach seiner Ausbildung wieder in die Familie zurückkehren wird. Doch Nima, der Grenzgänger, weiß, daß von Hunderten Kindern nur eine Handvoll vom Heimweh zurückgetrieben wird. Alle anderen bleiben im Exil. Sie leiden nicht minder unter der Trennung von ihren Eltern, aber sie fürchten auch die Repressalien, die jedem Heimkehrer aus Dharamsala drohen: die ›Umschulung‹ in einem chinesischen Gefängnis. Nicht immer fällt es auf, wenn ein junger Abiturient nach Hause zurückkehrt – so wie es oft nicht registriert werden kann, wenn ein Kind das besetzte Land verläßt. Es ist ein Spiel mit dem Glück, und das Glück ist auch in Tibet launisch.

Am Abend bevor sie aus Lhasa aufbrachen, ging Nima in den Tempel. Er betete nicht für sich, sondern für die Zukunft dieser Kinder. Er bat um Schutz für die gefährliche Reise und daß die Kinder im Exil die Chance bekommen, genau das zu lernen, was ihrer Begabung und ihrem Wesen entspricht. So würden sie später einmal etwas Gutes für Tibet tun können. Er selber hatte nie etwas Richtiges gelernt, außer Yaks und Schafe zu hüten. Aber das, was er hier tut, scheint ihm sinnvoller, als zu Hause den Tieren hinterherzulaufen. Noch nie hat er ein Kind im Schnee verloren. Noch nie hatte einer seiner Schützlinge erfrorene Finger oder einen erfrorenen Fuß. Noch nie mußte jemand, der unter seinem Schutz stand, sterben. Den Frommen beschützen die Götter, heißt es.

Doch heute hat er zum ersten Mal Angst. Es geht ihm nicht gut. Seit gestern abend spürt er diesen stechenden Schmerz in den Lenden. Der Amchi, den er in Lhasa noch aufsuchte, hat ihm strenge Bettruhe verordnet. Aber es war zu spät, die Flucht zu verschieben. Pema und Sotsi sind bereits unterwegs. In acht Tagen muß er mit seiner Gruppe an der Grenze sein.

Nima lugt durch das Plastikverdeck des Lastwagens ins Freie. Die Nacht ist sternenklar. Satt und voll steht der Mond am Himmel. Der Zeitpunkt ihres Aufbruchs war klug gewählt, denn in den ersten zwei Nächten ihres Marsches wäre es zu gefährlich, Taschenlampen zu verwenden. Die Checkpoints liegen noch vor ihnen, und die Ortschaften sind nah.

Am Horizont zeichnen sich die Konturen einer großen Klosterruine ab. Bald haben sie ihr erstes Ziel erreicht. Nima fürchtet sich vor den Tränen der Kinder, die nun Abschied nehmen müssen. Er hätte diesen Moment gerne in Gyantse hinter sich gelassen, denn es schmerzt ihn jedesmal aufs neue. Aber die Hoffnungslosigkeit in den Gesichtern bettelnder Straßenkinder tut auf Dauer noch mehr weh. Tränen der Trennung können überwunden werden. An einem Leben ohne Zukunft geht man langsam zugrunde. Deshalb nimmt Nima für Kinder kein Geld. Und von Erwachsenen gerade so viel, wie er haben muß, um selber zu überleben. Lobsang hatte nur ein schüchternes Lächeln. Aber es ist ein gutes Omen, einen Mönch in der Gruppe zu haben.

Der Lastwagen verlangsamt sein Tempo. Die fragenden Blicke der Mütter beantwortet Nima mit einem kurzen Nicken: Ja. Es ist soweit.

Kurz darauf öffnet der Fahrer das Verdeck, und die Flüchtlinge klettern ins Freie. Die Kinder reiben sich ihre müden Augen wach.

Dhamchoe flucht. Wo ist der zweite Rucksack geblieben?

Der seines kleinen Bruders ist da. Doch sein eigener fehlt. Offenbar hat er ihn in Gyantse vergessen! Seine Ratlosigkeit geht in der allgemeinen Hektik unter.

»Paß gut auf deine kleine Schwester auf und tröste sie, wenn sie dich braucht«, flüstert die Mutter ihrer älteren Tochter Chime zu, »achte drauf, daß sie nichts Schlechtes lernt, und hilf ihr, ein guter Mensch zu werden. Versprichst du mir das?«

»Ja«, sagt Chime und schluckt tapfer ihre Tränen. Sie darf nicht weinen. Nicht jetzt. Es würde alles nur noch schlimmer für ihre Ama machen. Daß es schwieriger ist zurückzubleiben, ahnt sie bereits. Dolker weint. Sie braucht noch die tröstenden Worte der Mutter: »Ich werde dich besuchen, ganz bestimmt. Im nächsten Jahr zu Losar werde ich euch beide besuchen.«

»Ich werde dich besuchen«, verspricht auch Little Pemas Mutter ihrem Kind, »sobald Tashi groß genug ist, daß ich ihn alleine bei Großvater lassen kann.«

»Und Paala?« fragt die Kleine.

Die Mutter stockt, und Little Pema plappert weiter: »Paala wird böse sein, weil ich ihm nicht Lebewohl gesagt habe.«

»Vergiß ihn, er wird dir nie mehr weh tun können.«

»Ich möchte nicht nach Indien. Ich möchte zu Paala.«

»Du kannst nicht zu Paala, er hat uns verlassen!«

»Ich möchte zu Paala!« schreit Little Pema plötzlich, reißt sich von der Mutter los und schmeißt sich mitten auf die Straße. Nima spürt die Überforderung der Mutter. Er packt die Kleine und hebt sie auf seinen Arm: »Du wirst deinen Paala wiedersehen, aber jetzt müssen wir ganz schnell gehen, sonst kommen wir zu spät zum Dalai Lama. Der Dalai Lama wartet doch schon auf dich. Er ist ganz neugierig, dich kennenzulernen!«

In ihrer Überraschung hält Little Pema still.

Nima wirft der Mutter einen Blick zu: Jetzt. Schnell.

Die Mutter legt ihre Hände um das Gesicht der Kleinen. Hält es für einen kurzen Moment fest. Küßt ihr Mädchen auf die Stirn: »Bis bald. Ich liebe dich. Für immer.«

Schnell trägt Nima die Kleine davon. Er hört nicht auf zu sprechen: »Du bist doch ein ganz tapferes Khampa-Mädchen, hab' ich gehört? Das einzige Khampa-Mädchen in der Gruppe. Was meinst du, wie sich der Dalai Lama freuen wird! Ich habe ihm nämlich gesagt, daß du kommst. ›Pema heißt sie?‹ hat der Dalai Lama gesagt. ›Was für ein schöner Name, meine kleine Schwester heißt auch Pema, Jetsun Pema!‹ ...«

»Los, schließt an!« Suja treibt die Gruppe von der Straße. Ratlos wendet sich Dhamchoe an ihn: »Ich glaube, ich habe meinen ...«

»Nimm deinen Bruder und geh!« herrscht Suja ihn an. Auf einer Flucht ist es gefährlich, den Anschluß zu verlieren. Und die Flucht hat begonnen. Jetzt.

Mit seiner rechten Hand greift Suja nach Chime. Mit seiner linken nach Dolker. Er schaut ihrer Mutter direkt ins Gesicht. »Keine Sorge. Ich bringe deine Kinder da rüber.« Dann dreht er sich um und geht mit den beiden Mädchen als Schlußlicht davon.

Chime dreht sich nach ihrer Ama um. Die lächelt ihr aufmunternd zu. Dolker muß sich auf den Weg konzentrieren. Sie hat Mühe, mit den großen Schritten des fremden Mannes mitzuhalten. Querfeldein geht es über ein großes Gerstenfeld. Es ist die Zeit, in der die Bauern ihre Erde frisch umgraben für die neue Saat. Die Flüchtlinge stolpern über die tiefen Furchen.

»Hast du gewußt, daß der Dalai Lama am liebsten süße Momos ißt?« fragt Nima, während er wachsam den Weg im Auge behält. »Ja, süße Momos! Die gibt es nur in Indien.

Und grüne Zuckernudeln! Vielleicht trinkt ihr zusammen eine Tasse Tee mit grünen Zuckernudeln!«

»Was soll ich tun?« fragt Dhamchoe einen jungen Mann, der hinter ihnen geht. »Ich habe meinen Rucksack in Gyantse vergessen.«

»Was war da drin?«

»Mein Proviant, mein Geld, die Handschuhe, alles.«

»O shit.«

Chime dreht sich nach ihrer Mutter um. Sie kann ihr Lächeln nicht mehr sehen. Nur die dunkle Silhouette ihres Körpers. Die Mutter winkt, als Chime sich nach ihr umsieht. In ihrem Innern tobt ein nicht faßbarer Schmerz.

»Om mani padme hum, om mani padme hum…«, flüstert Little Pemas Mutter in die Nacht, die eben ihr Kind verschluckt hat. Wenn das Herz aus deiner Brust zu springen droht, bring es mit einem Gebet zur Ruhe. Diesen Rat hat ihr der alte Vater gegeben, bevor sie nach Lhasa aufgebrochen sind.

»Weißt du, warum der Dalai Lama die Khampa so gerne mag? Nein? Als der Dalai Lama nach Indien geflüchtet ist, haben ihn Hunderte Khampa begleitet! Und sie alle waren bereit, ihn mit ihrem eigenen Leben zu schützen.«

»Ohne Rucksack bist du aufgeschmissen. An deiner Stelle würde ich nach Gyantse zurückfahren«, sagt der Typ hinter ihnen.

»Kannst du sehen, ob der Lastwagen noch da ist?« hört Dhondup den großen Bruder fragen.

»Wir müssen los!« sagt der Fahrer und öffnet die Beifahrertür des LKW.

Little Pemas Mutter hilft der gebrochenen Frau an ihrer Seite auf das hohe Trittbrett.

Von der Landstraße ist das Starten eines Motors zu hören.

Noch einmal dreht sich Chime nach ihrer Mutter um.

Teil Zwei

ཨོཾ *»Ich habe mein Kind nach Indien geschickt, weil ... ich habe keine Ausbildung. Und es ist schwer, ein normales Leben zu führen, ohne lesen und schreiben zu können. Überall hat man Probleme. Als einfache Frau hatte ich auch nicht das Geld, um die Schule für mein Kind zu bezahlen. Das ist der Grund, warum ich es weggeschickt habe. Nachdem es weg war – alles, was ich machen konnte, war sein Bild anschauen und weinen.«* EINE MUTTER AUS TIBET

Nepal, 6. April 2000

»Am Fünfzehnten ist Nima auf dem Grenzpaß«, sagte Pema, als wir nach unserer erfolgreichen Shoppingtour durch den Thamel unser Equipment auf dem schmalen Bett meiner Herberge auftürmten.

»April?«

»Ja.«

»Das ist knapp. Der Kameramann und mein Freund kommen erst am Elften in Kathmandu an.«

»Dann sollen sie halt früher fliegen.«

»Das ist ein Billigflug. Den kann man nicht mehr umbuchen. Und für neue Tickets gibt es kein Geld mehr.«

»Ich dachte, Filmleute sind reich.«

»Weiß Nima, daß wir ihn da oben mit Kameras erwarten?«

»Nein. Aber ich habe ihm gesagt, daß wir Essen hochbringen. Und Medikamente. Dann braucht die Gruppe nicht so viel zu schleppen.«

»Laß uns das sofort machen. Noch bevor die anderen aus Deutschland kommen. Wir tragen das Zeug rauf, und dann gehe ich noch mal runter, um Richy und Jörg abzuholen. Sonst haben wir hinterher zuviel Gepäck.«

»Wir sollten in ein Kloster gehen und die Mönche bitten, für uns und die Flüchtlinge zu beten. Hast du noch Geld für eine Gebetszeremonie?«

»Wie teuer ist so was?«

»Je weniger Mönche, desto billiger. Je mehr Mönche, desto größer der Schutz.«

Als wir einige Tage später mit dem Aufstieg beginnen, stehen wir unter dem Schutz der Grünen Tara, der beliebtesten Schutzgöttin Tibets. Die grüne Körperfarbe steht für ihre heilende Kraft, die mit der Fürsorge einer Mutter für ihre Kinder verglichen wird. Die Grüne Tara wird uns vor den Schneelöwen, vor wilden Elefanten, Waldbränden, Schlangen, Räubern, dem Gefängnis, vor Wasserfluten und bösen Geistern beschützen. Gerne hätte ich mir statt der Waldbrände und der Elefanten Schutz vor Erfrierungen und Gletscherspalten erbeten, aber so profan darf man das angeblich nicht sehen. Im tieferen Sinne sind mit den Gefahren, die am Wegrand unseres Lebens lauern, die acht großen Untugenden gemeint, mit denen der Mensch eine leidvolle Wiedergeburt heraufbeschwört: die Löwen des Stolzes, die Elefanten der Verblendung, das Feuer des Zorns, die Schlange der Eifersucht, der Räuber der irrigen Ansichten, die Fesseln des Geizes, die Flut der Begierde und das Gespenst des Zweifels.

In drei verschiedenen Klöstern werden die Nonnen und Mönche eine dreitägige Tara-Puja für uns abhalten. Ob man so was von der Steuer absetzen kann? Es war ja nicht ganz einfach, meiner Produktionsfirma in Deutschland zu erklären, daß wir den Schutz der Grünen Göttin genauso dringend benötigen würden wie gute Sherpa.

Denn als wir unser gesamtes Gepäck auf meinem Bett zu einem hohen Berg aufgetürmt hatten, war klar, daß dieser nur mit Hilfe professioneller Träger zu bewältigen sein würde: das Kamera-Equipment, die schweren Kartons mit den Batterien, unsere Bergausrüstung, die Notfallklamotten für die Kids, der große Beutel mit den Medikamenten …

»Zwei Sherpa«, sagte Pema.

»Drei«, sagte ich. Noch fehlte der ganze Proviant.

Wir entschieden uns für zwei junge Sherpa und einen älteren namens Kelsang.

Sie glauben, daß wir auf einen Gipfel in der Nähe des Grenzpasses steigen werden.

Jetzt muß ich nach jeder Rast, die wir einlegen, um meinen Rucksack kämpfen, weil unsere Sherpa normalerweise japanische Touristen samt Klappstuhl und Tischchen auf die Gipfel schleppen. ›Coca-Cola-Trecks‹ werden die ausgelatschten Routen des nepalesischen Himalaya genannt. Die Wege sind breit, das Wetter ist vorbildlich, und an jeder Biegung erwartet den Wanderer ein kleines Restaurant, eine Teestube, ein Guesthouse oder ein Süßigkeitenkiosk. Wäre die Luft nicht so erfrischend herb, könnte man sich fast wie zu Hause in Köln fühlen. O.k., da sind auch noch diese Berge um uns herum, aber deren Schönheit interessiert mich heute nicht besonders. Mein ganzes Wesen hat sich nach innen verkrochen. Seit Tagen habe ich Angst, daß alles schiefgehen könnte.

»Let's go to the mountains and have some fun!« hat Pema bei unserem Aufbruch gerufen: »Laß uns in die Berge gehen und etwas Spaß haben!«

Dieser Junge hat das Temperament eines jungen Fohlens. Stürmisch, überschäumend und voll Lebensenergie schmettert er sogar bei den steilsten Passagen unseres Aufstiegs seine Lieder gegen die hohen Felswände. Ihr Echo vertreibt die Schreckensbilder aus meinem Kopf – zumindest für eine kurze Weile.

»Wovon handeln deine Lieder?« frage ich Pema, als wir abends unsere Hände an dem stinkenden Gaskartuschenofen einer etwas abgewrackten Herberge wärmen.

»Liebeslieder aus Amdo.«

»Hast du eine Freundin?«

»Man muß nicht verliebt sein, um Liebeslieder zu singen.«

»Aber es singt sich leichter, wenn man es ist.«

»Ich habe ein Herz aus Stein. Und trotzdem bin ich ein guter Sänger.«

»Ein Herz aus Stein?«

»Ja, jemand, der keine Gefühle hat.«

Der Wirt bringt heiße Nudeln, deren Duft einen bescheidenen Hauch von Gemütlichkeit in unsere Stube zaubert.

»Ein versteinertes Herz hat jemand, der sein Schicksal nicht verkraftet«, sage ich.

»Kann sein«, sagt Pema kurz angebunden und beginnt, seine Nudeln zu schlürfen.

Ich wechsle das Thema: »Was machen wir mit unserem Gepäck, wenn wir ins Sperrgebiet kommen? Wir können unmöglich die Sherpa da durchjagen.«

»Ich weiß einen Ort, wo wir Grenznomaden aus Tibet treffen können.«

»Du meinst Drogpa-Männer?«

»Ja. Die Drogpa kommen mit beladenen Yaks hier rüber nach Nepal, verkaufen ihre Ware und gehen leer nach Tibet zurück. Sie könnten uns mit dem Krempel helfen.«

»Ich kenne diese Leute. Nicht alle von ihnen sind o.k. Manche arbeiten mit der chinesischen Grenzpolizei zusammen. Oder mit dem nepalesischen Militär.«

»Du bist gut informiert.«

»Ich bin Journalistin ... Nein. Ich versuche, eine Journalistin zu sein. In Wahrheit bin ich Geschichtenerzählerin.«

»Und was ist deine Geschichte?«

Ich fische ein Stückchen Yakfleisch, das sich unauffällig zwischen meine Nudeln gemogelt hat, aus dem Teller. »Als ich zweieinhalb war, habe ich meine Mutter zum letzten Mal gesehen. Sie ging aus dem Zimmer, und ich wußte, sie würde nie mehr wiederkommen. Seitdem habe ich Angst vor Abschieden. Wann hast du deine Mutter das letzte Mal gesehen?«

»Ich war neunzehn, als ich aus Tibet geflohen bin. Vorher war ich auf der Uni. Ich war einer von ganz wenigen, die es dahin geschafft hatten. Ich war ein guter Student: Chinesisch, Geographie und Geschichte. Aber dann wurde ich in eine Keilerei zwischen tibetischen Studenten und chinesischen Lehrern verwickelt. Danach hatte ich nur noch Schwierigkeiten. Also mußte ich gehen. Ich habe mich nicht von meinen Eltern verabschiedet. Ich dachte, dann wäre es leichter. Ich habe meine Mutter seit sieben Jahren nicht mehr gesehen.«

»Weiß sie, daß es dir gutgeht?«

»Mittlerweile weiß sie, daß ich noch lebe.«

»Und in Indien? Konntest du da studieren?«

»Weißt du, all diese kleinen Kinder, die ins Exil kommen, kriegen eine wirklich gute Ausbildung in den tibetischen Kinderdörfern. Denn für süße Kids spenden die Leute im Westen immer gerne. Aber wer will schon so einen abgefuckten Typen wie mich unterstützen? Hast du die vielen Streetboys in Dharamsala gesehen? Fast alles junge Männer aus Amdo. Sie haben sich voller Hoffnungen über den Himalaya geschleppt – und in Indien war kein Platz für sie. Keine wirklich guten Schulen, keine Jobs, keine Zukunft. Ich habe nichts im Exil gelernt. Außer die paar Worte Englisch.«

»Ist es das, was dich so verbittert?«

»Was bedeutet Leiden schon für einen Menschen, der immer leidet? Es wird irgendwann normal für ihn.«

Wir erreichen ein großes Sherpa-Dorf, das ein beliebter Ausgangsort für Himalaya-Expeditionen ist. Ich habe kein gutes Gefühl. Einige Einheimische kennen mich hier und wissen, daß ich mich gerne abseits der markierten Wege herumtreibe. Ein Glück, daß Sotsi bereits vor der ersten Lodge am Eingang des Ortes anhält und ächzend seinen Rucksack auf den Boden sinken läßt. Hier möchte er übernachten, der Besitzer soll ein Tibeter sein. Wenn ich mir etwas Feineres suchen möchte mit richtigen Matratzen und Internet-Anschluß, bitte. »Nein, nein! Wir bleiben zusammen!« Hastig stolpere ich über die hohe Türschwelle in das Innere des dunklen Hauses.

»Tashi Delek!« Mit offenen Armen kommt uns der Wirt entgegen und schiebt Sotsi, Pema und mich in seine geräumige Wohnküche. In einer mit bunten Teppichen ausgelegten Sitzecke klopft er mir das schönste Kissen zurecht. Die hübsche Frau des Hauses gießt aus einer Karaffe ein milchiges Getränk in unsere Gläser: Chang, tibetisches Gerstenbier.

»Seid ihr verheiratet?« fragt der Wirt. Er meint Pema und mich.

»Nein«, sagt Pema, »wir sind Bruder und Schwester.« Da lacht der Tibeter und drückt mir auffordernd ein Bierglas in die Hand. »Brüder und Schwestern sind wir ja alle! Geht ihr rüber nach Tibet?« Er hat sofort durchschaut, daß wir keine Touristen sind.

»Wir gehen hinauf auf den Paß, um Gebetsfahnen aufzuhängen und für ein freies Tibet zu beten«, antwortet Pema schnell.

»Dann könnt ihr für mich auch welche mitnehmen!« Eifrig füllt er die halb geleerten Gläser meiner Begleiter wieder bis zum Rand. »Ich war vor zehn Jahren das letzte Mal da oben.« Seine Frau bringt Brot und Thukpa, eine kräftige Nudelsuppe mit Gemüse, Ei und Yakfleisch. Suppe ist das beste Nahrungsmittel in den Bergen. Je höher man steigt, desto mehr Flüssigkeit braucht der Körper. Auf dreitausend Metern mindestens drei Liter pro Tag, auf viertausend Metern vier Liter pro Tag, auf fünftausend fünf und so weiter...

»Haben sie auch eine Thukpa ohne Fleisch?«

Während sich der Wirt um meine vegetarischen Sonderwünsche kümmert, hecken Pema, Sotsi und ich den weiteren ›Schlachtplan‹ aus: Morgen nacht gehen wir weiter. Bis dahin hat Sotsi ein paar Drogpa-Männer für unser Gepäck aufgetrieben.

»Und wie werden wir unsere Sherpa los?« fragt Pema leise.

»Morgen früh wird mir plötzlich sehr übel sein«, sage ich. »Du weißt schon: Höhenkrankheit. Deshalb wirst du die beiden jüngeren Sherpa leider aus unserem Dienst entlassen müssen. Gib ihnen genau den Lohn, den sie sich an einem Sechstausender verdient hätten.«

»Und Kelsang?«

»Den nehmen wir mit.«

»Mit seinen dünnen Gummischlappen?!«

»Ich brauche unsere Kasse.«

Pema, der seit Beginn des Aufstiegs auch der Kassenwart des Teams ist, reicht mir unser Portemonnaie aus blauem Goretex. »Mach bloß keinen Blödsinn.«

Schüchtern betreten unsere drei Sherpa den Gastraum. Sie haben im Dorf ein Schwätzchen gehalten, nun treibt sie der Hunger zu uns zurück.

Während Pema die zwei Jungen zu sich an den Tisch winkt, nehme ich Kelsang zur Seite: »Ich will, daß du dir ordentliche Schuhe, Fäustlinge, eine Sturmmütze, eine Sonnenbrille, eine Taschenlampe und eine warme Jacke kaufen gehst. Mach es nicht zu auffällig. Die anderen beiden sollen es nicht mitbekommen. O.k.?« Ich reiche ihm das Portemonnaie. »Wenn du wieder zurück bist, komm bitte auf mein Zimmer. Ich habe etwas Wichtiges mit dir zu besprechen.«

Mit großer Freude eilt der kleine Mann davon und verschwindet für mehrere Stunden in den engen Läden des Dorfes, wo weißhaarige Sherpa mit den gebrauchten Bergklamotten glamouröser Himalaya-Expeditionen handeln …

Die tibetische Seite des Himalaya. Durch diese Bergwelt müssen sich die Flüchtlinge auf ihrem Weg kämpfen.

Ein großer Teil der Flüchtlinge sind – wie Lobsang – Mönche und Nonnen, die vor den Repressalien der chinesischen Regierung fliehen. Die Armut in den tibetischen Familien zwingt aber auch viele Mütter und Väter, ihre Kinder ins Exil zu schicken. Meist vertrauen sie ihre Kleinen einem Flüchtlingsguide an.

Big Pema ▶

» Wir gingen zusammen, wir aßen zusammen, wir schliefen zusammen und wir hielten zusammen. Mir wurde geholfen – von fast jedem in der Gruppe. « (Dhondup)

◀ »Wenn ich keine Kraft mehr hatte, weiterzugehen, dann konnte ich nichts anderes tun, als mich noch mehr anzustrengen. « (Chime)

Tamding, Dhondup und Chime bei der Rast.

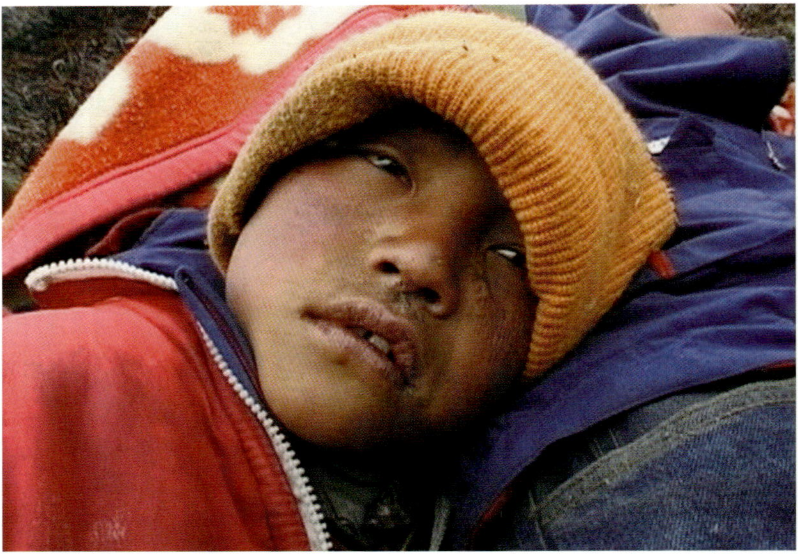

Die Kinder sind völlig dehydriert, Dhondups Lippen verschorft und aufgesprungen. Etwa fünf bis sechs Liter Flüssigkeit am Tag bräuchte man in dieser Höhe.

»Goldzahn« trägt Dolker durch den Schnee. ►

Wir erreichen die Schneegrenze. Big Pema beim Aufstieg zum Paß.

Im Winter kann man über eine gefrorene Schneedecke wandern, jetzt im Frühjahr sinken die Flüchtlinge bis zum Bauch im Schnee ein. Im Vordergrund Suja mit Dolker auf dem Rücken.

An der Schneegrenze: Lobsang, Little Pema und Yeti ►

Pema und Dolker

◄ Tamding, Chime, Dolker, Little Pema und Dhondup windgeschützt bei einer Rast hinter einem Steinmäuerchen

Big Pema verbrennt Gebetsfahnen, die der Wind von den Leinen gerissen hat. Mögen die Götter die Flüchtlinge beschützen!

Statt seiner dunkelroten Mönchsrobe trägt Lobsang auf der Flucht einen dicken Daunenanorak.

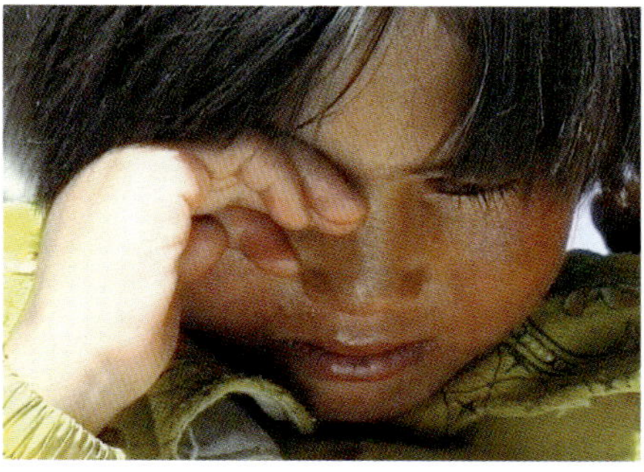

Beim Abschied trug die Mutter ihrer älteren Tochter Chime auf, gut auf die kleine Schwester Dolker aufzupassen – und sie zu trösten, wenn sie weinen sollte.

◀ Im Basislager. Dhondups Lippen, die wegen des großen Flüssigkeitsmangels aufgesprungen sind, werden eingecremt.

Dhondup, Dolker, Little Pema, Tamding, Lhakpa, Chime, ▶ Suja und Lobsang zwei Jahre nach ihrer Flucht im Tibetischen Kinderdorf von Dharamsala (von links unten)

Dolker wünscht sich, nie zu vergessen, wie ihre Mutter aussieht.

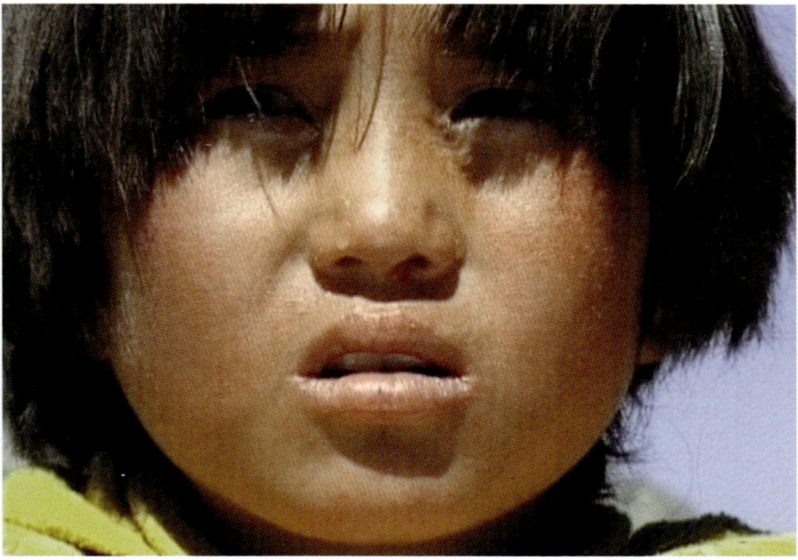

COME

Die erste Nacht der Flucht

Endlich haben sie die tiefgefurchten Felder hinter sich gelassen. Der Untergrund, auf dem sie weiterhetzen, ist nun eben und gibt ihren Füßen sicheren Halt. Solange sie sich in der Nähe menschlicher Behausungen aufhalten, müssen ihre Schritte so leise sein wie die einer Katze auf Schnee. Denn hier ist es am gefährlichsten, erwischt zu werden. Die Wachhunde in den Dörfern sind hellhörig. Schlagen sie an, weckt das Verdacht bei den Bauern. Der chinesischen Polizei gelingt es immer wieder, die Menschen in der Grenzregion mit Geld zur Kooperation zu bewegen. Wer Hunger hat, wird schnell zum Verräter. Sogar Chime spürt die Nervosität des Guides, während Dolker zu sehr auf den Weg achten muß. Ama hat gesagt, daß sie nicht stolpern darf.

Dhondup trottet brav neben seinem Bruder, den der Wille, nach Indien zu gehen, Schritt für Schritt verläßt. In der Ferne sind die Lichter der vorbeifahrenden Autos zu sehen. Noch ist die Zivilisation nahe genug, um diese Nacht an einen warmen Herd zurückzufinden.

»Mist«, flucht dieser Typ hinter ihnen: »Wenn ich gewußt hätte, daß das hier so kalt wird!«

»Dabei sind wir noch nicht einmal in den Bergen«, zischt Dhamchoe verzweifelt durch die Zähne.

»Und in Lhasa guckt sich mein Mädchen bestimmt schon nach einem anderen um.«

»Dann solltest du schnell zu ihr zurückkehren!«

»Kommst du mit?«

»Ich muß meinen kleinen Bruder da rüberbringen, hab' ich schon mal gesagt.«

»Den Kleinen schafft der Guide nach Indien. Keine Sorge, der wird auf Händen durch den Schnee getragen! Aber daß du keine Handschuhe und Socken hast, interessiert da oben keinen mehr.«

»Vielleicht hast du recht.«

Little Pema hat aufgehört, in Nimas Jackenärmel zu schluchzen. Es tut weh, wenn Tränen an der Haut festfrieren. Sie legt den Kopf auf die Schultern ihres Guides und träumt sich langsam weg aus diesem schicksalhaften Tag.

Der erste Teil der Strecke ist immer der härteste, denkt Nima, die Glieder sind steif gefroren von der Fahrt, die Schritte der Flüchtlinge haben keinen Rhythmus gefunden, ihre Augen haben sich noch nicht an die Dunkelheit gewöhnt. Ihre Herzen kämpfen mit der Trauer und ihre Sinne mit der Angst vor den Chinesen und der Ungewißheit. Wenn er laut reden könnte, würde er seine Schützlinge aufmuntern: »Glaubt mir, es wird von Tag zu Tag leichter!« Auch wenn es in Wahrheit von Tag zu Tag schwieriger wird. Doch die Seele wächst mit den Anforderungen, die das Leben an sie stellt. Und die Gabe des Wanderers, einen Berg zu besteigen, mit jedem Zentimeter, den er seinem Gipfel näher rückt. Keiner der Flüchtlinge würde die Schneezone in der ersten Nacht der Flucht bewältigen. Der lange Weg dahin wird sie stärken, das Unmögliche zu schaffen. Und Nimas Aufgabe besteht darin, mit Bedacht das Maß zu wählen, das er seiner Gruppe Tag für Tag zumuten kann. Am stärksten sind immer die Flüchtlinge, für die es keinen Weg mehr zurück gibt. Denn was für einen Sinn hat es, die Kälte und den Schnee zu hassen, wenn man ohnehin nicht an ihnen vorbeikommt? Man muß sich mit der Natur befreunden. Dieser Suja hat mit der Heimat abgeschlossen. Als erfahrener Guide spürt Nima schnell, wer in der Gruppe noch eine Geschichte offen hat. Am härtesten wird der Aufstieg für den armen Floh, den er auf seinen Armen trägt. Aber nicht wegen des kaputten Beines, sondern weil Little Pema sich von ihrer Mutter betrogen fühlt. Sie werden dieses Kind oft schleppen müssen, obwohl es nicht einmal das jüngste ist. Dolker ist genauso klein, und wie tapfer trägt sie die Entscheidung der Mutter auf ihren eigenen Beinen mit! Ebenso Chime, die auch noch die Sorge um ihre jüngere Schwester im Gepäck hat. Dhondups Durchhaltevermögen ist für Nima schwer einzuschätzen. Aber er ist ein Junge und wird möglichst lange versuchen, sich keine Schwäche anmerken zu lassen.

Wenn ich groß bin, werde ich Big Boss in einer großen Firma, denkt Dhondup. Dann werde ich für Ama eine schöne Chuba kaufen, für Paala eine goldene Waage und für Großvater einen großen Schaukelstuhl!

Dieser bescheuerte Typ, der hinter ihnen geht, läßt seinen Bruder nicht in Ruhe: »Es fängt damit an, daß du deine Finger nicht mehr bewegen kannst. Dann werden sie irgendwann schwarz.«

»Und dann?«

»Dann sind sie so tot wie Brennholz, und du kannst sie nur noch abschneiden.«

Instinktiv greift Dhondup nach der Hand seines Bruders.

Ein schmales Band in violetter Farbe hat sich an den Horizont gelegt. Bevor es hell wird, muß Nima seine Gruppe hinter die Hügelkette gebracht haben. Also los, ran an die erste Steigung! Besser jetzt als später. Er kann es ihnen ohnehin nicht ersparen.

Lobsang ringt um Atem. Als Mönch ist er gewohnt zu meditieren, zu beten und manchmal während der Puja die große Trommel zu schlagen. Ein guter Muschelhornbläser war er nie. Dafür fehlte ihm die Puste. Dafür war er schnell im Lernen heiliger Texte. Vielleicht schafft das Rezitieren eines Mantras Ablenkung von seiner Sorge, den Strapazen nicht gewachsen zu sein: Om Tare Tu-Tare Ture Soha… O heilige Mutter, Tara Buddha, bitte führe und erhalte uns am Leben…

Der Himmel färbt sich langsam blau, und die Gestirne verblassen. Nur der Morgenstern funkelt immer noch treu vom Himmel herab.

Heulend geht der kleine Dhondup an der Hand eines fremden Mannes.

Eilig steigen sie in ein Tal hinab, um dem verräterischen Licht des Tages zu entkommen. Die Schlucht ist eng genug, um die Nacht noch für eine Weile darin gefangenzuhalten. Eine feuchte Kälte strahlt aus ihren Wänden wie aus einem unbewohnten Haus. Das Rauschen eines Flusses klingt düster und gefährlich. Nimas Schritt verrät Zielstrebigkeit: Die Höhle, die er sucht, ist nah. Hilfsbereit dreht sich der Wind und trägt ihm den Geruch von verbrannter Asche in die Nase. Jetzt öffnet sich der Fels wie der Mund eines steinernen Fisches. Vorsichtig betreten sie die geräumige Höhle. Das Zirpen eines munteren Vogelpärchens begrüßt den Morgen.

»Es fehlen zwei Leute«, stellt Suja mit trockener Stimme fest.

»Wo ist dein Bruder?« fragt der Guide Dhondup, der sich in eine finstere Ecke verkrochen hat.

»Raus mit der Sprache!«

»Er ist umgedreht, weil er Angst vor schwarzen Fingern hat.«

»Er hat dich einfach alleine gelassen?«

Ein junger Mann, den sie ›Currasco‹ nennen, weil auf seiner roten Kappe die Inschrift einer amerikanischen Restaurantkette prangt, mischt sich ein: »Er hat mich gebeten, auf seinen kleinen Bruder zu schauen. Und dann ist er fort mit diesem Lhasa-Boy.«

»Warum habt ihr mir nicht Bescheid gegeben?«

»Der Amchi-Sohn hat gesagt, daß wir den Mund halten sollen. Er hatte wirklich Panik und wollte keinen Ärger machen.«

»Jetzt haben wir aber Ärger – jede Menge sogar«, sagt Nima.

Wütend schlägt sich Suja gegen die Stirn: »Shit, warum hab' ich das nicht bemerkt? Ich Idiot!«

»Wann sind sie abgehauen?« fragt der Guide.

»Weiß nicht genau.«

»Wo, an welcher Stelle?«

»Da, wo es steil wurde«, sagt ein anderer kleinlaut, der in einem großen, beigen Mantel steckt.

Suja schmeißt seine Jacke auf den Rucksack: »Ich laufe zurück. Ich kriege die, bevor sie zu den Häusern kommen.«

»O.k.«, sagt Nima, und Suja macht sich eilig davon.

»Warum laßt ihr die Jungs nicht einfach laufen?« fragt Currasco.

Trotz der Aufregung bleibt Nimas Stimme ruhig: »Wenn die Polizei diese beiden Dummköpfe erwischt, sind wir alle dran. Die sind doch viel zu jung, um dichtzuhalten, wenn es eng für sie wird!«

Chime hockt sich zu Dhondup, der mit seinen Fingern Löcher in die Turnschuhe puhlt: »Laß das. Du brauchst deine Schuhe. Der große Mann wird deinen Bruder bringen.«

Traurig schüttelt Dhondup den Kopf.

Nach zwei Stunden kommt Suja in die Höhle zurück, verschwitzt und außer Atem. Nima reicht ihm eine Tasse mit dampfendem Tee. Schwer hängt der Rauch des kleinen Feuers in ihrem mannshohen Unterschlupf. Für die Kinder hat Nima ein gemütliches Nest aus den Rucksäcken gebaut. Mit großen, ängstlichen Augen schaut Dhondup zu Suja, der sich kopfschüttelnd auf eine Decke hockt: »Die sind weg. Wie vom Erdboden verschluckt.«

Die Vorstellung vom Erdboden, der Menschen verschluckt, findet Little Pema komisch und erntet dafür von Chime einen strafenden Blick. »Sei nicht traurig«, tröstet sie den Kleinen, »vielleicht kommt er ja irgendwann nach. Und bis dahin sind wir eben Geschwister.«

»Genau«, sagt einer der jungen Männer, und sein goldener Zahn leuchtet hell im Morgenlicht, »jetzt hast du ganz viele große Brüder: Bruder Nima, Bruder Suja, Bruder Currasco, Bruder Lobsang, Bruder Tempa, Bruder Wangdu, ich bin Bruder Goldzahn, und der im weißen Mantel ist dein Bruder Yeti!«

Dhondup lächelt etwas und beginnt endlich an seinem kleinen Tsampabällchen zu lutschen, das Chime ihm aus Gerstenmehl, Butter und Tee gerollt hat.

»Du solltest auch was essen«, sagt Nima zu Suja und reicht ihm eine getrocknete Yakfleisch-Keule. Dankend lehnt Suja ab: »Wir müssen die Decken zusammennähen, bevor das Feuer erloschen ist.«

»Darum kümmern sich die anderen.«

Nima holt aus einem abgegriffenen Lederbeutel mehrere dicke Nadeln und ein Knäuel Wolle. Er fordert die Flüchtlinge auf, ihre Decken zu großen Schlafsäcken zusammenzunähen. Je drei Mann sollten in einen Sack passen: Currasco, Lobsang und Tempa. Wangdu, Yeti und Goldzahn. Suja wird die beiden Schwestern unter seine Decken nehmen, er selbst wird sich um Little Pema und den Kleinen kümmern. Sie sollen die Dinger fest zusammenzurren, damit die Nähte nicht reißen, wenn sie im Schnee oben sind.

»Seht mal, wie geschickt unser ›Mädchen‹ mit Zwirn und Nadel ist!« spottet Currasco. Lobsang spürt, wie ihm die Schamröte bis unter die Haarwurzeln steigt.

»Wahrscheinlich war er in seinem vorigen Leben eine Amala mit richtig dicken Brüsten!« setzt Tempa noch eins drauf.

Nima schmeißt mit einer Wasserflasche nach ihnen. »Mund halten und arbeiten.«

Daß ich ausgerechnet mit diesen beiden Typen mein Nachtlager teilen muß! Goldzahn, Yeti oder Wangdu wären Lobsang lieber gewesen. Wangdu soll in Lhasa sogar eine höhere Schule besucht haben. Für die anderen ist er jedenfalls ›der Student‹. Seine Mütze ist viel zu weit geschnitten für die hohe, schmale Denkerstirn. Dafür ist sie bestickt mit dem goldenen Schicksalsrad und zwei Rehen, die der Stimme Buddhas lauschen.

Die Kinder sind endlich eingeschlafen. Suja schlüpft tief in seine Jacke hinein und kauert sich zu ihnen. Er wird versuchen, ein wenig zu ruhen. Da spürt er, daß eines der Kinder heimlich weint. Das kann nur Chime sein, die ihr Gesicht zur Höhlenwand gedreht hat. Jetzt, wo die kleine Schwester eingeschlafen ist, läßt sie ihre Tränen zu. Suja streckt seinen Arm nach der Kleinen aus, streichelt ihren Rücken. »Tapferes Mädchen«, flüstert er, »es wird alles gut, das verspreche ich dir.«

Sofort hält Chime still, als fühlte sie sich ertappt.

Nepal, 8. April 2000

Sechs getrocknete Yakkeulen, fünf Kilo Käsegranulat und sieben Kilo Tsampa haben wir bei unserem tibetischen Wirt gekauft. Längst ahnt er, daß diese Mengen an Proviant nicht nur für uns bestimmt sein können. Aber er freut sich über das gute Geschäft und stellt keine weiteren Fragen. Vier Drogpa haben die Sachen am Nachmittag aus unserer Herberge abgeholt und sie in großen Yaklederbeuteln verstaut. Mit einem flauen Gefühl sah ich auch unser gesamtes Kamera-Equipment darin verschwinden.

»Da ist es sicherer aufgehoben als bei uns«, beruhigt mich Pema, »außerdem werden wir sie bald einholen. Mit ihren Yaks brauchen die Drogpa viel länger als wir.«

Um zwei Uhr nachts sind wir dann aufgebrochen: Pema, Sotsi, ich und der neu eingekleidete Kelsang. Leisen Schrittes verließen wir das schlafende Dorf. Ich wandere gerne nachts. Da darf ich ganz mit mir und meinen Gedanken sein. Ich muß nicht beim Anblick eines schönen Panoramas in Verzückung geraten oder mit zusammengekniffenen Augen jedes Murmeltier erhaschen, das die Bergkameraden schon längst zwischen den Steinen erspäht haben. Meine Füße laufen wie von selbst. Ich bin elektrisiert von der Vorstellung, daß Nima und seine Gruppe auf der anderen Seite des Himalaya jetzt ebenfalls durch die Dunkelheit schleichen. Der volle Mond, der auf uns herabblickt, ist derselbe, der auch ihnen den Weg leuchtet.

Plötzlich hören wir Schritte, die uns entgegenkommen. Der Weg ist schmal. Wir könnten jetzt links in einen Abgrund hinunterspringen oder rechts einen Steilhang hinaufklettern. Die erste Aktion wäre tödlich, die zweite bescheuert.

»Straight on«, flüstert Pema, »weiter.«

Die anderen sind zu dritt. Und mindestens so erschrocken wie wir. Sie ziehen ihre Köpfe ein und huschen grußlos an uns vorbei, als blieben sie auf diese Weise unentdeckt.

»Keine Angst, Leute«, flüstert Pema in seiner Landessprache, »wir sind auch Tibeter.«

Das Grüppchen bleibt zögernd stehen. Erst als sich Pema mit seiner Taschenlampe ins Gesicht leuchtet, kichern sie. Es sind Frauen.

Die Mutigste sagt leise: »Tashi Delek.«

Sie kommen aus Tibet und wollen zum Dalai Lama: drei Nonnen auf der Suche nach einer neuen spirituellen Heimat. Etwa dreißig Jahre sind sie alt, tragen dicke Jacken über ihrer dunkelroten Robe und feste Schuhe. Ihr Haar ist immer noch kurz. Wir fragen sie nicht nach ihrer Geschichte, denn die ist ohnehin immer dieselbe: Achtzig Prozent der politischen Gefangenen in den chinesischen Gefängnissen sind Nonnen und Mönche. Die Klöster galten immer schon als Hochburgen des Widerstands. Das hat viel damit zu tun, daß der Dalai Lama sowohl politisches Oberhaupt als auch eine der bedeutendsten religiösen Figuren Tibets ist. Immer wieder gehen junge Nonnen in Lhasa auf die Straße, um für ein freies Tibet zu demonstrieren oder dem Dalai Lama ein langes Leben zu wünschen. Der Preis für diese wenigen Sekunden ›freier Meinungsäußerung‹ ist hoch: viele Jahre Haft, Folter, manche sterben, viele werden vergewaltigt und wissen nachher nicht, ob sie überhaupt noch Nonnen sein können.

Wer irgendwann freikommt, steht auch nach der Entlassung unter scharfer Kontrolle und muß im Alltag unter Repressalien leiden. Deshalb versuchen viele ehemalige Häftlinge so schnell wie möglich nach Indien ins Exil zu gelangen. In Dharamsala bin ich einer jungen Nonne begegnet, die acht Jahre in Lhasas berüchtigtem Drapchi-Gefängnis verbüßt hatte. Ihr Mut, den sie aus einer tiefen Spiritualität schöpfte, hat mich sehr bewegt.

»Wir sind zu viert auf die Straße gegangen und haben laut ›Lang lebe der Dalai Lama!‹ gerufen«, erzählte sie mir, »dann ist die Polizei gekommen und hat uns verhaftet. Man sagte uns: ›Was ihr getan habt, ist gegen die chinesische Regierung. Ihr seid Kriminelle, sagt, daß das kriminell ist, was ihr gemacht habt!‹

Das haben wir natürlich nicht getan. Während der Verhöre und der Folter fühlten wir, daß das, was wir getan haben, richtig war. Manche der Polizisten, die uns schlugen und folterten, waren selber Tibeter. Aber sie fühlten nichts. Sie taten das auf Befehl. Wir spürten keinen Haß gegenüber diesen Polizisten. Wir spürten, daß die Folter etwas mit unserem Leben zu tun hat, daß wir sie selbst zu verantworten haben.«

»Wo ist euer Guide?« fragt Sotsi die Nonnen.

»Er hat uns nur bis an die Grenze gebracht.«

»Und wie habt ihr den Weg hier herunter gefunden?«

»Erst sind wir den Fußspuren im Schnee, dann den Yakfladen gefolgt.«

Eine der Frauen hustet schwer. Es klingt nach einer tiefsitzenden Bronchitis, vielleicht ist es auch eine Lungenentzündung.

»Sie hat Fieber«, sagt ihre Mitschwester und bittet um Medikamente. Nur zu gerne packe ich unseren Arzneibeutel aus und suche nach dem geeigneten Mittel.

Sotsi gibt den Frauen einen Tip, wo sie sich untertags verstecken können. Werden sie von nepalesischen Soldaten erwischt, würden sie entweder wieder nach Tibet zurückgeschickt oder nach Kathmandu in ein Gefängnis gebracht werden. Bis zu zehn Jahren Haft drohen einem tibetischen Flüchtling, der auf nepalesischem Boden aufgegriffen wird.

Die Frauen bedanken sich. Sie wünschen uns ein langes, glückliches Leben. Wenige Augenblicke später hat die Nacht sie verschluckt. Nur ihre Schritte sind noch zu hören.

Am frühen Morgen verkriechen wir uns hinter einer niedrigen Mauer, die den Schafhirten dazu dient, ihre Tiere zusammenzuhalten. An den vertrockneten Schafskötteln können wir erkennen, daß der Pferch zur Zeit nicht gebraucht wird. Das Mäuerchen ist ein ideales Versteck und ein guter Schutz gegen den Wind. Kelsang und Sotsi schlafen sofort ein. Wir müssen Pemas rundlichen Schwager zur Seite drehen, damit uns sein markantes Schnarchen nicht unwillkommenen Besuch beschert.

Den Checkpoint haben wir noch vor der Morgendämmerung hinter uns gelassen. Schade, daß ich ihn im Dunkeln nicht erkennen konnte. Wir kletterten über einen bewaldeten Steilhang, um ihn zu umgehen. Mein Gesicht ist nun völlig zerkratzt von dem niedrigen Geäst der Bäume und Sträucher. Mit einem feuchten Taschentuch tupft Pema meine blutigen Schrammen sauber. »Das mußte meine Ama jeden Abend machen, wenn ich vom Spielen nach Hause kam.«

»Erzähl mir mehr von ihr.«

Pema zögert. Erst als wir in unseren warmen Schlafsäcken liegen, ist er bereit, seine Erinnerungen mit mir zu teilen.

»Um diese Uhrzeit ist meine Ama immer aufgestanden.

Sie war die erste, die unser Bettlager verließ. Sie machte das Feuer, um Wasser für den Tee zu kochen. Dann schlüpfte sie leise aus dem Zelt ins Freie. Sie melkte die Dris ...«

»Dris?«

»So nennen wir Tibeter unsere Yakkühe. Während meine Ama die Dris melkt, bittet sie immer die Götter um Schutz. So wurde ich jeden Morgen von ihren Gebeten geweckt und konnte mich langsam in meinen warmen Fellen in den neuen Tag träumen. Wenn Ama draußen fertig war, kam sie wieder – mit einem großen Bottich voll Milch. Sie füllte für jeden von uns eine Handvoll Tsampa in eine Schale. Darüber streute sie getrockneten Käse und schüttete vorsichtig heißen Tee an die Seite. Dazu tat sie einen großen Löffel Butter. Sobald die Butter im Tee geschmolzen war, tauchte ich ein Stück von Amas dickem weißem Amdo-Brot hinein. Der warme, aufgeweichte Teig tat gut am frühen Morgen. Und auch der Blick meiner Ama, der immer zufrieden auf uns Kindern ruhte. Auch wenn wir Mist gebaut hatten.

Wenn ich fertig war mit meinem Frühstück und ich mich angezogen hatte, kämmte Ama meine Haare. Sie küßte und drückte mich fest an sich. Dann rannte ich hinaus zu meinem Pferd. Ich schwang mich auf seinen Rücken und jagte es über das weite Grasland davon. Ama stand gerne am Eingang des Zeltes und schaute mir hinterher. Irgendwann war unser Zelt, vor dem meine Amala stand, nur noch ganz klein.«

Schnell zündet sich Pema eine Zigarette an. »Und du? Wie sieht es dort aus, wo du herkommst?«

»Ich bin aus Wien – Vienna, der Hauptstadt von Österreich. Das ist ein märchenhafter Ort mit prächtigen Bauten. Bevor mein Vater meine zweite Mutter heiratete, lebte ich bei meiner Oma – in Puchberg am Schneeberg. Sie kochte jeden Morgen heiße Schokolade und füllte sie in kleine, schlanke Tassen aus grün-weiß gestreiftem Porzellan. Das Haus meiner Großmutter liegt direkt an einem Wald mit großen, ausladenden Tannen. Die Äste dieser Bäume waren wie eine Leiter, auf der ich bis in den Himmel klettern konnte! Am liebsten saß ich ganz oben in den Wipfeln und wartete auf den Wind, der mich sanft hin und her wiegte.«

»Schön«, sagt Pema, schließt die Augen und fängt an zu singen ...

Mit Vater Himmel über mir
und Mutter Erde unter mir
schweift mein Geist mit den Windpferden
von den hohen Bergen hinab über das weite Grasland.
Hier schlagen die Blumenwiesen Wellen
in der frischen Brise des Windes.
Hier grasen Yaks, Schafe und Pferde
in Harmonie mit ...

»Pscht, Pema. Da kommt jemand.«

»Ho – Ho – Ho – Ho – Ho – Ho – Ho ...« Ich kenne dieses Geräusch. Es ist das kollektive Keuchen der Drogpa, die unglaubliche Lasten über den Himalaya schleppen. Sie spornen einander an, indem sie beim Ausatmen diese vollen Töne aus ihren gebückten Körpern herausstoßen: »Ho-Ho-Ho ...« Es klingt wie ein »Ja – Ja – Ja ...« zur schweren Bürde ihres Lebens.

Einst transportierten die Drogpa in prächtig geschmückten Yakkarawanen Salz über die verschneiten Grenzpässe von Tibet nach Nepal. Nach der Besetzung des Schneelandes wurden die Pässe gesperrt. Die Drogpa verarmten. Seit einigen Jahren sieht man sie wieder über den Himalaya wandern. Die chinesische Regierung hat ihnen erlaubt, ihre Handelsgeschäfte erneut aufzunehmen. Da sich aber der

Verkauf von Salz nicht mehr lohnt, schleppen die ehemaligen Salzmänner chinesische Billigware über die Pässe: Thermoskannen, Turnschuhe, Adidas-Plagiate. Nicht alle Drogpa besitzen ein Yak. Viele müssen ihre Lasten selbst schleppen.

»Ho – Ho – Ho – Ho – Ho – Ho…« Die Drogpa sind die Rock-'n'-Roller des Himalaya. Ihre langen Haare tragen sie zu Haarkränzen geflochten, die mit schweren Türkisen geschmückt sind. Der Türkis bringt dem Wanderer Glück. Ihre Kleidung ist arm und zerschlissen, ihre Umgangsformen sind direkt. Ein Drogpa macht nicht lange herum, wenn ihm eine Frau gefällt.

Einmal bin ich drei Drogpa-Brüdern begegnet. Sie wollten mich heiraten, alle drei, und es wäre absolut kein Problem für sie gewesen. Denn wenn eine Drogpa-Frau einen Mann heiratet, bekommt sie auch dessen Brüder mit in die Ehe. So kann einer der Männer immer zu Hause bleiben, während seine Brüder auf Wanderschaft gehen. Eifersucht kennen die Drogpa nicht. Das harte Leben fordert es, sich auch die Frau im Bett zu teilen. Die Brüder waren nett, und der Jüngste sah richtig gut aus. Daß ich nicht ihre Frau werden wollte, konnten sie gar nicht verstehen. Erst als ich ihnen erklärte, daß ich schon verheiratet sei, ließen sie mich mit ihren Heiratsplänen in Ruhe und wollten nur noch ›pucking‹. Da die Leute in dieser Gegend ein ›f‹ gerne als ›p‹ sprechen, konnte ich schnell erahnen, was die Brüder mir (auf Englisch) sagen wollten. Ich gab ihnen einen Korb, da zogen sie ihre großen Messer. Als ich mit meinem kleinen Schweizermesser dagegenhielt, löste sich die Situation in heiterem Gelächter auf. Schließlich waren die vielen Schraub-, Stech- und Sägefunktionen meines Messers auch viel interessanter als ich.

»Ho – Ho – Ho – Ho – Ho – Ho – Ho…« Es sind sieben

Drogpa, die direkt an unserem niedrigen Mäuerchen vorbei den Berg nach Nepal hinunterlaufen. Sie schleppen riesige blau-weiß-rot gestreifte Pakete, die sie mit Kopf und Schultern ausbalancieren. Ihr Blick ist gesenkt. Sie können uns nicht sehen.

Als sich ihr Geschnaufe nur noch erahnen läßt, singt Pema sein Lied zu Ende …

Unser Land ist rein.
Alle fühlenden Wesen darauf
sind Teil eines Ganzen
und doch so einzigartig.
Laßt mich für die ganze Welt singen!
Laßt mich heute nacht vom Frieden träumen
und den morgigen Tag mit Freude beginnen!

Das Versteck bei den Bauern

Als es draußen zu dunkeln beginnt, rüttelt Nima die Gruppe wach. Er hat nicht nur ihren Schlaf, sondern auch die Glut des Lagerfeuers gehütet, die er mit einem alten Blasebalg erneut zum Lodern gebracht hat. Er möchte, daß die Flüchtlinge heißes Wasser trinken, bevor sie aufbrechen, denn der Rauch in der Höhle hat ihre Atemwege gereizt. Bevor sie ihren Unterschlupf verlassen, leuchtet Nima jeden Winkel aus – sie können es sich nicht leisten, etwas liegenzulassen. Jedes einzelne Stück, das sie mitschleppen, ist notwendig, um in den Bergen zu überleben.

Das Tal, durch das sie wandern, wirkt nachts noch bedrohlicher. Tosend betäubt das Wasser des Flusses ihre schläfrigen Sinne. Es fällt kein Wort in diese Nacht, nur eine kleine Sternschnuppe, die Dhondup an dem schmalen Ausschnitt des Himmels entdeckt. Bestimmt hat Amala sie auch gesehen. Sie steht in der Tür ihres Hauses, schaut in die Nacht hinaus und summt das Lied, das jedes Kind im Schneeland kennt. Es ist ein Schlager – beliebt bei den Tibetern wie kaum ein anderer zu dieser Zeit:

»Wenn ich in den Himmel schaue, sehe ich einen leuchtenden Stern ...«

Dhondup stockt. Er spürt, daß Goldzahn an seiner Seite die Ohren spitzt.

»Es ist nicht wichtig, die Töne immer zu treffen«, hat Ama einmal gesagt, »wichtig ist es, seine Gefühle in ein Lied zu legen. Mit einem Lied kannst du anderen Menschen deine Liebe, deine Trauer und Freude schenken.«

Also nimmt Dhondup seinen ganzen Mut zusammen und singt mit der Mutter, die weit weg von hier in der Tür ihres Hauses steht, das Lied, das ihm das liebste ist.

Leuchtender Stern
Wenn ich in den Himmel schaue,
sehe ich einen leuchtenden Stern.
Wenn ich diesen Stern sehe,
schmerzt mein Herz und Tränen
rollen über mein Gesicht.
Aaaaaaamala!
Egal, wo ich auch bin und wohin ich gehe,
ich werde mich immer an deine Worte erinnern:
Gute Taten zu vollbringen und
einen guten Weg zu gehen.
Aaaaaaamala!

Dolker weint. Der eisige Wind zerschneidet ihr kleines Gesichtchen. Suja holt seine hellbraune Sturmmütze aus dem Rucksack und zieht sie der Kleinen behutsam über den Kopf: »Das ist eine Glückskappe. Wer sie trägt, hat nur noch schöne Gedanken. Von Zitronenbäumen, bunten Saris und dem blauen Meer. Hörst du es schon rauschen?«

Dolker nickt sehr ernst: »Ja, wir müssen uns beeilen.«

Wir müssen uns beeilen, denkt auch Nima, an dessen Hand sich Little Pema tapfer gegen den Wind stemmt. Die Biegungen und Windungen dieses verfluchten Tals sind zahlreich, er hat es ›Die Leiden Tibets‹ getauft.

Dreh dich endlich und lege dich in unsere Rücken! bittet Nima den Wind, der ihnen gnadenlos entgegenbläst. Warum ist es ausgerechnet heute so schwer? Was will der

Wind ihm sagen? Nima lebt mit der Natur und achtet auf ihre Zeichen. Nie geschieht etwas ohne Grund. Er muß sich mit dem Wind befreunden.

»Es ist nur ein Traum«, denkt Lobsang, der auf seinen Rucksack die Last von drei Decken geschnürt hat. »Einer dieser schlimmen Träume, wo du um dein Leben läufst und nicht von der Stelle kommst. Gleich schlägt unser Head-Lama den großen Morgengong im Klosterhof. Aber ich werde heute nicht aufstehen. Ich werde meinen Mitbrüdern sagen, daß ich krank bin und unter meinen warmen Decken liegenbleiben. Ich werde weiterschlafen. So lange, bis wieder Sommer ist. So lange, bis die Chinesen mich vergessen haben. So lange, bis Tibet frei ist.«

Suja klopft Nima sachte auf die Schulter: »Dolker hält nicht mehr lange durch.«

»Eine Stunde noch«, sagt Nima und denkt im stillen: zwei. Dann wird sich das Tal weiten, und auf den stufenförmigen Terrassen werden ein paar Bauernhäuser dazu einladen, an ihre Tür zu klopfen. Das ist immer ein Risiko. Aber sein Instinkt wird Nima sagen, welche Tür die richtige ist.

»Welches Haus nehmen wir?« fragt Nima seinen Helfer Suja.

»Schwer zu sagen. Ich würde das größte nehmen. Wir sind ein ganzer Haufen Leute.«

»Ich würde das kleinste nehmen. Die können unser Geld am dringendsten brauchen.«

»Oder das Geld der Polizei.«

Sie entscheiden sich für ein windschiefes Häuschen, das etwas fernab von den anderen direkt am Ufer des Flusses liegt.

»Ihr bleibt hier«, sagt Nima zu den Flüchtlingen. »Ich klopfe erst einmal alleine an.«

»Vielleicht sollte es besser unser ›Mädchen‹ versuchen. Vor dem haben die Leute sicher keine Angst.«

»Halt den Mund!« pfeift Suja den vorlauten Currasco an. »Sonst kannst du gleich hier im Fluß baden – mit einem schweren Stein im Rucksack.«

Gespannt beobachtet die Gruppe, wie ihr Guide leise davonschleicht, vorbei an den anderen Häusern, flink über das niedrige Mäuerchen klettert und vorsichtig an die hölzerne Tür des Hauses klopft: »Tashi Delek! Die Götter sollen mit euch sein!«

Nichts rührt sich im Inneren des Hauses.

Noch einmal klopft Nima: »Ich brauche einen Unterschlupf für mich und meine Kinder!«

Daß jemand zu Hause sein muß, kann Nima an den Tieren hören, die im Erdgeschoß des Hauses, das als Stall dient, unruhig an den Brettern schaben.

»Ich habe auch etwas Geld für euch!«

Keine Reaktion. Die Leute haben Angst. Plötzlich steht Chime neben ihm. Suja hat sie geschickt. Nima nickt ihr zu, sie soll es ruhig versuchen. Chime muß nicht lange überlegen: »Meiner kleinen Schwester ist kalt!« ruft sie. »Sie kann nicht mehr weiter!«

Ein unterdrücktes Gemurmel und Flüstern ist zu hören: Hier diskutieren Frau und Mann.

»Meine Schwester heißt Dolker. Sie ist erst sechs! Kutchi, kutchi! – Bitte, bitte!«

Schlurfenden Schrittes steigt jemand eine Holztreppe herab. Mit lautem Knarren öffnet sich die niedrige Tür des Hauses. Es ist ein älterer Mann, der Nima und das kleine Mädchen an seiner Seite mißtrauisch mustert. Nein, Räuber sind das nicht. Aber wo ist das zweite Kind?

»Wir sind auf dem Weg nach Indien zum Dalai Lama. Die anderen warten alle da hinten«, sagt Nima.

»Wie viele?«

»Dreizehn. Schick uns nicht fort, Paala. Es sind vier kleine Kinder dabei.«

Nun streckt auch ein altes Weiblein neugierig den Kopf zur Tür heraus: »Vier Kinder? Wo?«

Kurze Zeit später zwängen sich die Flüchtlinge mit ihren dicken Rucksäcken an einem Dutzend Schafe und zwei Yaks vorbei, um schließlich über eine enge Treppe in das knarrende Obergeschoß der Hütte zu gelangen. Die alten Leute sind nicht reich. Es gibt nur einen Raum, in dem sie essen, schlafen und kochen. Mit Yakdung schürt die alte Amala ihren klapprigen Herd, in dem ein kleines Feuer brennt. Auf dem einfachen Bretterboden sollen es sich die Kinder und Männer gemütlich machen. Nima schickt Yeti und den Studenten zum Fluß, um Wasser für alle zu holen. Noch ist es dunkel. Aus einem riesigen Leinensack füllt der alte Mann Kartoffeln in einen Kochtopf.

»Wir werden für alles bezahlen, Paala«, sagt Nima.

»Hauptsache, es hat euch niemand kommen gesehen«, brummt der Alte.

Als draußen der Morgen graut, liegen die Flüchtlinge zu je drei Mann in ihren Decken und schlafen mit vollen, warmen Bäuchen. Durch die Ritzen der Wände pfeift der Wind, der sie in dieses Haus getrieben hat. Nur Nima liegt noch wach. Bedrohlich klopft der Schmerz an seine Lenden. Hier in der behaglichen Wärme taut er langsam wieder auf. Gerne würde er sich auf den Rücken drehen, doch dann reicht der Platz nicht mehr für ihn und die beiden Kinder. In der Mulde seines Körpers liegt Little Pema. An sie geschmiegt schläft Dhondup. Sein Atem rasselt durch die verstopfte Nase. Von der Wand lacht der junge Dalai Lama auf sie herab. Offensichtlich bekommen die Leute hier selten Besuch von der chinesischen Polizei. Das Schwarzweißfoto ist längst vergilbt, und das Glas des alten Bilderrahmens hat einen dicken Sprung. Doch Seine Heiligkeit strahlt immer noch mit jugendlicher Frische in die ärmliche Hütte hinein.

Schade, daß diese alten Leute ihren Gottkönig in diesem Leben wohl kaum mehr wiedersehen werden, denkt Nima und schläft schließlich ein.

In seinem Traum bringt er eine Glücksschärpe aus vergilbter Seide nach Dharamsala zum Dalai Lama – mit Grüßen aus der Heimat von einem alten Paala und seiner kleinen Amala. Und als er die Khata mit einer ehrfurchtsvollen Verbeugung überreicht, wird Seine Heiligkeit allmählich wieder jung – nur das linke Glas seiner eckigen Brille hat einen Sprung.

»Es ist schon wieder passiert«, flüstert Little Pema. Doch Nima schläft.

»Es ist schon wieder passiert«, flüstert Little Pema etwas lauter.

Benommen sucht Nima einen Weg aus den Träumen: »Was ist passiert?«

»Das, was immer passiert, wenn ich schlecht träume«, sagt Little Pema.

Da spürt Nima, daß es feucht in ihren Decken ist. Warm und feucht. Jetzt weiß er, warum der eisige Wind sie in diese Hütte getrieben hat. – Unvorstellbar, wenn dieses Mißgeschick irgendwo im Freien passiert wäre.

Danke, mein Freund, sagt er zum Wind und erhebt sich seufzend aus dem Lager.

Wenig später hängen Little Pemas Hosen über dem Herd, auch die feuchten Decken und Dhondups Kleider. Davor sitzen die beiden Kinder, halbnackt in die Felle der Gastgeber gehüllt. Little Pema wirkt wie ein zerzaustes Schneehuhn, und Dhondup ist es peinlich, von einem Mädchen angepinkelt worden zu sein. Neugierig lugen Chime und Dolker von ihrem Schlafplatz zu ihnen herüber.

»Wovor hast du Angst?« fragt Nima das Mädchen. »Vor den Chinesen? Oder vor der Nacht?«

Little Pema preßt schweigend die Lippen aufeinander.

»Fürchtest du dich schon vor dem Schnee oder ist es einer von uns, der dir zusetzt?«

Die Kleine wiegt sich hin und her und starrt ins Leere. Nimas Fragen scheint sie nicht zu hören.

»Passiert dir das öfter?« drängt Suja. »Hey, wir müssen das wissen! Das kann sehr gefährlich werden mit nassen Hosen da oben! Wir müssen uns was einfallen lassen, damit es nicht noch mal geschieht, verstehst du?«

Endlich nickt Little Pema mit dem Kopf. Es ist eine kleine, vorsichtige Bewegung, kaum wahrnehmbar, als wolle sie sagen: ›Little Pema ist noch da!‹

»Wir könnten ihr zum Schlafen Sujas Glückskappe geben«, flüstert Dolker schüchtern in die Runde, »dann hat Pema bestimmt keine schlechten Träume mehr.«

»Gute Idee!« ruft Suja und wirft der kleinen Mamsell einen dankbaren Blick zu. »Meine Glückskappe ist wirklich etwas Besonderes: Sobald man sie trägt, kann einem nichts mehr passieren! Sie gehörte einst einem mongolischen Krieger. Er war sehr mutig, kämpfte immer auf der Seite der Guten und galt als unverwundbar! Denn weder Pfeil noch Kugel konnten ihn treffen. Sie sausten – wusch – haarscharf an ihm vorbei, sobald er die Glückskappe aufgesetzt hatte.«

»Und woran ist der Krieger dann gestorben? An Schnupfen? Oder der Krätze?« fragt lachend der alte Paala, der die gesponnene Wolle seiner Frau zu Knäueln wickelt.

»Ein einziges Mal vergaß der mutige Mongole, seine Glückskappe aufzusetzen. Er hatte sich in eine indische

Prinzessin verliebt und war offenbar nicht ganz bei der Sache. Peng! Da wurde er von einer erfrorenen Maus erschlagen, die ein Adler aus seinen Klauen fallen ließ, als er durch die eisigen Höhen kreiste.«

Suja setzt Little Pema die ›mongolische Glückskappe‹ auf, und die Flüchtlinge applaudieren ganz leise, damit niemand im Dorf es hören kann.

»Laßt uns noch ein paar Stunden schlafen«, sagt Nima, während das alte Mütterchen ihren Gästen noch schnell frischen Tee einschenkt. Little Pema bekommt nur eine halbe Tasse.

Es ist die dritte Nacht ihrer Flucht, und Lobsang ist wütend auf Currasco und Tempa. Die beiden jungen Männer denken nicht daran, ihn abzulösen – seit Stunden schleppt er die Last ihrer Decken. Streit deswegen anzufangen wäre zu gefährlich, denn sie haben das enge Tal wieder verlassen und wandern nun auf offener Straße weiter in Richtung Westen. Der Asphalt könnte eine Erholung für die strapazierten Fußsohlen sein, doch Nima treibt die Gruppe im Laufschritt voran. Normalerweise meidet der Guide größere Straßen. Doch sie müssen heute noch auf die andere Seite des Flusses gelangen. Der alte Paala hatte sie vor der schmalen Hängebrücke hinter seinem Dorf gewarnt: Der Winter war sehr streng, zu viele Bretter sind nun morsch. Sie werden den Fluß über die Autobrücke queren müssen. Dem Stand des Mondes nach müßte es jetzt drei Uhr morgens sein. Unwahrscheinlich, daß um diese Zeit Fahrzeuge über die Landstraße rollen. Trotzdem wissen die Flüchtlinge Bescheid: Sobald in der Ferne Scheinwerfer aufleuchten, wird Nima »nach rechts« oder »nach links« rufen. Und dann werden sie alle gemeinsam so schnell wie möglich abseits der Straße Deckung suchen.

Nimas Tempo macht Lobsang zu schaffen. Am liebsten würde er sich an das Ende der Gruppe fallen lassen, doch Suja läßt seit dem Verschwinden von Dhondups Bruder und dem Lhasa-Boy niemanden mehr aus seinem Blickfeld. Also muß der junge Mönch seinen ganzen Mut zusammennehmen, um die rücksichtslosen Kameraden auf seine Notlage aufmerksam zu machen: »Currasco, Tempa, kann einer von euch die Decken übernehmen? Ich bin bald am Ende meiner Kraft!«

»Wir haben jetzt keine Zeit zum Umpacken, merkst du nicht, daß der Guide unter Druck steht?« zischt Currasco unwirsch zurück.

Obwohl ein Buddhist Mitgefühl für seine Widersacher empfinden sollte, flucht Lobsang innerlich auf diese ›Dreckskerle‹: Gleich knalle ich die schweren Decken in den Straßengraben, und dann können sie sich da oben den Po abfrieren! Daß sein Hinterteil dann auch gefährdet wäre, ist eine schicksalhafte Verstrickung, über die es sich schon wieder zu meditieren lohnt. Ist es sein Karma, unter der Last dreier Decken zusammenzubrechen? Wird er die Flucht nach Indien aufgeben und ins Kloster zurückkehren müssen? Vermutlich stellt dort die Polizei gerade alles auf den Kopf, um ihn aufzuspüren! Ist es sein Karma, als politischer Häftling zu enden? Den Mut, vor den Funktionären zu seinen inneren Werten zu stehen, hatte er aufgebracht. Warum fehlt ihm jetzt die Courage, für sein Recht zu kämpfen?

Er war immer ein guter Junge. In seinem Heimatdorf nannte man ihn ›Lobsang, den Braven‹. Es war ihm wichtig, daß die Eltern zufrieden mit ihm waren. Und als seine Mutter sagte: »Du gehst ins Kloster«, hat er nicht darum gebettelt, zu Hause bleiben zu dürfen. Er hat sich sogar gefreut, weil ein Mönch nicht von den Mühen des alltäglichen Lebens aufgerieben wird und seine Zeit darauf verwenden darf, der Menschheit mit seinen Gebeten zu helfen. Die anderen jungen Mönche weinten in den Armen der alten Lamas, wenn sie Heimweh hatten. Lobsang kletterte auf einen der hohen Berge, die das Kloster wie ein Schutzwall umsäumten. Von dort aus konnte er das Haus seiner Eltern sehen. Manchmal sogar ihre Gestalten! Wenn Paala auf seinem Fahrrad das Haus verließ, oder Amas Chuba, die zwischen der frisch gewaschenen Wäsche im warmen Wind des Sommers flatterte. Dann weinte auch er.

Seine Ama hatte zwei Chubas. Eine braune, eine grüne und für die Festtage eine Bluse aus rosa Seide. Sie legte großen Wert auf Sauberkeit und achtete immer darauf, daß ihre Kinder keinen Schmutz unter den Fingernägeln hatten. Und sein Paala, der Förster ihres kleinen Ortes, bepflanzte die Straßenränder mit Sträuchern und Bäumen. Denn das sieht freundlich aus und spendet Schatten im Sommer …

»Alle nach rechts!« ruft der Guide, als sie schon fast die Autobrücke erreicht haben. Nima zieht die Gruppe mit sich über eine steile Böschung hinab unter die Brücke. Nur Lobsang – so plötzlich aus seinen Erinnerungen gerissen – rennt kopflos nach links. Zu spät bemerkt er den steilen Abgrund. Er versucht zu bremsen, verliert das Gleichgewicht, stolpert und fällt und fällt, er dreht sich in der Luft und fällt. Rücklings landet er auf den fest geschnürten Decken. Starr vor Schreck liegt er auf dem steinernen Boden, wie ein benommener Käfer. Er bekommt keine Luft mehr. Vier Meter über ihm rauscht eine Kolonne von Militärlastwagen über die Brücke. Eins, zwei, drei, vier, fünf. Es ist beruhigend, ihre Lichter zu zählen. Sechs, sieben, acht, neun. Langsam strömt wieder der Atem in seinen Körper zurück. Zehn, elf, zwölf. Jetzt sind sie weg – wie ein Spuk, und Lobsang denkt: Ich lebe. Neben ihm fließt der breite Fluß ruhig in den großen

Schatten der Brücke hinein. Lobsang schließt die Augen, möchte einfach nur schlafen. Da hört er die Stimmen der anderen. Sie suchen nach ihm.

»Hier unten am Fluß!« ruft er schwach.

»Alles in Ordnung?« flüstert Nima besorgt, als sie ihn gefunden haben.

»Ich bin den Hang hinuntergestürzt.«

Vorsichtig helfen ihm Suja und der Student hoch, während die anderen staunend die hohe Steilwand hinaufblicken.

»Das kann nur einer überleben, der als Kind vom Himmel gefallen ist«, murmelt Yeti mit Ehrfurcht.

»Meinst du, wir können weitergehen?« fragt Suja.

»Ja«, sagt Lobsang und läßt sich von den Männern wieder in die Gurte seines Rucksacks helfen. Als sie über die Brücke gehen, dankt er den Göttern, daß sie ihm Currasco und Tempa als Reisegefährten mit auf den Weg geschickt haben. Ihr Egoismus hat ihm das Leben gerettet.

»Am Anfang der Flucht waren wir nicht besonders nett zueinander. Aber dann fragte uns Little Pema, ob wir was von ihren Früchten haben wollen. Und so wurden wir Freunde. Und wenn ich Mama und Papa vermisse, habe ich jemanden zum Weinen. Die anderen weinen auch, wenn sie Papa und Mama vermissen – in der Nacht.« DHONDUP

Es gibt nur wenige Felsen in dieser Hochebene, hinter denen man sich vor dem Tag verstecken kann. Es wäre zu gefährlich, ein großes Feuer zu machen. Deshalb fordert Nima die Flüchtlinge auf, ihre Mahlzeiten in Dreiergruppen zu kochen. Noch wachsen hier niedrige Sträucher, deren trockenes Holz auch in der Höhe gut brennt. Bevor die Sonne aufgeht, sollen sie soviel wie möglich davon sammeln. Sie werden es mit in die Berge nehmen, wo es außer getrockneten Yakfladen bald gar keinen Brennstoff mehr geben wird.

Chime nimmt Dolker an der Hand: »Komm, wir helfen den Großen, dann wird uns nicht kalt!« Dhondup kommt mit, auch wenn er furchtbar müde ist. Aber er bewundert Chime und will vor dem älteren Mädchen nicht wie ein Schwächling dastehen. Nur Little Pema bleibt regungslos auf dem gefrorenen Boden sitzen und läßt zu, daß ihr die Kälte weh tut.

»Hast du ihre Zahnlücken gesehen? Sie sieht aus wie eine alte Oma!« lästert Dhondup und wirft eine Handvoll kleiner Stecken in Chimes Beutel.

»Ich schätze, du hast vor einem halben Jahr genauso ausgesehen«, weist Chime ihn zurecht.

»Ich bin schon fast acht!« ruft Dhondup gekränkt.

»Pscht!« schimpft Nima die Kinder. Auch wenn weit und breit keine Menschenseele zu sehen ist, müssen sie leise sein.

Als Suja merkt, daß Little Pema auf der nackten Erde einzuschlafen droht, packt er die Kleine und zieht sie mit sich zu den Sträuchern. »Ich brauche deine Hilfe, sonst schaffe ich das nicht. Paß auf, du hältst den Ast hier fest, ich schneide. O.k.?«

Little Pema staunt, als Suja ein richtiges Khampa-Messer aus seinem Rucksack holt und aus dem türkisbesetzten Futteral eine große, scharfe Klinge zieht.

»So eines hat mein Opa auch!«

»Dann kommst du aus Kham?«

»Ja, ich bin Khampa«, antwortet Little Pema stolz. »Du auch?«

»Nein. Aber ich habe mir dieses Messer in Lhasa gekauft, weil ich dachte, genau dieses Messer werde ich brauchen, wenn ich eine kleine Prinzessin vor den wilden Tieren beschützen muß.«

»Gibt es hier wilde Tiere?« fragt Pema und gibt sich alle Mühe, den Ast, an dem Suja mit dem Messer säbelt, nicht loszulassen.

»Wölfe, Bären und weiter oben den Schneeleoparden. Aber keine Angst, Prinzessin. Sie werden dir nichts tun, denn sie haben Angst vor mir. Ich habe schon viele Bären und Schneeleoparden verspeist.«

»Genauso ein Messer bräuchten wir auch, sonst kriegen wir das Holz nie klein«, flüstert Currasco zu Tempa.

»Unser ›Mädchen‹ steht doch auf gutem Fuß mit diesem Amdo-Typ!« meint Tempa, »soll er doch seinen Hintern rüberbewegen und sich das Messer leihen.«

»O.k., Kleiner«, sagt Currasco zu Lobsang, der ihre Blechnäpfe mit Erde und kleinem Gestein sauberscheuert, »wenn du heute noch eine heiße Tasse Tee zwischen deinen schlanken Fingern halten möchtest, solltest du zu deinem Freund rübergehen und ihm das Messer abschwatzen!«

Sie haben Angst vor ihm, denkt Lobsang, bevor er sich etwas verlegen an Suja wendet: »Tempa und Currasco schicken mich, weil wir – also wir bräuchten auch so ein Messer.«

»Du willst *mein* Messer?« Sujas Stimme pfeift scharf gegen den Wind. Von seiner kühnen Stirn gräbt sich eine mächtige Zornesfalte herab bis zu den kräftigen Brauen. »Dieses Messer ist nur für mich bestimmt – denn ich bin der Beschützer dieser Khampa-Prinzessin!«

Er wirft das Messer in die Luft, so daß es sich zweimal überschlägt, fängt es geschickt am Knauf, läßt es haarscharf an Lobsangs makellosem Gesicht vorbeisausen und stößt die scharfe Klinge schließlich tief in die gefrorene Erde hinein. Little Pema ist begeistert, Lobsang steht starr vor Schreck. Doch als ihm Suja mit einem breitem Lächeln das Messer überreicht, weiß er, daß dieser Amdo-Typ schwer in Ordnung ist. Etwas verrückt vielleicht, aber immerhin: Er hat das traurige Khampa-Mädchen zum Lachen gebracht.

An ihrem kleinen Lagerfeuer ist Little Pema zum ersten Mal gesprächig. Sie packt Amas getrocknete Aprikosen aus dem Proviantbeutel und teilt die Früchte großzügig mit den anderen Kindern. »Die habe ich selber von unseren Bäumen gepflückt.«

Jetzt schämt sich Dhondup, über das kleine Mädchen mit den Zahnlücken gelästert zu haben. Als einziger wagt er nicht zuzugreifen.

»Die ist für dich!« sagt Little Pema und legt ihm die größte Aprikose in den Schoß.

»Wenn du willst, erzähle ich dir vor dem Schlafengehen einen Witz«, meint Dhondup kleinlaut.

Nima verteilt robuste Plastikplanen an die Dreiergruppen. Sie sollen diese über ihre zusammengenähten Decken schlagen. Das Plastik weist Wind und Kälte ab. Außerdem speichert es die Körperwärme.

»Es war einmal ein Mann, der mußte dringend einen großen Haufen machen«, erzählt Dhondup, nachdem er sich zusammen mit Little Pema unter die Decke verkrochen hat, »er mußte so dringend, daß er einfach auf die Straße kackte.«

Little Pema lacht, und Dhondup flüstert weiter: »Der Haufen war wirklich riesengroß, und deshalb legte der Mann schnell seinen Hut darüber, damit niemand den Haufen sehen konnte.«

»Und dann ist er einfach weggegangen?«

»Nein! Der Hut war ein sehr teurer Hut aus Pelz, und der Mann hatte Angst, daß jemand den Hut stiehlt. Er blieb also den ganzen Tag neben dem Hut stehen. Da kam ein chinesischer Polizist und sagte: ›Was macht der Hut hier auf der Straße? Heb ihn sofort auf!‹

Der Bauer sagte: ›Das geht nicht. Unter dem Hut sitzt ein goldener Vogel. Wenn ich den Hut aufhebe, fliegt der Vogel davon.‹

Der Polizist wurde ganz neugierig: ›Ein goldener Vogel? Den will ich haben!‹

Er hatte aber Angst, daß ihm der goldene Vogel entwischt. Deshalb griff er ganz vorsichtig unter den Hut, packte schnell zu und griff voll in die Kacke des Bauern!«

»Uäh!« Little Pema kichert in ihre Glückskappe. Diesen Witz muß sie unbedingt Großvater erzählen!

»Ich werde die erste Wache schieben«, sagt Suja zu Nima. Er richtet einen gemütlichen Sitzplatz an der Felswand ein und zündet sich eine Zigarette an. Nima hockt sich zu ihm.

Suja reicht ihm seine Zigarette, doch der Guide lehnt dankend ab.

»Du kannst gut mit Kindern umgehen«, sagt Nima, »warst du Lehrer?«

»Nein.« Suja bläst den Rauch seiner Zigarette in die aufgehende Sonne. »Ich war Wujing.«

Nima schweigt. Eine ganze Weile. Schließlich greift er nach Sujas Zigarette. Er tut einen tiefen Zug, bläst langsam den Rauch in die Sonne, die noch ein Stückchen weiter aufgegangen ist. »Weck mich in vier Stunden«, sagt er.

Bevor er zu den Kindern unter die Decken schlüpft, dreht er sich noch einmal zu Suja um. »Ich danke dir, daß du mit uns gekommen bist, mein Freund«, sagt er.

Nepal, 9. April 2000

Mit jedem Schritt, den wir uns der tibetischen Grenze nähern, wächst Pemas Euphorie. Der coole Streetboy aus Dharamsala verwandelt sich Höhenmeter für Höhenmeter in den ungestümen Amdo-Boy zurück, der Tibet vor sieben Jahren verlassen hat. So wie das Fohlen zu seiner Mutter gehört, ist sein Platz in Tibet, denke ich still. Die Abgase und der Lärm Kathmandus, das subtropische Klima Südindiens, die Enge Dharamsalas – das alles ist nicht geschaffen für einen Menschen, der in die unendliche Weite des tibetischen Hochlandes hineingeboren wurde und seine Kindheit unter einem Himmel verbrachte, der zum Greifen nahe war.

Meine Oma hatte vor langer Zeit zu Ostern eine Rose von Jericho geschenkt bekommen. Sie sah aus wie ein kleiner, unansehnlicher Knäuel aus Flechten und Wurzelwerk. Doch als meine Oma sie in ein Wasserbad legte, wurde sie grün und verwandelte sich in eine wunderschöne Pflanze. Pema ist wie die Rose von Jericho. Er braucht die klare Höhenluft, die schneebedeckten Berge, das weite Grasland und einen Horizont, der am Ende der Welt zu liegen scheint. Er braucht ein freies Tibet, so wie die Rose das Wasser. Er ist viel zu wild, zu kraftvoll, zu archaisch für das Exil. Wie eine Gemse läuft er über die steinigen Wege hinweg, als ob er den Geruch seiner Heimat schon schnuppern könnte. Wenn man ein Yak in die Enge eines subtropischen Tales treiben würde, ginge es elend zugrunde.

Hundertdreißigtausend Tibeter leben mittlerweile im Exil. Viele von ihnen verdursten seelisch an der Sehnsucht nach ihrer Heimat und den Familien, die sie zurückgelassen haben. Was für ein Luxus, einen Ausweis zu haben, der einen berechtigt, in jedes Land dieser Erde zu reisen!

Wir pokern mit dem Glück und wandern bei Tageslicht. So weit hinter dem nepalesischen Militärcheckpoint ist es unwahrscheinlich, Soldaten zu begegnen. Der Weg ist nur leicht ansteigend, die Landschaft weitläufig, die Stimmung heiter. Sotsi kennt eine Sherpa-Familie, die fernab der Siedlungen auf viertausendfünfhundert Metern Höhe Chang und Schnaps an verfrorene Grenzgänger verkauft. Meist sind es Drogpa, die in der letzten menschlichen Behausung vor der Schneegrenze einkehren und oft den mageren Gewinn, den sie in Nepal mit ihrem Ramsch erzielten, wieder versaufen.

Ich freue mich jedenfalls auf eine heiße Nudelsuppe und frage Sotsi nun schon zum wiederholten Male: »Wie weit ist es noch bis zum Chang?«

»Hinter der nächsten Bergkuppe«, deutet er mir. Wir haben aber seit heute morgen schon mindestens ein Dutzend Bergkuppen erledigt, und hinter jeder sollte uns die gemütliche Hütte des Sherpa erwarten.

Am Rande unseres Weges türmen sich plötzlich Mani-Steine zu einer langgezogenen Mauer. Ein Mani-Stein ist ein Stein oder ein Felsbrocken, in den ein Mantra hineingemeißelt ist. Oft sind die Buchstaben mit bunter Farbe ausgemalt. Mendongs – ganze Mauern aus Mani-Steinen kündigen meist heilige Stätten, Klöster oder Dörfer an. Yakfladen auf dem Pfad oder Mani-Steine am Rande des Weges, und es dauert nicht mehr lange, bis der einsame Wanderer endlich wieder einer menschlichen Seele begegnet.

Die Hütte des Sherpa ist verriegelt. Auf der kleinen Grasfläche davor döst auch kein einziges Yak in der Abendsonne. Was für eine Enttäuschung!

»Sie sind wahrscheinlich weiter oben in ihrem Sommerrevier«, meint Sotsi. Genau weiß er allerdings nicht, wo es liegt.

»Weiter upstairs«, schlage ich vor.

Etwa eine halbe Stunde später begegnen wir einem Mädchen, das seine Yaks zusammentreibt. Es ist die kleine Tochter des Sherpa. Als Kelsang sie anspricht, versteckt sie ihr Gesicht verschämt hinter dem schmutzigen Kragen ihrer Jacke, deutet in die Richtung ihres Heimes und läuft schnell mit den Tieren davon. Schließlich finden wir das schmucke Steinhäuschen gerade noch rechtzeitig vor der Abenddämmerung. Gemütlich schmiegt es sich in eine sanfte Mulde. In unmittelbarer Nähe rauscht ein Fluß, der sich aus einem engen Tal herunterschlängelt. »Das ist ein perfekter Platz für unser Basislager – versteckt, windgeschützt und jede Menge Wasser«, sage ich.

Pema deutet auf ein weißes Zelt hinter dem Häuschen: »Und die Drogpa mit unserem Gepäck haben es offenbar auch gefunden.«

»Woran erkennst du, daß es unsere Leute sind?«

»Am Schmuck, den ihre Yaks an den Hörnern tragen.«

Während Sotsi den Drogpa Bescheid sagt, erklimmen Pema, Kelsang und ich über eine knarrende Holztreppe das obere Stockwerk der Hütte. Im Erdgeschoß befinden sich Speicher und Stall der Familie. Als wir eintreten, kann ich zunächst kaum etwas sehen. Es gibt nur eine Lichtquelle: In der Mitte des Raumes befindet sich ein offener, runder Ofen, vor dem eine übelgelaunte Sherpa-Frau hockt. Sie hebt kaum den Kopf, als wir eintreten, und schmeißt mürrisch zwei getrocknete Yakfladen ins Feuer. Doch ihr Mann holt sofort einen Krug mit Chang aus dem Regal – und eine große Flasche Schnaps.

»Meine Frau hat Zahnschmerzen«, sagt er und verweist uns auf den besten Platz am Ofen. Erst jetzt bemerke ich, daß die linke Backe der Frau dick angeschwollen ist. Das ist ein Fall für unseren Medizinbeutel, auch wenn der eitrige Zahn auf lange Sicht gezogen werden muß.

»Die mußt du mit Wasser schlucken«, erkläre ich der Frau mit meinem knappen Tibetisch und jeder Menge Gebärden. Da die Sherpa mit den Tibetern ethnologisch verwandt sind, ist auch ihre Sprache sehr ähnlich. »Heute eine Tablette und morgen früh eine. Und dann mußt du zum Amchi gehen – Zahn raus!«

Die Frau schluckt meine Schmerztablette. Und während sie in einem steinernen Mörser Chili stampft, glätten sich nach und nach die schmerzverzerrten Züge in ihrem wettergegerbten Gesicht.

»Ich möchte euch etwas erzählen«, sage ich zu Pema und Sotsi, nachdem wir es uns in unserem tarngrünen ›Iglu‹ gemütlich gemacht haben. Aus dem Zelt der Drogpa dringt das Gegröle der betrunkenen Männer bis zu uns herüber. Sie singen, lachen, amüsieren sich. Morgen geht es für sie weiter – in eine gnadenlose Welt aus Eis und Schnee. Morgen früh werde auch ich wieder aufbrechen, um Richy und Jörg entgegenzugehen. Pema und Sotsi bleiben hier oben, um unser Gepäck und das Equipment zu hüten. Sherpa Kelsang ist bereits nach unserem Abendessen in der Sherpa-Hütte wieder aufgebrochen. Er wohnt in der Nähe des Flugplatzes, auf dem ›meine‹ beiden Männer in zwei Tagen landen werden. Er soll sie abholen und seiner Familie Bescheid sagen, daß er für längere Zeit in den Bergen bleiben wird. Ich möchte diese eine Nacht noch hier verbringen, um meinen

Körper an die Höhe zu gewöhnen. Und ich muß noch etwas loswerden – auch wenn Pema und Sotsi angeheitert sind.

»Ich hätte es euch eigentlich schon längst erzählen sollen«, sage ich zu Pema und bitte ihn, meine Worte für Sotsi zu übersetzen.

»Das hier ist nicht das erste Mal, daß ich versuche, diesen Film zu machen.«

»Ich habe mir schon so was gedacht, du kennst dich zu gut aus in dieser Gegend.«

»Ja, ich war hier schon mal. Genau auf diesem Paß. Aber erst, nachdem in Tibet alles schiefgegangen war.«

»Du warst in Tibet?«

»Vor zwei Monaten. Anfang Februar. Ich wollte den ganzen Weg einer Flüchtlingsgruppe begleiten. Von Anfang an. Ich dachte, ohne den Aufstieg kann ich den Leuten in Deutschland nicht klarmachen, was sich da oben im Himalaya abspielt. Verstehst du?«

»Sure.«

»Aber dann bin ich verhaftet worden.«

»Du bist in Tibet verhaftet worden?!« Pema fährt aus seinem Schlafsack hoch. Mit einem Mal ist er wieder hellwach.

»Es war nicht schlimm, Pema. Wirklich nicht. Sie wußten nicht genau, was sie mit mir anfangen sollen. Sie hatten mich in einer Sperrzone erwischt, und da war das ganze Kamera-Equipment in meinem Gepäck ...«

»Und die Flüchtlinge? Wo waren die?«

»Die waren schon weiter – in den Bergen. Aber besser, ich erzähle alles von Anfang an ...«

Die Geschichte, die ich Pema erzähle, beunruhigt mich immer noch. Auch, weil sie Schritt für Schritt vorhergesehen worden war – von einem tibetischen Orakel. Bevor ein Tibeter eine gefährliche Reise antritt, holt er sich gerne göttlichen Rat für den richtigen Zeitpunkt des Aufbruchs ein. Ist er arm, sucht er einen hellsichtigen Lama auf oder eine weltliche Person, der die Fähigkeit nachgesagt wird, in die Zukunft sehen zu können. Ist er etwas wohlhabender, konsultiert er ein Orakel. Ein Orakel ist ein menschliches Medium, durch das sich eine Gottheit mitteilen kann.

Als der Dalai Lama 1959 von Tibet nach Indien floh, hatte auch er ein Orakel nach dem günstigsten Datum befragt. Das Orakel riet ihm zum siebzehnten März. Zu diesem Zeitpunkt befand sich der damals fünfundzwanzigjährige Gottkönig in seinem Sommerpalast. Und der war umstellt von chinesischen Soldaten. Also würde der Fluchtweg direkt durch das Armeecamp der Besatzer führen. Es schien schier unmöglich, da unentdeckt hindurchzuschlüpfen. Doch als der Dalai Lama den Palast verließ, hob ein gewaltiger Sandsturm an, so daß man kaum noch seine Hand vor Augen sehen konnte. Es war der Sandsturm, der die Flucht des Dalai Lama ermöglichte.

Das Orakel, das ich vor meiner Abreise nach Tibet in Dharamsala befragte, war eine ältere Frau, die sich mit Hilfe ritueller Praktiken in einen tranceartigen Zustand versetzte, um der Orakelgöttin Zugang zu ihrem Körper zu verschaffen.

»Große Projekte brauchen Geduld«, sagte die Alte und riet mir dringend, das Jahr 2000 abzuwarten, um meinen Film zu machen. Im Winter 1999 würden sich mir unüberwindbare Hindernisse in den Weg stellen. Sie prophezeite mir Probleme mit der Kamera und schließlich mit der chinesischen Polizei.

Ich befolgte den Rat des Orakels nicht. Ich fürchtete mich davor, einer Fernsehanstalt wie dem ZDF von dieser Prophezeiung zu erzählen. Ich hatte Angst, als Eso-Freak abgestempelt zu werden und mein Projekt zu verlieren. Ich war ein Anfänger, ein Nobody. Ich konnte nicht erwarten, daß wegen eines tibetischen Orakelspruchs die Budgets umgeschichtet und der Sendeplatz verschoben wird. Außerdem war mein Kameramann bereits auf dem Weg nach Indien. Zusammen reisten wir nach Lhasa, wo wir planmäßig Anfang Februar mit einer Flüchtlingsgruppe in Richtung Westen starten sollten. Zwei Tage vor dem geplanten Aufbruch ging plötzlich unsere Kamera kaputt. Erst dachten wir, es läge an der Kälte, doch mein Kameramann hatte sie mehrmals in deutschen Kühlhäusern getestet.

Vielleicht war es ja der Strom, der sich in weiten Teilen Tiets wie ein treuloser Liebhaber verhält: Er kommt und geht und kommt und geht, wann immer er will. Kann sein, daß unser empfindliches Gerät diese Wankelmütigkeit nicht überlebt hat, als es zum Laden am Stromnetz hing. Die Filmfirma schickte eine neue Kamera nach Peking, die mein Kameramann sofort abholen sollte. Ich wartete in Lhasa, während die Flüchtlingsgruppe in Richtung der Berge aufbrach – zu Fuß. Ich nutzte die Zeit, um meinen schlimmen Husten mit Atemübungen und heißem Wasser in den Griff zu bekommen. Ich hatte kein Geld mehr für Medikamente und Tees.

Als mein Kameramann mit der neuen Kamera nach Lhasa zurückkam, war er nicht nur aus der Akklimatisierung raus, sondern hatte auch noch einen chinesischen Aufpasser an seiner Seite. Sein ungewöhnlicher Abstecher nach Peking war den Behörden offenbar aufgefallen. In einer Nacht-und-Nebel-Aktion übernahm ich das ganze Film-Equipment, um den Aufstieg alleine zu filmen. So schnell wie möglich verließ mein Kameramann Tibet. Er wollte mir von der nepalesischen Seite des Himalaya her entgegenkommen.

Doch ich erreichte meine Flüchtlingsgruppe nie. Auf dem Weg in die Berge geriet ich in eine Polizeipatrouille. Als Touristin befand ich mich bereits auf verbotenem Boden. Man nahm mich mit auf die nächste Polizeistation, und mein Equipment warf viele Fragen auf.

»Wie lange haben sie dich festgehalten?« fragt Pema.

»Zwei Tage.«

»Und was hast du denen erzählt?«

»Alles mögliche. Ich bin gelernte Schauspielerin, und der Polizeiboß war zum Glück betrunken.«

»Und dann?«

»Haben sie mich zur Grenze gebracht – und tschüs. Zurück in Kathmandu, ruhte ich mich ein paar Tage aus. Meine Filmfirma wollte mich so schnell wie möglich wieder in Deutschland haben, doch ich konnte nicht. Ein Jahr lang hatte ich mich auf einen sechstausend Meter hohen Paß vorbereitet, bei jedem Waldlauf bin ich ihn geistig Schritt für Schritt hochgegangen. Mir war nach einem Berg zumute und nicht nach der Kölner Bucht. Außerdem trieb mich die Hoffnung, doch noch meiner Flüchtlingsgruppe zu begegnen, zurück in den Himalaya.

Von der nepalesischen Seite aus begann ich mit dem Aufstieg. Alleine.

Nach drei Tagen traf ich drei Drogpa-Männer, die auf dem Weg zurück nach Tibet waren, und schloß mich ihnen an. Gemeinsam stiegen wir genau auf diesen Paß. Die drei Drogpa waren Brüder. Sie wollten mich heiraten, alle drei, und es wäre absolut kein Problem für sie gewesen. Sie waren nett, und der jüngste von ihnen sah richtig gut aus ...«

Der Gletscherfluß

Wenn die Mutter ihre Töchter weckte, brachte sie immer eine Schale mit warmem Tee an ihr Bett: »Aufwachen, der neue Morgen wartet schon auf euch!«

Ama machte es ihnen so leicht, in die Kälte eines finsteren Morgens zu schlüpfen. Es war, als freute sich der Tag auf alle seine Kinder.

»Aufwachen!« flüstert Chime zu Dolker. »Wir müssen weiter. Die Nacht wartet schon auf uns.«

Dolker vergräbt ihren Kopf in den Decken. Sie möchte lieber liegenbleiben und warten, ob Ama vielleicht doch noch mit einer Schale Tee kommt.

Dhondup rüttelt Little Pema, die auch nicht richtig wach werden will: »Deine mongolische Glückskappe ist toll! Siehst du, es ist nichts passiert, alles ganz trocken!«

Er hat beschlossen, nun selbst ein ›großer Bruder‹ zu sein. Er hilft Little Pema aus dem Schlafsack und schnürt ihr sogar die Schuhe zu. Ganz fest, damit sie nicht wieder über ihre offenen Schuhriemen stolpert, wie gestern. Sie merkt es einfach nicht, wenn ihre Jacke offensteht oder der verrutschte Schal am Boden schleift. Nach jeder Rast läßt sie die Fäustlinge liegen. Und manchmal vergißt sie sogar, nach dem Pipimachen ihre Hose richtig zuzumachen!

»Könntet ihr heute nacht die Decken übernehmen? Mir tut der Rücken weh von meinem Sturz«, bittet Lobsang seine Kameraden Currasco und Tempa.

»Laß es uns so machen: Du trägst die Decken auf dem ersten Teil der Strecke, und wir lösen dich dann ab.« Schon hat Currasco die Decken auf Lobsangs Rucksack geschnürt, und Tempa hilft ihm bereitwillig, das schwere Bündel zu schultern. Hilfesuchend schaut sich Lobsang nach Suja um. Doch der ist damit beschäftigt, Dolker einen warmen Schal vor Mund und Nase zu binden. Nima murmelt etwas abseits ein Gebet, damit die Götter sie heute nacht beschützen. Sparsam streut er eine Prise Tsampa in alle vier Himmelsrichtungen. Yeti, Goldzahn und der Student sind damit beschäftigt, die Spuren ihres Lagerfeuers zu beseitigen.

Im guten Licht des Mondes, dem heute schon ein Scheibchen fehlt, führt der Guide seine Gruppe aus der Hochebene hinaus in die Berge. Noch bewegen sie sich durch die Ausläufer des Himalaya, doch der Weg wird steiler und immer enger. Jetzt spüren die Flüchtlinge, daß die Luft zum Atmen langsam dünner wird. Vor allem Lobsang unter seiner schweren Last. Currasco und Tempa haben sich an die Spitze der Gruppe gedrängt. Wahrscheinlich mit Absicht. Denn nun ist es ihm kaum mehr möglich, sich mit dem riesigen Rucksack an den anderen Flüchtlingen vorbeizuzwängen, um diesen beiden Halunken die schweren Decken vor die Füße zu werfen. Der junge Mönch ist auch zu schüchtern, um laut nach ihnen zu rufen. Es bleiben ihm also nur zwei Möglichkeiten: Entweder er schleppt sich mit letzter Kraft weiter, oder er stürzt sich aus Verzweiflung in die Tiefe. Die Option, einfach umzukehren, wie es Dhondups Bruder und dieser freche Lhasa-Boy getan haben, hat er nicht. Auf Lobsang wartet weder ein hübsches Mädchen in Lhasa noch eine sichere Ausbildung zum Amchi. Auf Lobsang wartet die Zelle. Aber nicht die seines Klosters, sondern die eines Gefängnisses.

Seine Mutter wollte nicht, daß er nach Indien geht. Bei seinem ersten Versuch zu fliehen, hat sie den großen Bruder hinterhergeschickt, um ihn nach Hause zu holen. »Es ist besser, sich mit den Chinesen zu arrangieren, als im Schnee zu sterben!« sagte sie und schalt den ›braven Lobsang‹ wegen seiner Unvernunft. Doch sie wußte, daß sie den Jungen nicht an ihr Haus festbinden konnte, und steckte einen großen Geldschein zwischen ihre Opferschalen.

Von dem Geld kaufte sich Lobsang einen warmen Anorak, nachdem er auf Zehenspitzen sein Elternhaus verlassen hatte, um sich noch einmal auf den Weg zu machen …

»Mit elf Jahren wurde ich Mönch. Damals lebten dreihundert Mönche in meinem Kloster. Doch seit dem Terror der chinesischen Delegationen sind siebzehn Mönche verhaftet worden und mehr als fünfzig nach Indien geflohen. Viele, die blieben, haben sich mit den Chinesen arrangiert, manche kooperieren sogar mit ihnen. Das Schlimmste ist, daß in der Gemeinschaft kein Vertrauen mehr herrscht. Mit niemandem kann man offen reden. Jeder könnte ein Verräter sein.

Manchmal bekamen wir Post aus Indien. Die Mönche, denen die Flucht zum Dalai Lama gelungen war, forderten uns in ihren Briefen auf, ihnen zu folgen. Ich traute mich nicht einmal, mit meinem Lehrer darüber zu sprechen. Aber ich wußte Bescheid, und langsam festigte sich mein Entschluß, nach Indien zu gehen.

Eines Tages kamen zwanzig chinesische Polizisten in unser Kloster. Sie durchsuchten jede einzelne Zelle. Bei einigen fanden sie Bilder des Dalai Lama. Auch bei mir. Aber ich war noch zu jung für ihre Schlagstöcke. Sie schlugen nur die erwachsenen Mönche.

Dann mußten sich alle Mönche im großen Hof des Klosters auf den kalten Boden setzen. Vier Funktionäre teilten Prüfungs-

papiere und Stifte aus. Es waren jene Tests, bei denen man die Antworten ankreuzen muß:

Was für einen Einfluß übt der Dalai Lama auf das tibetische Volk aus?

– *einen sehr schlechten*
– *einen schlechten*
– *einen guten*

Sechs von unseren Mönchen weigerten sich, diese Fragen zu beantworten. Sie wurden sofort festgenommen. Ich wußte nicht, was ich tun sollte. Ich hatte Angst vor dem Gefängnis, aber ich wollte auch nicht den Dalai Lama verleugnen. Also gab ich die Fragebögen unter dem Vorwand, weder lesen noch schreiben zu können, zurück. Die Funktionäre durchschauten mich, aber sie konnten nichts tun, denn ich war erst fünfzehn Jahre alt. Erst wenn man sechzehn ist, können sie einen mit ins Gefängnis nehmen. Sie drohten mir, im nächsten Jahr wiederzukommen. Unter diesem Druck konnte ich nicht länger in Tibet bleiben.« LOBSANG

Little Pema ist müde. So müde wie ein kleiner Vogel nach seinem ersten Versuch zu fliegen. So müde wie ein alter Opa, der genug vom Leben gesehen hat. So müde wie ein junges Schäfchen, das bei seiner Mutter kuscheln will. Hier ist es windig, eisig und düster. Wenn sie ihre Augen schließt, sitzt sie vor einem warmen Ofen und malt bunte Sonnen in ihr Schulheft. Sie hört, wie Großvater den Buttertee durch seine großen Zahnlücken schlürft und der kleine Bruder vor dem Haus mit Steinen nach den Vögeln wirft. Wenn sie ihre Augen schließt...

»Pema!!!«

Little Pema zuckt zusammen. Das war Sujas Stimme. »Paß gefälligst auf den Weg auf!«

Links von ihr bietet eine nackte, kalte Felswand Halt. Rechts von ihr lauert ein schwarzer Abgrund auf Beute.

Little Pema reißt sich zusammen und trottet in der Mitte des Weges weiter. Seit der letzten Rast weiß Suja, daß es ihrem Guide nicht gutgeht. Beim Pinkeln hörte er ihn weinen. Und als er wiederkam, zitterten seine Hände. Vor allem den Kleinen muß Suja jetzt seine doppelte Aufmerksamkeit schenken. Die Steigung hat zwar nachgelassen, doch je flacher der Weg, desto größer ist die Gefahr, beim Gehen einzuschlafen.

Als der Pfad nach einiger Zeit eine Biegung macht, marschiert Dhondup einfach geradeaus weiter – und Little Pema ihm blindlings hinterher.

»Dhondup! Halt! Stehenbleiben!« brüllt Suja gerade rechtzeitig, um die Katastrophe zu verhindern. Verwundert drehen sich die kleinen Schlafwandler nach ihm um.

Suja packt die Kinder am Kragen und hält sie direkt über die Abrißkante der tiefen Schlucht. »Soll ich euch sagen, was passiert, wenn ihr da runterfallt? Dann liegt ihr dort unten, in tausend Stücken, wie Kleinholz! Paßt also gefälligst auf und konzentriert euch auf den Weg!«

»Sei nicht so streng zu den Kindern«, versucht Goldzahn den aufgebrachten Suja zu beruhigen.

»Dann kümmere *du* dich darum, daß sie nicht abstürzen! Ich will, daß sie heil nach Indien kommen, und wenn ich sie dahin prügeln muß!«

»Ich werde aufpassen«, verspricht Dhondup schnell. Auch Little Pema nickt ängstlich.

Doch es dauert nicht lange, bis Dhondup wie ein Betrunkener zu torkeln beginnt. Er weicht aus der Spur und nähert sich erneut dem Abgrund. Jetzt wird es Suja wirklich zu blöd. Was ist heute nacht bloß mit den Kindern los? Sachte packt er Dhondup am Ärmel und dreht ihn zu sich herum. Verschlafen öffnet der Kleine die Augen.

Die Kinder brauchen dringend eine Rast, doch Nima ist

dagegen: »Sobald wir uns setzen, wird uns der Wind das Fett von den Knochen ziehen!«

»Dann müssen mir die anderen helfen, die Kinder wach zu halten. Hier kümmert sich jeder nur um seinen eigenen Mist!« schimpft Suja.

»Wir werden dir helfen«, versprechen Yeti und der Student. Doch an ihren erschöpften Stimmen kann Suja schon ahnen, daß er alleine gegen die Übermüdung der Kinder wird kämpfen müssen.

Als sie weitergehen, bleibt Lobsang samt Rucksack auf dem Boden hocken. Er ist moralisch und körperlich am Ende. Tempa und Currasco sind schon wieder hinter der nächsten Biegung verschwunden und haben ihn mit den Decken alleine gelassen. Da Suja aber keinen Nerv mehr hat für Diskussionen, bekommt der junge Mönch zum ersten Mal in seinem Leben einen kräftigen Tritt in den Hintern: »Auf mit dir! Du nimmst deinen Rucksack und hängst dich an mich dran! Los! Ich ziehe dich!«

Vor Sujas Autorität gibt es kein Entrinnen. Gehorsam streckt Lobsang seine Hand aus, um sich hochhelfen zu lassen. Dann darf er seine müden Arme an den Rucksack dieses starken Mannes hängen.

Wie eine kleine Herde Schafe treibt Suja die Kinder vor sich her: »Pema, Dhondup, nicht schlafen … Augen auf … Ein Schritt und noch ein Schritt und noch ein Schritt … Augen auf! … Augen auf, hab' ich gesagt, verflucht noch mal!«

Für die eigene Erschöpfung bleibt keine Zeit.

Vielleicht war ich deswegen vier Jahre bei der Armee, denkt Suja, um fünf tibetische Kinder ins Exil zu bringen.

»Das ist das Gebiet der Gletscherflüsse«, sagt Nima, als sie bei Morgengrauen erneut vor einem großen Fluß stehen. Freilich ist er nicht so breit und tief wie der letzte, aber diesmal gibt es auch keine Brücke. Längst haben sie die Zivilisation hinter sich gelassen. Nima führt seine Leute auf einen Steinhügel, der in eine sanfte Mulde abfällt.

»Hier werdet ihr euer Lager aufschlagen. Suja und ich gehen zurück an den Fluß, um nach einer seichten Stelle Ausschau zu halten.«

Der Fluß zerteilt sich in viele kleine Seitenarme, die über eine weite Ebene hinweg durch das milde Morgenlicht plätschern.

»Ich habe von diesem Fluß gehört«, sagt Suja. »Viele Flüchtlinge sollen darin ertrunken sein.«

»Kannst du schwimmen?« fragt Nima.

»Nein.«

»Ich dachte, bei der Armee lernt man so was?«

»Ich habe gelernt, auf Menschen zu schießen.«

Vorsichtig gehen sie am Ufer entlang. Suja sucht mit seinen Augen die Umgebung nach unwillkommenen Beobachtern ab, während sich Nima auf das Wasser konzentriert.

»Im Winter ist der Fluß gefroren. Im Frühjahr führt er viel Wasser. Das ist auch ein Vorteil. Je tiefer der Fluß, desto unwahrscheinlicher, daß uns dahinter noch Chinesen abpassen werden. Die hängen ihren uniformierten Hintern sicher nicht ins kalte Schmelzwasser.«

»Wenn wir drüben sind, brauchen wir sofort ein Feuer zum Aufwärmen.«

»Nein. Die einzige Chance, die wir haben, ist, wieder in unsere Klamotten zu hüpfen und loszurennen. So lange, bis wir ins Schwitzen kommen.«

Nima wirft einen Stein in die Mitte des Flusses, um abzumessen, wie tief er an dieser Stelle ist.

»Laß uns hinter die nächste Biegung schauen.«

Als sie weitergehen, erhebt sich hinter den Bergen der glühende Ball der Sonne.

»Diese Stelle hier ist nicht übel«, sagt Nima, »es gibt zwar schmalere, aber das Wasser wird uns höchstens bis zur Brust reichen.«

Gemeinsam rollen die Männer einen großen Felsbrocken als Markierung heran, damit sie den Einstieg auch im Dunkeln wiederfinden.

»Hör zu, Suja«, sagt Nima, als sie auf dem Weg zurück zu ihrem Versteck sind. »Seit unserem Aufbruch aus Lhasa habe ich geschwollene Hoden. Ich weiß nicht, wie die Dinger auf das kalte Wasser reagieren werden. Ich wollte es dir nur sagen, damit du weißt, warum ich ... ich werde den Fluß nur einmal überqueren können, am besten mit Chime auf dem Rücken.«

»Alles klar. Dann nehme ich den Fluß mit Dolker und Little Pema und hole mir hinterher noch den kleinen Spaßvogel rüber.«

Als sie zum Lagerplatz kommen, sind bereits alle eingeschlafen. Nur Lobsang hat auf sie gewartet. Er muß mit ihnen reden: Seit vier Nächten schleppt er nun die Decken seiner Kameraden. Er fühlt sich völlig entkräftet und hat Angst vor dem Fluß. Er möchte lieber wieder nach Hause gehen, als mit dem schweren Rucksack im tiefen Wasser zu sterben.

Nima und Suja sind bestürzt, weil sie die Notlage des jungen Mönchs nicht erkannt haben. Sobald es dunkel ist, werden sie sich seine skrupellosen Kameraden vorknöpfen.

Drei Zigaretten hat er noch. Das ist nicht viel für einen langen Tag. Suja hat beschlosen, Nima erst zu wecken, wenn es wieder dunkel ist. Wer krank ist, braucht Ruhe. Er wird heute ganz alleine Wache halten. Von seiner Zeit als Soldat ist Suja gewohnt, auf Schlaf zu verzichten.

Drei Zigaretten, um die Langeweile zu vertreiben und die Einsamkeit in seinem Leben.

Ab morgen hat er gar nichts mehr zum Rauchen.

Er zündet sich die erste Zigarette an, tut einen tiefen Zug und bläst den Rauch in Richtung eines großen Felsens. Seine gekrümmte Form erinnert Suja an den ›Buckligen‹. Unwillkürlich zieht er die Jacke fester zu. Der Bucklige war der Knecht seiner Tante, deren Blick so bitter war wie Galle. Vielleicht auch ihr Liebhaber, denn der Onkel war nur noch ein Schatten mit wirren Gedanken.

»Ihr habt vier Kinder und seid arm«, hatte die Tante zu seiner Mutter gesagt. »Wir haben kein einziges Kind und sind reich.«

Er war erst sieben, als er mit der Tante gehen mußte! Etwas jünger als Dhondup und kaum älter als die kleine Khampa-Prinzessin, die nun in Nimas Armen schlummert.

Zwei Tage dauerte die Reise in sein neues Zuhause. Und drei lange Jahre harrte er dort aus.

Er wurde mieser behandelt als das Vieh, das er täglich auf die Weide treiben mußte. Zu essen bekam er nur das schlechte Fleisch, in dem die Maden steckten, und ohne Nudeln war die Suppe dünn in seiner Schale.

Er war ein Kind und wollte im Sommer nach Käfern jagen, im Herbst mit dem Wind um die Wette laufen und im Winter über das Eis des gefrorenen Flusses rutschen.

Als ihm im Frühjahr zwei verliebte Schafe verlorengingen, rannte er vor den Schlägen des Buckligen davon. Die Schläge des Buckligen fürchtete er mehr, als zu sterben. Er lief zum Fluß, der vom Schmelzwasser angeschwollen war, und sprang hinein. Er konnte nicht schwimmen, und seine nassen Kleider zogen ihn in die Tiefe. Doch der Bucklige war schneller als der Tod. Er fischte ihn aus dem Wasser und riß einen scharfen Ast von den Sträuchern. Dann schlug er ihn so lange, bis die Haut am Rücken und an den Beinen platzte. Als am nächsten Morgen der chinesische Transporter kam, um die frisch gemolkene Milch der Kühe zu holen, war der Fahrer schockiert über die blutigen Striemen und berührt von dem Hunger, der aus Sujas Augen schaute. Von nun an schenkte er Suja immer etwas zu essen und ein paar gute Worte, bevor er die Milch in die Stadt mitnahm. Und da Suja die Sprache der Besatzer verstand, waren die Worte des chinesischen Milchfahrers der erste wirkliche Trost in seinem Leben.

Die erste Zigarette ist zu Ende. Die zweite liegt bereits in seinen Händen. Er betrachtet Dolker, die neben ihrer großen Schwester liegt. Wie hübsch die beiden Mädchen sind! Er hat ihrer Mutter versprochen, sie über den Paß zu bringen. Eine schöne Frau. Etwas zu pummelig für seinen Geschmack, aber warme Augen. Warme, traurige Augen.

Er dreht und wendet die Zigarette. Er schnuppert kurz daran und steckt sie weg. Er holt sie wieder hervor und zündet sie an.

An einem frühen Morgen, als die Tante und der Bucklige noch schliefen, hat er sich schließlich davongemacht. Er rannte und rannte – grob noch die Richtung im Sinn, aus der er vor drei Jahren gekommen war. Abends wagte er nirgendwo anzuklopfen, verbrachte die Nächte alleine unter den Sternen. Das Eis in den Bergen knackte gespenstisch, und das Geheul der Wölfe war ein gefährliches Schlummerlied. Er versteckte sich vor der Kälte in seinem kleinen Mantel aus Fell und wärmte sich an einem süßen Traum: Er kommt nach Hause, und vor dem Zelt sieht er seine Ama mit der Wollspindel in der Abendsonne sitzen. »Ama!« ruft er, und mit einem Aufschrei der Freude läßt Ama die Spindel fallen. Sie läuft, die Arme ausgebreitet, auf ihn zu: ›Ngi nying ni tsewi wu! – Mein liebes Kind! Wie hab' ich dich vermißt!‹ Sie hebt ihn hoch und liebkost ihn mit den rauhen Wangen, die gerötet von den Tränen ihrer Freude sind...

Als er nach zwei Tagen Fußmarsch endlich das Zelt seiner Eltern gefunden hatte, sah er die Mutter mit der Wollspindel in der Abendsonne sitzen.

»Ama!« rief er, und mit einem Aufschrei des Entsetzens ließ die Mutter die Spindel fallen. Sie bedeckte ihr Gesicht mit den Händen und lief weinend ins Zelt. Da stand er in den Scherben seiner süßen Träume. Der Schmerz in seiner Brust schlug Wurzeln, während die dicken Brüder ihn mit ihren spöttischen Blicken umkreisten.

Am Abend füllte die Mutter den hölzernen Bottich mit heißem Wasser und schnitt das Kind mit einer großen Schere aus den Kleidern heraus, die in den drei Jahren an seinem Körper angewachsen waren. Der jüngere Bruder sah seine eitrigen Flohstiche an den Beinen und die verschorften Striemen auf dem Rücken und schrie: »Du siehst so häßlich aus! Du bist nicht mein Bruder!«

Die Mutter schalt den Kleinen mit einem zärtlichen Kniff in die Wange, der nur Suja schmerzte.

Die zweite Zigarette ist zu Ende. Die dritte liegt bereits in seinen Händen.

Hinter dem krummen Felsen taucht die Mittagssonne auf, und ihre Strahlen legen sich wärmend auf Sujas freie Stirn. Er sehnt sich nach der Liebe – ohne zu wissen, wie diese Liebe aussehen könnte. Er zündet seine letzte Zigarette an und steckt die leere Packung in die Hosentasche. Er wird sie nach Indien mitnehmen – als Erinnerung an sein altes Leben.

»Leute, wir sind eine Gruppe, und wir alle wollen nach Indien. Wir schaffen das nur mit viel Power und wenn wir zusammenhalten. Wer meint, er kann sich auf Kosten eines anderen ausruhen, hat sich getäuscht. Ja, ich meine euch beide, ihr Arschgeigen! Wie kommt ihr auf die Idee, daß nur Lobsang die Decken tragen soll? Ihr habt Glück, daß ich meine Kräfte schonen muß, ich hätte euch sonst die Zähne aus dem Maul ... ach, was soll's. Laßt uns den Fluß so nehmen, wie Nima es mit euch besprochen hat. Und vergeßt nicht: Wir hängen einer vom anderen ab. Wir schaffen das Ding hier nur gemeinsam.«

Sujas Worte tun ihre Wirkung. Bevor die Flüchtlige zum Fluß hinuntersteigen, entschuldigen sich Currasco und Tempa bei Lobsang für ihr egoistisches Verhalten. An dem großen Markierungsstein ziehen die Männer eilig ihre Kleider aus und verstauen sie mit klammen Fingern in den Rucksäcken. Die Kinder müssen sich nur ihrer Schuhe und Hosen entledigen.

Dann geht alles blitzschnell: Nima setzt Chime auf seine Schultern und steigt als erster in den Fluß. Zu gut kennt er den Schmerz, den kaltes Wasser dem Körper antun kann. Es ist ein Schock, der einem den Atem verschlägt. Es gibt nur ein Wort, das hilft: »Weiter.«

Wütend schleudert es Nima gegen das Wasser, das mit aller Gewalt versucht, ihm den Grund unter den Füßen wegzuziehen. Weiter, weiter, weiter. Jedesmal wenn er diesen Fluß durchqueren muß, tut er es mit der Gewißheit, hier die Verfehlungen seines Lebens und die seiner Vorleben ›ausbaden‹ zu müssen. Und jedesmal wenn er das rettende Ufer erreicht hat, fühlt sich seine Seele ein wenig leichter an.

Die Kälte des Eiswassers schlägt sich wie stumpfe Nägel in die Füße der Männer. Die Beine sind steif und bewegen sich unsicher durch die Wucht der Wellen. Sind die Steine spitz, auf die sie treten, schmerzen sie. Sind sie glatt, droht man auf ihnen auszurutschen. Ein falscher Schritt, und der gnadenlose Fluß verschlingt sein Opfer.

Als letzter steigt Suja ins Wasser. Er trägt Dolker und Little Pema auf seinen Schultern. Dhondup bleibt ängstlich am Flußufer zurück.

Weiter, weiter, weiter! Es ist das einzige Mantra, das sich hier noch denken läßt. Auch Goldzahn, Yeti und der Student murmeln es im Kampf mit der Natur. Weiter, weiter, weiter! Jedes Zaudern wäre tödlich.

Nima hat es geschafft. Er wirft Chime über sich an Land und klettert wie betäubt ans Ufer, dicht gefolgt von Goldzahn. »Anziehen!« schreit der Guide zu Chime, die gelähmt vor Angst nach ihrer kleinen Schwester Ausschau hält.

Mit einem Aufschrei der Erleichterung erreichen Yeti und der Student das Ufer.

»Weiter, weiter, weiter!« rufen sie den anderen zu, die zurückgefallen sind.

Suja geht es nicht schnell genug. Die Kälte wird langsam gefährlich für ihn. »Festhalten«, sagt er zu Dolker und Little Pema und zieht mit großen Schritten an Currasco, Lobsang und Tempa vorbei.

›Kampfmaschine‹ haben ihn die Kumpels bei der Armee genannt, nachdem er die drei Wujings im Speisesaal vermöbelt hatte. Ja. Wenn es darauf ankommt, kann er kämpfen wie ein Tier. Yeti und Goldzahn stehen am Ufer, strecken ihre Arme nach Dolker und Little Pema aus. Wortlos übergibt Suja ihnen die Mädchen, dreht sich um und kämpft wieder gegen den Fluß.

Am anderen Ufer wartet Dhondup und weint vor Erleichterung: Suja hat ihn nicht vergessen. Barfuß, frierend, seine Schuhe und Hosen umklammernd, war er zurückgeblieben.

»Gleich bin ich bei dir!« schreit Suja und arbeitet sich keuchend weiter. Er spürt die Kälte nicht mehr. Als er Dhondup erreicht hat, packt er den Jungen und drückt ihn fest an sich.

»Ngi nying ni tsewi wu!!!« schluchzt er. »Mein liebes, liebes Kind!«

Die letzte Durchquerung geschieht wie in Trance.

»Suja, Suja, Suja!« feuern ihn die Kameraden am anderen Ufer an.

»Dhondup!« schreit Little Pema und vergißt vor Aufregung, ihre Schuhe zu schnüren.

Als Suja mit dem kleinen Jungen aus dem Fluß steigt, läßt er seine Vergangenheit als Wujing im Wasser zurück.

Die Männer helfen den Kindern in die Kleider. Dann rennen sie um ihr Leben. Mit jedem Schritt wird wieder Blut in die tauben Beine gepumpt. Mit dem Leben kehrt auch der Schmerz in Nimas Lenden zurück. Er beißt die Zähne zusammen, um nicht aus Verzweiflung zu weinen.

Nur er weiß, daß der anstrengendste Teil des Weges noch vor ihnen liegt.

Nepal, 10. April 2000

Noch vor Sonnenaufgang bin ich aus unserem Basislager aufgebrochen, um Richy und Jörg entgegenzugehen. Es läuft sich herrlich leicht bergab mit so kleinem Gepäck. Ich habe nur das Wichtigste dabei: etwas Proviant und einen Schlafsack. Jörg morgen wiederzusehen erfüllt mich nicht nur mit Freude. Wir kennen einander kaum, und ich habe Angst, daß wir uns völlig fremd sein werden. Vielleicht bin ich hier in den Bergen auch eine andere als in Köln. Seit Tagen habe ich mich nicht mehr gewaschen und meine schmutzigen Zöpfe vorsichtshalber unter einem Kopftuch versteckt. Um meine gute Trekkinghose für die Paßbesteigung zu schonen, trage ich eine lange Unterhose mit unförmigen Boxershorts darüber. Auch von Richy, meinem neuen Kameramann, weiß ich nicht viel. Die Vorbereitungszeit für diesen zweiten Anlauf war zu hektisch, um sich wirklich kennenzulernen. Ich habe ihn einmal kurz in einem Café getroffen. Richy kommt aus New York angereist, Jörg aus Frankfurt. Die beiden Männer werden einander heute abend in Kathmandu zum ersten Mal sehen.

Was ist, wenn Jörg sein Flugzeug versäumt hat? Oder Richys Maschine wegen vereister Turbinen nicht starten konnte? Zwar unwahrscheinlich im April, aber möglich ist alles! Vielleicht hat Jörg eine schwere Grippe oder Richy einen entzündeten Blinddarm? Und was, wenn ihre kleine Propellermaschine wegen Nebels in Kathmandu hängenbleibt? Als waschechter Kölner wird Jörg morgen den ersten richtigen Berg seines Lebens sehen. Kann sein, daß er bereits beim bloßen Anblick höhenkrank wird. Auch Richy könnte Probleme bekommen. New York ist nicht unbedingt der ideale Ort für ein Höhentraining.

In spätestens fünf Tagen müssen wir alle samt unserem Equipment auf dem Paß oben sein. Unser Zeitplan ist so straff, daß er keine einzige Panne zuläßt.

Ich bin so von meinen trüben Gedanken beherrscht, daß ich die zwei Gestalten, die mir entgegenkommen, zu spät bemerke. Es hat keinen Sinn, sich zu verstecken, sie haben mich längst entdeckt. Mit zitternden Knien stakse ich weiter, als wäre es das Normalste von der Welt, in langen weißen Unterhosen durch das Sperrgebiet zu wandern. Es sind zwei nepalesische Bergsteiger. Es könnten aber auch Polizisten in professionellen Trekking-Klamotten sein. Sie fragen mich nach dem Sherpa, der Chang und Schnaps verkauft.

»Sorry, keine Ahnung«, sage ich und gehe schnell weiter. Plötzlich hasse ich diese schönen Berge um mich herum! Was soll ich mit der ganzen Pracht, wenn die beiden Nepalesen statt Karabinern Handschellen in ihren Rucksäcken haben? Ich stelle mir vor, wie Pema sich gegen seine Verhaftung wehrt, davonläuft, in Richtung des Flusses, und die Typen mit ihren Flinten auf ihn ... Stop.

Längst habe ich keinen Durchblick mehr, ob das, was ich hier mache, richtig ist. Was treibt mich an, diesen Film zu machen? Ist er wirklich nötig für die Menschheit? Hilfreich für die Tibeter? Ist es meine Aufgabe, die Geschichte tibetischer Kinder zu erzählen? Oder ist das Ganze einfach nur ein gewaltiger Egotrip? Gerne würde ich jetzt die Augen schließen und in einem anderen Leben aufwachen. Aber das geht nicht. Ich muß mich auf den Weg konzentrieren, sonst lande ich noch in einem falschen Tal.

Am zweiten Tag meines Abstiegs regnet es, und die Berge sind grau verhangen. Dunkle Nebelschwaden treiben dramatisch an den bewaldeten Hängen entlang. Ich hätte mir einen freundlicheren Empfang für Richy und Jörg gewünscht. Wie mag das Wetter oben bei Pema und Sotsi sein? Und wie bei den Flüchtlingen? Hoffentlich schneit es auf der anderen Seite des Himalaya nicht!

Ich bewege mich wieder auf den markierten Wegen, die immer wieder von einladenden Bretterbuden gesäumt sind. Aus Angst, Kelsang samt Jörg und Richy zu verpassen, wage ich aber nirgendwo einzukehren. Auf etwa zweitausendfünfhundert Metern brauche ich dringend Schokolade für meine Nerven. Ich betrete eine schlichte Teestube und rufe nach dem Wirt. Niemand rührt sich in der Küche. Ängstlich laufe ich zum Fenster und luge zwischen den bunten Vorhängen ins Freie. Heute scheint niemand so richtig Lust auf eine Bergtour zu haben. Endlich kommt ein verschlafener Sherpa aus dem Hinterzimmer und schiebt mir mürrisch ein angestaubtes Snickers über die Ladentheke. Ich zahle einen horrenden Preis für meine Sucht und verabschiede mich hastig. Als ich vor die Tür trete, wandert gerade jemand in einem grauen Regenumhang vorbei. Die Kapuze hat der Mensch so tief in sein Gesicht gezogen, daß ich ihn nicht erkennen kann. Von der Größe her könnte es Richy sein.

»Richy?!« rufe ich dem grauen Kapuzenmännlein hinterher. Es dreht sich um.

Als er da in seinen kurzen Wanderhosen steht, wie ein fünfzehnjähriger Pfadfinder, die schwarzen Haare klatschnaß in der Stirn, weiß ich, daß er genau der richtige Kameramann für dieses Projekt ist.

»Super«, sagen wir beide gleichzeitig.

Jetzt biegen Kelsang und Jörg um die Kurve. Etwas befangen gehe ich meinem Freund entgegen. Was für ein Glück, daß man sich mit den klitschnassen Klamotten nicht richtig umarmen kann. Dieses wundervolle Wetter schenkt uns Zeit, einander langsam – Schritt für Schritt – wieder zu nähern.

»Wie läuft's?« fragt Richy.

»Ich glaube, gut.«

Zum Glück habe ich Jörg in einem Fitneß-Studio kennengelernt. Für einen ›kölschen Jung‹ wandert er sehr zügig, und auch Richy ist gut dabei. Aber sachte. Auf dreitausendfünfhundert Metern Höhe wird es auch für sie Zeit, sich eine Nacht und einen Tag in der dünnen Luft zu akklimatisieren. Bevor wir schlafen gehen, schieben Jörg und ich die engen Holzpritschen unserer Herberge zu einem gemeinsamen Nachtlager zusammen.

»Und dieser Pema, der angeblich aussieht wie Winnetou?« fragt Jörg, als wir uns fremdelnd und fröstelnd aneinanderkuscheln.

»Und diese Blondine von den Malediven?« frage ich zurück.

Wir lachen und spüren, daß wir endlich wieder zusammen sind.

Den ganzen nächsten Tag verbringen wir mit Auspacken, Einpacken, Umpacken. Richys beste Stücke sind ein riesiges Funktelefon, mit dem wir zu unserer Produktionsfirma in München Kontakt halten können, und eine noch größere Proviantdose – von Richys österreichischer Mama bis oben hin vollgestopft mit Packerlsuppen, Leberstreichwurst, Mannerschnitten, ungarischer Salami, körnigem Süßsenf, Ketchup und Mozartkugeln. Was soll uns jetzt noch passieren?

Am Abend schmieden wir Dreh- und Arbeitspläne. Wenn die Flüchtlinge kommen, wird nicht mehr viel Zeit zum

Nachdenken sein. Da Richy in den Bergen keine Möglichkeit hat, seine Kamera aufzuladen, und er mit einem schweren Batteriegürtel arbeiten wird, muß jedes Bild, das er filmt, sitzen. Wir haben nicht genügend ›Saft‹ für Experimente.

»Ich brauche vor allem Nahaufnahmen! Die erschöpften Gesichter der Kinder!« sage ich und hoffe im stillen, daß tatsächlich ein paar Kinder über den Paß kommen werden.

»Und die Berge?« fragt Richy.

»Vergiß die Berge, wir dürfen den Fluchtweg ohnehin nicht verraten.«

Normalerweise besteht ein Filmteam aus mindestens fünf Personen: Kameramann, Kameraassistent, Lichtmann, Tonmann und Regie. Wir sind bloß zu dritt. Richy macht die Kamera, Jörg wird ihm assistieren und sich um den aufklappbaren Reflektor kümmern, mit dem er die Sonnenstrahlen einfangen und ihr Licht auf die Gesichter der Flüchtlinge legen kann – ohne jeden Stromanschluß. Ton und Regie mache ich – obwohl ich nicht behaupten kann, das eine oder das andere gelernt zu haben.

»Und wer macht die Fotos?« fragt Richy und holt einen riesigen Apparat aus seiner Fototasche.

»Unmöglich! Wir können dieses Teil nicht auch noch hochschleppen! Keiner von uns wird noch einen Finger frei haben, um den Auslöser zu drücken! Und den tausendarmigen Buddha habe ich nur mental engagiert.«

»Wäre aber schade, bei so einer Produktion keine Fotos zu haben«, meint Richy. »Stell dir vor, du möchtest später einmal einen Artikel schreiben oder den Enkelkindern von eurer ersten gemeinsamen Bergtour erzählen!«

Jörg, Kelsang und ich brechen noch in derselben Nacht auf. Richy muß wegen Kopfschmerzen zurückbleiben. Er wird sich einen Tag länger akklimatisieren.

Die Fototasche setzt mir zu. Und die dicken Schneewolken, die den dunklen Nachthimmel verhängen. Und der fehlende Schlaf. Warum waren Jörg und ich nicht vernünftig genug, die zwei Stunden Nachtruhe tatsächlich mit Nachtruhe zu verbringen?

Wir sind viel zu langsam. Kurz vor dem Checkpoint beginnt bereits der Morgen zu dämmern. In gebückter Haltung hinter dem niedrigem Gestrüpp und den Latschen Deckung suchend, klettern wir auf einen Hügel. Unten am Wegrand liegt das unauffällige, graue Steinhaus, in dem die nepalesischen Wachtposten stationiert sind. Wie viele Soldaten es sind, weiß ich nicht. Vielleicht vier oder fünf. Ihre Aufgabe ist es, Unbefugten den Zutritt in das Sperrgebiet zwischen Nepal und Tibet zu verwehren. Passieren dürfen nur Drogpa, die auf dem Rückweg nach Tibet sind, und Sherpa, die auf den kargen Böden dieses Grenzgebietes leben. Wie scharf die Soldaten darauf sind, Beute zu machen, ist schwer einzuschätzen. Vor einigen Monaten hatten nepalesische Soldaten eine Gruppe von tibetischen Flüchtlingen aufgespürt. Als die Tibeter in ihrer Angst, nach Tibet zurückgeschickt zu werden, die Soldaten mit Steinen angriffen, eröffneten diese das Feuer. Ein Tibeter wurde dabei erschossen.

Vor uns liegt ein großes Stück Kahlschlag: Kein Baum, kein Fels, kein Strauch, der uns Deckung geben könnte. Nur blanker Stein. Aus dem Schornstein des Wachtpostens steigt Rauch auf. Sie sind also bereits aufgestanden. Vielleicht rasieren sie sich gerade. Oder kochen Kaffee. Noch hat sich kein Soldat vor dem Haus blicken lassen. Ich habe nicht die Nerven, auf die nächste Nacht zu warten. Ich möchte so schnell wie möglich bei Pema und Sotsi sein. Wir müssen es versuchen. Erst gehen Jörg und ich. Kelsang bleibt zurück. Er soll mindestens zehn Minuten warten, bevor er uns folgt. Im Zweifelsfall hat er nichts mit uns zu tun.

Während Jörg und ich Schritt für Schritt den offenen Steinhang queren, stelle ich mir vor, eine Sherpa-Frau zu sein – mit meinem dünnen Mann im Schlepptau. Die ganze Nacht über waren wir auf der Suche nach einem verlorenen Dzo – einer Mischung aus Yak und Kuh, die hier in den niedrigeren Lagen des Himalaya zu Hause ist. Müde gehen wir in Richtung unserer Hütte und freuen uns auf das warme Lager, auf dem wir uns endlich ausschlafen werden. Vielleicht findet unser verlorenes Dzo ja von alleine nach Hause zurück. In der warmen Mittagssonne wird es den großen, wuscheligen Kopf zu unserem niedrigen Fenster hereinstrecken und hungrig mit seiner rauhen Zunge schnalzen.

Ich wage nicht, zum Militärcheckpoint hinunterzuschauen. Ich blende ihn einfach aus. Vielleicht schneiden sich die Soldaten in diesem Moment ihre Fußnägel. Oder sie haben ihre Flinten auf zwei Westler gerichtet, die durch militärisches Sperrgebiet spazieren. Es ist mir egal.

In der Schneezone

Wo genau beginnt der Himalaya? Für Nima dort, wo ihnen langsam und schwerfällig der Gletscher entgegenrinnt. Der Winter war sehr kalt, so daß es der Frühling eilig hatte. Unter der dünnen Eisschicht, auf der sie sich vorwärts arbeiten, hat es bereits zu tauen begonnen. Der Weg ist nur leicht ansteigend, doch spiegelblank. Vorsichtig tasten sich die Kinder über das Eis, das unter den schweren Schritten der Männer leicht wankt. Der Mond ist nur noch eine halbe Scheibe voll, und die Sterne funkeln am Himmel, als wollten sie eine Warnung zur Erde hinabschicken. Wie schwarze Riesen erheben sich in der Ferne die ersten Achttausender und rücken Schritt für Schritt näher. Das leise Grollen einer Lawine erinnert an einen scharfen Wachhund, dessen Aufgabe es ist, den Menschen den Zutritt in die Welt des ewigen Schnees zu verwehren. Die Flüchtlinge haben sich Tücher und Schals vor den Mund gebunden, damit der eisige Wind ihre Lungen nicht angreifen kann. So fällt das Atmen noch schwerer in der dünnen Höhenluft. Wie klein sie sind in dieser gigantischen Kulisse.

Diesen vier Kindern ein Freund und Begleiter zu sein gibt Suja das Vertrauen, das erste Mal in seinem Leben auf dem richtigen Weg zu sein. Wenn Dolker ihre Hand vertrauensvoll in seine legt, versinkt die ganze Welt in Zuversicht. Ein tiefes Gefühl verbindet ihn mit diesem Mädchen. Ihr warmer Blick und die helle, zarte Stimme berühren sein müdes

Herz. Am Tag nach ihrer Flußdurchquerung, als die anderen alle in ihren Säcken schliefen, hat Dolker ihn plötzlich aus ihren Decken heraus angeblinzelt und gesagt: »T'ochetch'e, Chola – danke, großer Bruder.« Seitdem nennt er sie still sein ›Seelchen‹. Denn es ist, als ob sie einander schon lange kennen würden. Sein Seelchen wird ihm die Kraft geben, die Kinder durch die Schneezone zu bringen. Nima hat nur noch Kraft für sich selbst. Das kalte Wasser war zuviel für die Entzündung in seinem Körper. Seit einigen Stunden fiebert er. Bei ihrer letzten Rast vertraute er Suja an, daß auf dem Paß Hilfe warten wird. Ein Freund kommt ihnen mit Proviant und Medikamenten entgegen. Er bringt auch ein paar ›Injis‹ mit.

Allein das Wort ›Inji‹ erfüllt Suja mit Neugier und Spannung. Sie sollen ziemlich häßliche Menschen mit heller Haut und dünnem Haar sein. Man nennt sie ›Injis‹, weil sie meistens Englisch sprechen. Suja hat noch nie in seinem Leben einen Inji gesehen.

»Was suchen die auf dem Paß?« fragte er.

Nima zuckte mit den Schultern. »Keine Ahnung. Hauptsache, sie haben Medikamente dabei.«

Ein Knacken im Eis. Suja späht nach vorne, aber es ist nichts Verdächtiges zu sehen.

Sie gehen weiter.

Nach einer Weile hört er, daß eines der Kinder weint. Es ist Little Pema. Der linke Fuß tut ihr so weh. Wahrscheinlich schmerzt der krumme Knochen, denkt Nima. Doch als er das Bein der Kleinen abtastet, merkt er, daß Schuh und Socken pitschnaß sind.

»Ich bin eingebrochen«, gesteht Little Pema ängstlich, als würde darauf eine schwere Strafe stehen.

»Wann?«

»Weiß nicht.«

Suja schlägt vor, ein Feuer zu machen, damit Little Pema Socken und Schuhe wechseln kann.

Doch Nima ist dagegen: »Unmöglich hier auf dem Gletscher! Wir können nur schnell weitergehen und hoffen, daß wir bald aus dem Eis raus sind!«

»Bis dahin sind ihre Zehen erfroren!« Suja öffnet seine Jacke, streift Little Pemas Schuh und Socken vom Fuß, packt die Kleine und hockt sich mit ihr auf seinen Rucksack. Dann nimmt er das kalte Beinchen und steckt es unter seinen Pullover. Als Little Pema seine Körperwärme spürt, hört sie zu weinen auf. Instinktiv bildet die Gruppe einen Halbkreis um die beiden, damit der Wind nicht stören kann.

»Hast du ein zweites Paar Schuhe dabei?« fragt Nima.

Little Pema schüttelt den Kopf: »Nur Socken.«

»Ich habe noch ein zweites Paar«, sagt Dolker.

»Ich auch!« ruft Dhondup.

»Wir probieren es mit Dolkers Schuhen«, beschließt Nima.

An Sujas warmer Haut spürt Little Pema den Pulsschlag eines Herzens. Er hat sein Herz im Bauch, denkt sie. Oder er hat zwei. Eines im Bauch und eines in der Brust. Vielleicht ist es auch das Herz eines Leoparden, den er verspeist hat.

»Siehst du die Sterne?« flüstert Chime zu Dhondup. »Das sind unsere Amalas. Sie schauen auf uns herunter und geben acht, daß nichts passiert.«

»O ja!« Dhondups Augen beginnen zu leuchten. »Dieser große Stern ist mein Paala. Und der kleine daneben meine Ama.«

»Meine Ama schimmert grün – kannst du sie sehen?«

»Ja ... Und dein Paala?« fragt Dhondup.

»Der ist weit weg – auf Geschäftsreise. Dort hinten am Horizont!«

»Kennst du das Lied ›Leuchtender Stern‹?« fragt Dhondup.

Chime nickt und beginnt leise seine Melodie zu summen, stimmt es an:

Wenn ich in den Himmel schaue,
sehe ich einen hell leuchtenden Stern.
Wenn ich diesen Stern sehe …

Weiter kommen die Kinder nicht. Chime versagt die Stimme, und Dhondup rollen die Tränen übers Gesicht. Chime greift nach seiner Hand: »Laß es uns einfach summen.«

Suja hat die Augen geschlossen, sein Atem geht ruhig und tief. Er versucht, seine Körperwärme an Little Pema abzugeben, ohne dabei selbst abzukühlen. Er hört Lobsang leise ein Mantra murmeln. Er hört die wohlwollenden Gedanken der anderen. Er hört die Kinder summen. Oder sind es die Sterne?

»O.k.«, sagt Suja und reibt Little Pemas warmen Fuß in seinen Händen. Dann hilft er ihr in die frischen Socken und Schuhe. Als sie weitergehen, läuft Little Pema in Dolkers Schuhen schneller als je zuvor.

Das Herz des Leoparden hat ihren ›schlimmen Fuß‹ verzaubert.

Längst hat die Morgendämmerung die Nacht verdrängt, doch Nima macht keine Anstalten, nach einem Versteck Ausschau zu halten. Eine Begegnung mit den Chinesen wäre in dieser Höhe eine unwahrscheinliche Verstrickung karmischen Unheils. Jetzt lauert eine andere Gefahr auf sie: der Schnee. Nima kann ihn bereits riechen. Vom Himmel hängen schwere Wolken in diese unwirtliche Wüste aus Eis und Fels herab. Die Schwermut des Himmels lähmt die Beine, und die Monotonie der Landschaft drückt die Stimmung der Flüchtlinge. Einige klagen über Kopfschmerzen. Vor allem die empfindliche Dolker und Dhondup mit seiner verschnupften Nase haben Probleme mit der dünnen Luft. Nima hat in Lhasa Pillen gegen die Höhenkrankheit besorgt. Sie verdünnen das Blut, das in dieser sauerstoffarmen Region schnell zähflüssig wird. Doch so früh möchte er keinen Gebrauch davon machen, denn sie haben noch etwa tausend Höhenmeter zu bewältigen.

Viele Guides sind starke Raucher. Das Nikotin besänftigt in der Höhe den Druck hinter der Stirn. Doch Nima glaubt, daß der Rauch einer Zigarette auch die Götter vertreibt. Deshalb verläßt er sich auf ein anderes Hilfsmittel, um über den Paß zu kommen – auf Milarepa, den größten Yogi des Himalaya. An ihn wendet er sich, wenn er erschöpft und mutlos ist. Denn Milarepa konnte seinen Körper in Licht verwandeln und auf den Strahlen der Sonne bis auf den heiligen Berg Kailash fliegen.

»Erst wenn es zwischen dir und den anderen keine Unterschiede mehr gibt, bist du bereit zu helfen«, hat Milarepa vor etwa tausend Jahren seinen asketischen Schülern gesagt. »Nur wenn du anderen hilfst und ihnen dienst, hast du gewonnen! Dann wirst du bereit sein, auch mich zu treffen. Und wenn du mich gefunden hast, wirst du die wahre Buddhaschaft erlangen.«

Seine große Hilfsbereitschaft, sein starker Glaube und der Verzicht auf Genußmittel haben Nima den Beinamen ›der Mönch‹ eingebracht. Doch ein Mönch ist Nima wirklich nicht! Zu gut gefallen ihm die Mädchen.

Vielleicht haben mir die Götter diesen Schmerz als Warnung in die Lenden gejagt, denkt er. Als wollten sie sagen: Sobald du ein Mädchen hast, wird es sich jedesmal die Augen wund heulen, wenn du wieder in die Berge gehst. Für diesen Job mußt du frei sein! Frei wie ein Vogel, der auf den Strahlen der Sonne die Berge hinauffliegt!

Der Wind trägt Stimmen vom Berg herab. Schwach steigt die Rauchfahne eines kleinen Lagerfeuers in den Himmel. Als die Flüchtlinge näher kommen, sehen sie vier Drogpa, die im Windschutz eines großen Felsens hocken und die Hände an ihren Teetassen wärmen. Ganz arme Schlucker können es nicht sein, sie haben Yaks dabei, deren Hörner sogar mit bunten Bändern und Quasten geschmückt sind. Mit einem herzlichen ›Tashi Delek!‹ begrüßen sie die Flüchtlinge und laden sie ein, an ihrem Feuerchen Platz zu nehmen. Die Drogpa sind gutgelaunt, denn sie haben die Schneezone bereits hinter sich gelassen.

»Heute ist was los! Ihr seid nicht die ersten, die wir treffen«, erzählt der älteste von ihnen. Silberne Strähnen ziehen sich durch seine ausgedünnten Zöpfe. Die alten Bänder, die sie zusammenhalten, waren einmal rot.

»Sind noch andere Gruppen unterwegs?« fragt Nima besorgt.

»Eine ganze Armee von Amdo-Mönchen hängt dort oben fest!«

Nima und Suja wechseln einen kurzen Blick.

»Haben sie einen kleinen Jungen dabei, der Tamding heißt?« fragt Suja.

»Ja, da war auch ein Junge. Wie er heißt, weiß ich nicht.«

»Und wie ging es dem Kleinen?«

»Der Junge ist in Ordnung, aber die Mönche pfeifen aus dem letzten Loch!« Der Alte lacht und steht auf, um Schnee für frischen Tee zu holen. Weicher Firn schmiegt sich an die schattige Hinterseite des großen Felsens. An seinen Rändern tropft das Schmelzwasser auf den steinernen Untergrund. Nima gesellt sich zu dem freundlichen Drogpa, der mit bloßen Händen den nassen Schnee in seinen zerbeulten Teekessel schöpft. Wirklich alt ist er noch nicht – um die Vierzig vielleicht. Doch sein Gesicht ist gezeichnet von dem anstrengenden Leben in den Bergen und der starken Höhensonne.

»Ein Freund will mich oben auf dem Paß erwarten. Er heißt Pema und kommt uns aus Nepal entgegen. Habt ihr ihn gesehen?« fragt Nima vorsichtig.

»Einen Pema haben wir getroffen. Er hatte lange Haare und eine Nase wie ein junger Adler.«

Das ist er, denkt Nima erleichtert.

»Da war noch der dicke Vetter dabei – und eine Frau«, plappert der Drogpa weiter.

»Eine Frau?«

»Ja, eine Inji-Frau mit vielen Schlangenzöpfen und riesigen Schuhen.«

»Weißt du, was sie in der Gegend zu suchen hat?«

»Vielleicht ist es die Frau von diesem Pema. Sie hatten schweres Gepäck dabei. Wir haben ihnen geholfen, es raufzubringen.«

»Was war da drin? Proviant?«

»Wir haben nicht reingeschaut. Die haben uns anständig bezahlt.«

»Meinst du, sie sind schon oben auf dem Paß?«

»Kann sein. Außer, sie haben sich mit Schnaps vollaufen lassen. Es gibt drüben einen Sherpa, der verkauft nicht nur Chang. Bei dem bleiben viele hängen!«

Pema bestimmt nicht, denkt Nima und gesellt sich wieder zu seinen Leuten.

»Eßt ruhig alles auf, was ihr noch dabeihabt«, sagt er, als die Kinder zaghaft ihre letzten Reste aus den Proviantbeuteln kratzen – und erntet dafür erstaunte Blicke.

»Oben auf dem Paß warten Freunde. Sie bringen Tsampa und Fleisch für uns.«

Aufgeregt fangen die Kinder an zu kichern, und die trüben Blicke der Männer heitern sich auf. Genau das hatte Nima beabsichtigt. Er möchte, daß sie frohen Mutes in den Schnee hineingehen. Hoffnung ist immer der beste Motor, um schnell über den Paß zu kommen.

»Es war so hart, immerzu zu gehen! Ich hatte mehr Angst vor den Chinesen als vor dem Schnee und den wilden Tieren. Auf dem ganzen Weg vermißte ich meine Mutter. Wenn ich keine Kraft mehr hatte weiterzugehen, dann konnte ich nichts anderes tun, als mich noch mehr anzustrengen.

Die Berge waren manchmal sehr steil und die Wege so eng! Oft versperrten uns große Felsbrocken den Weg. Als wir ins Eis kamen, war es sehr rutschig. Und wenn ich in die Nacht hineinblickte, fürchtete ich mich vor der Dunkelheit. Wir Kinder hielten uns an den Händen und sangen ein Lied, wenn wir traurig waren. Gemeinsam kämpften wir uns über die hohen Berge, die steilen Wege und das tiefe Wasser, oft unter Tränen.« CHIME

Zunächst sind es nur schmale Felder aus weichem Firn, die sie überqueren müssen. Schließlich wachsen die Flecken zu einem großen weißen Teppich zusammen: Die Schneegrenze ist erreicht. Nima muß vermeiden, daß die Feuchtigkeit durch die dünnen Stoffschuhe der Kinder zieht. Denn nachts fallen die Temperaturen auf minus zwanzig Grad. Langsam zieht der Nebel seinen Vorhang zu. Er hat sich nicht alleine vom Himmel herabgeschlichen, sondern auch erste Schneeflocken mitgebracht, die in diesen düsteren Nachmittag fallen. Nima will versuchen, noch vor Einbruch der Dunkelheit das nächste Etappenziel zu erreichen – drei kleine Unterschlüpfe aus Stein, die Nomaden zum Schutz vor Kälte und Schnee errichtet haben. Nicht höher als einen Meter, faßt jeder zwei bis vier Personen. Nima hofft, daß die Steinhäuschen nicht von Drogpa oder den erschöpften Amdo-Mönchen belegt sind. Er braucht dringend einen windstillen Unterschlupf für die Kinder, in dem sie Feuer machen und Tee kochen können.

Der Wind fordert die Flocken zu einem wilden Tanz auf. Immer dichter wird ihr Treiben, immer schwerer wird es für Nima, den Weg zu erkennen. Einmal gelandet, scheint sich jeder Schneekristall am Stoff der Mäntel und Jacken festzukrallen. Schwer ruht der Schnee auf Rucksäcken und Mützen. Instinktiv ziehen die Flüchtlinge die Köpfe ein und stoßen ihren warmen Atem in die Schals, die sie vor Mund und Nase gebunden haben, damit die eisigen Kristalle nicht den Weg zu ihren Lungen finden. Es fällt kein Wort. Absolute Stille. Nur das Knirschen der Schuhe im Schnee. Die Füße tragen sie immer weiter, steil bergauf, der Grenze zu. Doch die Gedanken wandern zurück nach Hause, zu ihren Familien, Müttern, Vätern und Freunden ...

Was macht Ama jetzt mit meiner Chuba? Und was mit Dolkers Puppe? Mit meiner Schultasche, meinem Kopfkissen und unseren Sandalen? denkt Chime.

Vielleicht holt sie den Hochzeitsschmuck aus ihrer Truhe, um Platz für all die Sachen zu schaffen, die sie und Dolker nun nicht mehr brauchen. Sorgfältig faltet sie die kleine Chuba zusammen und legt sie zuunterst hinein. Darauf die Unterhemdchen, die Blusen und Sandalen. Drei Sommer lang hat Chime dieselben Schuhe getragen. An den Sohlen kann man sogar die Abdrücke ihrer Zehen erkennen! Vielleicht schenkt Ama die Sandalen einer Familie, die noch ärmer ist als sie. Vielleicht verkauft sie Dolkers Spielzeug auf dem Markt? Chime spürt, wie sich ihre Kehle zusammenschnürt. Ama hat jede Puppe selbst gemacht, aus Stoffresten, Holz und bunten Perlen. Sie hatte sogar kleine Puppenkleider genäht! Für den Sommer eine buntgeblümte

Schürze und für den Winter eine dicke Chuba mit einem Krägelchen aus Fell. Ob die Puppen immer noch am Kopfende ihres Bettes sitzen? Ob Ama am Abend immer noch die Decken ihrer Mädchen zurückschlägt? Was wird sie tun, nachdem sie die Kerzen ausgeblasen hat? Bevor sie einschliefen, haben sie sich immer noch unterhalten und die Dunkelheit mit ihrem fröhlichen Geplapper erfüllt. Jetzt ist es nachts ganz still im Haus. Wie ein Blitz durchzuckt Chime ein Gedanke, der viel zu alt für eine Zehnjährige ist: Ama ist nun ganz alleine.

Was passiert, wenn Ama krank wird? Wer wird für sie kochen? Sie pflegen? Wenn Ama viele Stunden am Webstuhl saß, tat ihr oft der Kopf so weh. Dann durfte Chime mit dem scharfen, chinesischen Balsam einen kleinen Kreis in Amas müde Stirne massieren. Wer wird das jetzt tun für sie?

Tapfer setzt Chime einen Schritt vor den anderen. Wenn sie in Indien sind, wird sie alles darum geben, eine gute Schülerin zu sein. Sie möchte später Krankenschwester werden. Sie wird den Patienten, die Kopfschmerzen haben, die Stirne mit chinesischem Balsam einreiben. Sie wird viel arbeiten. Sie wird das Geld, das sie verdient, sparen. Jeden Tag werden die Münzen mit lautem Geklimper in eine große Tasse fallen! Sie wird so lange sparen, bis sie reich ist und für Ama ein kleines Haus in Indien bauen kann, mit einem Garten, in dem bunte Blumen wachsen und vielleicht auch ein Zitronenbaum.

»Wenn ich groß bin, werde ich dich holen«, flüstert Chime leise in ihren Schal. Sie muß schnell gehen. Sie muß sich beeilen, damit Ama nicht mehr lange warten muß.

Das dichte Schneetreiben macht den Tag zur Nacht. Die Fußspuren der Grenzgänger, an denen man den Pfad erkennen könnte, sind längst verschneit. Doch die Hufe der Yaks und die schweren Schritte der Nomaden, die das ganze Jahr über die Pässe hin und her wandern, haben einen schmalen Grat in den Schnee gestampft, der fest ist wie Erde. So kann Nima den Weg zumindest ertasten, Schritt für Schritt. Das kostet Zeit. Nur der Wind hat es eilig, vom Paß herunterzufegen.

Lobsang krallt seine nackten Finger in den Innenstoff des Anoraks. Er hat keine Fäustlinge mitgenommen! An alles hatte er vor seinem Aufbruch gedacht. Aus zwei Plastiktüten hat er sogar Gamaschen gebastelt, damit ihm der Schnee nicht unter den Saum seiner Hosenbeine kriechen kann. Er hat genau gehört, was dieser Lhasa-Boy in der ersten Nacht ihrer Flucht zu Dhondups Bruder sagte: »Es fängt damit an, daß du deine Finger nicht mehr bewegen kannst. Und wenn sie schwarz wie totes Brennholz sind, kannst du sie nur noch abschneiden.«

Danach hatten sich die beiden aus dem Staub gemacht.

Wie ein Schneeleopard packt Lobsang jetzt die Angst am Nacken.

»Meine Hände!« heult er.

Doch niemand hört ihn im pfeifenden Wind. Sie haben sich alle unter den Sturmmützen verkrochen und kämpfen ihren eigenen Kampf gegen Kälte, Erschöpfung und Hunger. Lobsang kneift die Augen zusammen und versenkt sich in ein inneres Bild: In Gedanken läßt er die Perlen einer Gebetskette durch seine geschmeidigen Finger laufen ... Om mani padme hum ... Perle für Perle sendet er ein Mantra zu den Göttern. Das Holz der kleinen Kugeln fühlt sich warm an. Und das Licht der Abendsonne, das einen Sommertag zu Ende bringt, liebkost seine Hände. Die Leute im Dorf fahren auf ihren Pferdewagen die Ernte heim. Ein Feuersalamander huscht über seine nackten Füße, und die Luft duftet nach Blumen und Weihrauch. Om mani padme hum.

Om mani padme hum, Om mani padme hum, Om mani padme hum …
Beten auf der anderen Seite des Himalaya mehr als hundert Mönche und Nonnen,
beauftragt von Pema vor unserem Aufbruch,
bezahlt von unserem knappen Filmetat.
Om mani padme hum, Om mani padme hum, Om mani padme hum …
Schleudert ein alter Khampa gegen das undichte Dach seines Hauses.
Hätten ihn seine krummen Beine getragen, er wäre mit Little Pema gegangen.
Nun betet er für sein Enkelkind, das Lichtblick seines alten Lebens war.
Om mani padme hum, Om mani padme hum …
Beten Dhondups Eltern gemeinsam vorm Schlafengehen
Om mani padme hum …
Beten zwei Mütter,
jede für sich alleine.
Die eine reitet über das Weideland.
Die andere holt den Brautschmuck aus ihrer Truhe,
um Platz zu machen für die Erinnerung an ihre Kinder.
Om mani padme hum, Om mani padme hum, Om mani padme hum …
Beten in Amdo drei Generationen vereint: die Großeltern, Eltern und Brüder.
Seit Tamding weg ist, hängt ein Foto im Fenster.
Darauf lacht Tamding wie der Dalai Lama!
Der war ja auch ein Amdo-Boy.
Om mani padme hum.

Die Steinhäuschen. Wie kleine Nester scheinen sie geduldig auf die Ankunft der Gruppe gewartet zu haben. Gegenseitig klopfen sich die Flüchtlinge den Schnee von ihren Schultern, Rucksäcken, Ärmeln und Hosen. Dann nehmen sie Zuflucht, verkriechen sich samt ihrem Gepäck in diesen handgemachten Höhlen. Den Göttern sei Dank! Sie sind gerettet. Fürs erste. Was morgen wird, ist jetzt nicht wichtig. An ein Lagerfeuer ist freilich nicht mehr zu denken. Die Nähe ihrer müden Körper muß reichen, um sich gegenseitig warm zu halten. Statt Tee gibt es nur Schnee zum Lutschen.

Das Fieber schüttelt Nimas Glieder. Es hat seine letzten Reserven verbrannt.

»Lobsang und ich werden bei dir schlafen«, sagt Suja, »heute nacht müssen sich die anderen Männer um die Kinder kümmern.«

Er holt die dicksten Decken aus ihrem Gepäck und hilft Nima hinein. Dann legen er und Lobsang sich zu ihm. Suja nimmt den Freund in seine Arme. Lobsang legt seine kalten Hände auf die glühende Brust des Guides. Das schafft Erleichterung für beide.

Nimas Stimme zittert: »Vielleicht kommt Pema uns entgegen! Von oben hat man einen weiten Blick ins Land.«

»Er wird da sein. Bestimmt«, sagt Suja.

»Ich werde ihm die Gruppe übergeben und dann ... ich glaube, ich schaffe es nicht weiter.«

»Du wirst es schaffen«, sagt Suja und drückt Nima fest an sich. Denn in der Höhe verirren sich die Gedanken schnell, und Träume wandern oft seltsame Wege. Noch dazu, wenn man Fieber hat.

»Und wenn ich dich auf meinen Schultern bis nach Kathmandu tragen muß – ich bringe dich in ein Krankenhaus. Vielleicht ist Pemas Inji-Frau sogar ein Amchi!«

Nima schließt die Augen. Aus den Nachbarhäuschen dringen die Stimmen der Kinder zu ihnen herüber. Dhondup erzählt den Mädchen einen Witz.

Er hat viel Kraft. Wenn er groß ist, wird er Gutes für Tibet tun, denkt Nima. Vielleicht wird er sich dann an seinen Guide erinnern.

»Auch wenn die Chinesen Halsabschneider sind, sollte man keine Witze über sie machen!« ermahnt Goldzahn die Kinder. Doch Little Pema hört nicht auf zu kichern, und die anderen Kinder fallen in ihr Gelächter ein.

Es war die Mühe wert, denkt Nima und schließt die Augen.

Nepal, 13. April 2000

Die ersten Sonnenstrahlen brechen durch die Wolkendecke, und wir lassen uns auf das nächstbeste Stückchen Weidegras fallen. Nach dieser langen Nacht wollen wir ein wenig die Sonne genießen, die sich seit einigen Tagen nur noch vormittags blicken läßt. Für einen kleinen Moment die schwere Last ablegen, den Rücken strecken, sich aneinanderkuscheln, ein bißchen die Augen schließen ...

Als wir aufwachen, steht die Sonne gleißend im Zenit. Unsere Gesichter sind verbrannt, und mein Kopf fühlt sich dumpf an. Zeit für mein erstes Aspirin C in den Bergen. Es verdünnt das Blut, das in der Höhe träge wird wie Lava. Jörg hat zum Glück keine Kopfschmerzen. Aber er ist hundemüde. Ohne jede Alpinerfahrung ist er innerhalb von zwei Tagen von Null auf über viertausend Meter gestiegen! Jetzt verlangt sein Körper nach einer langsameren Annäherung an jeden weiteren Höhenmeter.

Für Kelsang ist es höchste Zeit, wieder abzusteigen, um Richy zu holen. Er versteckt seinen Rucksack hinter einem dieser Steinmäuerchen, die das Weideland der Sherpa eingrenzen.

Ich vertraue darauf, den Weg mittlerweile gut genug zu kennen, um mich mit Jörg alleine bis zu unserem Basislager durchzuschlagen. Wir legen oft Pausen ein und trinken möglichst viel Wasser. Überall plätschern kleine Bächlein von Schmelzwasser durch das breite, leicht ansteigende Tal.

Jörg ist schweigsam. Ich fürchte, er bereut es bereits, mir in den Himalaya gefolgt zu sein. Ich fühle mich unsicher. Wahrscheinlich dachte Jörg, als wir uns kennenlernten: »Oh, eine interessante Frau!«

Viele Menschen glauben, daß man ein interessanter Mensch ist, nur weil man fürs Fernsehen arbeitet. In Wahrheit bin ich ein ziemlich verschreckter Mensch, der große Angst vor dem Scheitern hat. Wenn die Flüchtlinge kommen, werden wir einen Film drehen. Wenn keine Flüchtlinge kommen, wird es keinen Film geben. Ob Sieger oder Verlierer – im Grunde ist man immer derselbe Mensch. Nur daß der Sieger im Rampenlicht und der Verlierer auf der Abschußliste steht. Und sollte den Flüchtlingen tatsächlich etwas zugestoßen sein, habe ich nicht nur ein gesellschaftliches ›Loser-Problem‹. Ich würde es auch seelisch schwer verkraften.

Mit meinem Filmprojekt habe ich einen Stein ins Rollen gebracht – nicht abzusehen, welche Lawine er auslösen wird! Vielleicht ist Nima wegen der Verabredung mit Pema an eine Route gebunden, an deren Wegrand ein Unglück lauert. Vielleicht wäre es für Nima günstiger gewesen, die Marschrichtung im letzten Moment zu ändern. Vielleicht war dies nicht mehr möglich, weil Pema bereits unterwegs war und Nima den Freund nicht warten lassen wollte. Ursache und Wirkung – wie eng wir alle miteinander verbunden sind!

Eine Afrikanerin hat mir in Köln einhundertacht Zöpfe aus langem Kunsthaar geflochten. Multipliziert man die zwölf Tierkreiszeichen mit der Anzahl der Planeten, kommt man auf einhundertacht. In einhundertacht Schriftrollen soll einst der Buddhismus aus Indien nach Tibet gekommen sein. Der »Tausendarmige« ist nur eine von einhundertacht Erscheinungsformen Chenresigs, des mitfühlenden Buddha. Einhundertacht Perlen zählen die Gebetsketten der

Tibeter – für einhundertacht Möglichkeiten, sein Leben zu verfehlen.

Mist. Wo sind wir? Ich hätte mich besser auf den Weg konzentrieren sollen. Der Himmel hat sich wieder zugezogen. Langsam, aber zuverlässig wie immer verhüllt der Nebel die Berge. Schwierig, sich in dieser Suppe zu orientieren.

»Ich weiß nicht, ob wir richtig sind«, sage ich. Erschöpft läßt sich Jörg auf die Steine nieder. »Ich dachte, du kennst den Weg.«

»Schon, aber es sieht plötzlich alles so anders aus.«

ཨོཾ *»Am Morgen scheint immer die Sonne. Doch am Abend kommt Nebel, und die kalten Winde ziehen auf. Dann kann man kaum noch was sehen. Es ist die Zeit, in der viele Menschen auf dem Weg sterben.«* EIN DROGPA

Eigentlich wollte ich nur einen Blick hinter die nächste Bergkuppe werfen, in der Hoffnung, irgend etwas zu entdecken, was mir vertraut wäre. Ich habe Jörg zurückgelassen und bin einfach weitergelaufen, immer weiter. Ich wollte vor Einbruch der Dunkelheit herausfinden, ob wir auf dem richtigen Weg sind.

Der Nebel wird immer dichter. Ein milchiges Weiß, das die ganze Welt um mich herum verschluckt. Sogar der Wind hält seinen Atem an. Plötzlich bin ich ganz alleine. Ich weiß nicht, ob ich fluchen oder beten soll. Ich bleibe stehen und lausche in dieses Nichts. Es ist alles so unwirklich, wie in einem Traum. Ich hebe einen kleinen Stein vom Boden, stecke ihn in meine Tasche. Zögerlich rufe ich nach Jörg. Bekomme keine Antwort. Noch einmal rufe ich, ein kleines bißchen lauter.

»Zazie?«

Die Stimme kommt von oben.

»Pema!«

Er ist nicht alleine. Neben seiner dunklen Gestalt, die jetzt im Nebel auftaucht, bewegt sich die eines Kindes auf mich zu... Ein Junge? Er trägt einen langen grünen Mantel mit goldenen Knöpfen und lacht mir unter seiner großen, dunkelroten Mütze zu.

»Hi Zazie, what's up?« fragt Pema, als sie plötzlich vor mir stehen. Er klopft mir auf die Schulter und weckt mich auf aus meinem Traum. Der Stein ist immer noch in meiner Hosentasche.

»Das ist Tamding«, sagt Pema.

»Tashi Delek!« sagt der Kleine und strahlt mich an wie ein riesiges Glühwürmchen.

»Tashi Delek«, flüstere ich, weil es mir die Stimme verschlagen hat. Ich muß mich beherrschen, damit ich das Kind nicht in meine Arme schließe und abküsse vor Freude.

»Bist du alleine?« fragt Pema erstaunt.

Oh, mein Gott! Jörg! Wir müssen ihn suchen. Sofort!

Als wir eilig den Hang hinunterstapfen, weicht Tamding nicht von meiner Seite. Mit großer Neugier mustert der Kleine mich von oben bis unten. Ich wage nicht, Pema zu fragen, wie viele Flüchtlinge gekommen sind. Ich bin schon mit diesem einen Kind überfordert. Darauf war ich nicht vorbereitet, es geht mir zu schnell. Wie kann es sein, daß sie schon da sind?

Jörg wartet an einen großen Felsblock gelehnt. Als er mich aus den Augen verloren hatte, knallte er seinen Rucksack auf den Boden und hockte sich darauf. Das Beste, was er tun konnte bei diesem Nebel. Seine Laune ist nicht die beste, doch als Tamding plötzlich grinsend vor ihm steht, ist er versöhnt.

»Nanu, wo kommst du denn her?«

»Sie sind letzte Nacht über den Paß gekommen«, erzählt mir Pema, während wir zum Basislager hochsteigen. »Sechsunddreißig Leute.«

»Sechsunddreißig!« Ich bin etwas geschockt. »Und wie viele Kinder?«

»Nur dieses eine. Und fünfunddreißig Mönche aus Amdo.«

Gut, daß sie es geschafft haben! ... Aber nur ein Kind – ich muß schlucken. Ich hatte auf mehr gehofft. Aber als Dokumentarfilmerin kann man nun mal keine Bestellung ans Universum abgeben wie in einer Kölner Kneipe: »Ich hätte gerne eine fünfzehnköpfige Flüchtlingsgruppe mit sechs Kindern und einem Folteropfer für den politischen Touch.«

Ich muß mit dem leben, was mir der liebe Gott geschickt hat. Der Exodus von fündunddreißig rotgewandeten Mönchen, die durch den mystischen Nebel ins Exil wandern – auch daraus kann man etwas machen.

Doch als wir unser Basislager erreichen, kann ich keine einzige Mönchsrobe erspähen: Hier sitzen fünfunddreißig bärtige, finster dreinblickende Männer in schmutzigen Klamotten und essen unseren Proviant auf.

»Das sind Mönche?« raune ich Pema ungläubig zu.

»Die Jungs sind seit drei Monaten unterwegs! Sie waren sogar im Gefängnis! Tamding auch! Du wirst begeistert von ihren Geschichten sein.«

»Tashi Delek!« sage ich und nehme meinen ganzen Mut zusammen, um dabei aufmunternd zu lächeln.

»Tashi Delek!« erwidern sie freundlich. Viele husten. Meine Güte, sie sind in einem erbärmlichen Zustand.

»Wer von ihnen ist Nima?« frage ich Pema.

Pema stellt mich einem etwa vierzigjährigen, drahtigen Tibeter mit dunkler Hautfarbe und schmalen Augen vor.

»Das ist der Guide«, sagt Pema, »er hat uns all diese Leute über den Paß gebracht.«

»Gut gemacht«, sage ich und reiche Nima mit etwas Zurückhaltung die Hand. Irgendwie habe ich mir das alles ganz anders vorgestellt. Auch von Nima hatte ich ein anderes Bild in mir getragen. Vielleicht liegt es an seinem Namen. Nima heißt Sonne.

»Hast du ihnen was zu essen gegeben?« frage ich Pema.

»Sure. Aber das Problem ist, daß es so viele sind. Einige brauchen dringend Medizin.«

Ich bin froh über jede Aufgabe, die mir Zeit gibt, nachzudenken. Ich hole meinen Medizinbeutel aus dem Zelt. Jörg kommt mit.

»Was denkst du?« frage ich ihn.

»Das Wichtigste ist, daß sie erst einmal da sind und du dir keine Sorgen mehr machen mußt. Aber klar: Das ist kein Kinder-Treck.«

»Und wir haben keinen Schnee«, füge ich hinzu, »der erste Schneehaufen liegt etwa einen Tagesmarsch von hier entfernt. Wir waren einfach zu langsam.«

»Was willst du jetzt tun?«

»Medikamente verteilen.«

Die meisten Männer haben einen schweren Husten oder entzündete Augen, weil sie keine Sonnenbrillen gegen die gleißende Helligkeit des Schnees dabeihatten. Einige beutelt das Fieber, andere haben Kopfweh. Ein Mönch leidet unter schrecklichen Zahnschmerzen. Sein Blick ist schon ganz irre. Nur dem kleinen Tamding scheint der Marsch nicht wirklich zugesetzt zu haben. Dieses Kind ist unglaublich. Er bleibt immer dicht bei mir, und wenn ich mich zu ihm umdrehe, strahlt er mich an.

Ich verteile jede Menge Aspirin, Augentropfen, Schmerztabletten und für jene, die stark fiebern, Antibiotika. Es macht mir Freude, großzügig zu sein. Vielleicht war das der Sinn unserer langen Wanderung: fünfunddreißig erschöpfte Mönche aufzupäppeln und zu verarzten. Ich weiß zwar nicht, ob das den ZDF-Redakteuren reicht, aber darüber werde ich morgen nachdenken. Denn mittlerweile ist es stockfinster. Die Männer haben Decken und Plastikplanen aus ihren Rucksäcken geholt und richten sich ein Schlaflager ein. Tamding darf zu Jörg und mir ins Zelt. Zu dritt teilen wir uns zwei Schlafsäcke, Tamding liegt zwischen uns. Die Nähe des Kleinen tröstet mich über die Tatsache hinweg, ein ernsthaftes Problem zu haben. Ich glaube, er grinst sogar im Schlaf.

Am nächsten Morgen bin ich schon sehr früh wach. Die dünne Höhenluft wirkt wie Koffein auf mich, ich brauche kaum Schlaf. Ich muß mit Pema reden. Auch er ist bereits wach, als ich leise den Reißverschluß an meinem Zelt öffne. Eingehüllt in seine dicke Felljacke, sitzt er rauchend auf einem Stein und beobachtet den klaren Morgenhimmel. Ich setze mich zu ihm. Schweigend warten wir auf die Sonne. Als der erste rote Strahl hinter den Bergen aufblitzt, sage ich es: »Pema, wir können nicht mit diesen Mönchen drehen. Mein Auftrag ist, einen Film über tibetische Flüchtlingskinder zu machen.«

»Ich weiß«, sagt Pema und zündet sich mit seiner Kippe gleich die nächste Zigarette an. »Ich wollte es dir eigentlich nicht sagen.«

»Was?«

Er deutet auf die schlafenden Mönche: »Das hier ist nicht unsere Gruppe. Der Guide ist auch nicht Nima. Aber er kennt ihn.«

»Und was ist mit Nima?«

»Er ist mit seiner Gruppe ein paar Stunden vor den Mönchen aus Lhasa aufgebrochen. Der Guide hier hat Nima und seine Leute zuletzt in Gyantse gesehen. Kann sein, daß sie auf dem Weg in die Berge in eine Straßensperre geraten sind.«

Das ist die zweite Gruppe, die vom Erdboden verschwunden ist. Es ist nicht auszuhalten! Als ich in Tränen ausbreche, nimmt Pema mich in die Arme.

»Zazie-la, du bist nicht schuld. Verstehst du? Sie hätten es ohnehin nicht geschafft! Nima hatte für diese Jahreszeit zu viele Kinder dabei!«

Ich reiße mich von Pema los und renne hinunter zum Fluß. Ich muß irgend etwas tun. Ich ziehe meine Schuhe und Hosen aus und steige ins eiskalte Wasser. Der Schmerz hilft mir, nicht völlig auszuflippen. Als ich wieder zu unseren Zelten zurückkehre, fühle ich mich ruhiger. Mein Entschluß steht fest: Bald wird Kelsang mit Richy kommen. Und dann werden wir weitergehen. Wir werden warten, bis Flüchtlingskinder über die Grenze kommen. Egal wie lange.

Kurz darauf stehe ich vor fünfunddreißig tibetischen Mönchen und ihrem Guide, und sie alle warten gespannt darauf, was ich ihnen zu sagen habe. Es gibt leichtere Situationen im Leben als diese. Sie sind jung, kaum älter als zwanzig. Sie haben bestimmt eine harte Zeit hinter sich. Sie sind voll mit ihren Geschichten, die sie mir anvertrauen wollen. Doch ich will sie nicht hören. Nicht jetzt. Richy und Kelsang haben unser Basislager erreicht. Mein Kameramann ist topfit, wir können weiter. Unsere Kräfte und Batterien müssen wir aufsparen für ein paar Flüchtlingskinder, von denen ich nicht weiß, ob sie überhaupt noch kommen werden. Es tut mir so leid, als ich in die aufrichtigen Gesichter dieser jungen Männer blicke. Ich bitte sie, mich zu verstehen. Wenn wir Tibets Schicksal an eine große Öffentlichkeit bringen sollen, dann brauchen wir Kinder! Wie kann man den Menschen im Westen die Not des tibetischen Volkes besser nahebringen als durch die Tatsache, daß Eltern bereit sind, ihre Kinder auf so einen Marsch zu schicken? Die jungen Männer nicken. Sie haben mich verstanden. Ich frage den Guide, ob Tamding bei uns bleiben kann. Der Guide überläßt die Entscheidung dem Kleinen, der begeistert nickt.

Als die Mönche ihre Sachen packen, gebe ich ihrem Guide Geld für Proviant und ›Bakschisch‹ – falls sie auf dem Weg nach Kathmandu von nepalesischen Soldaten erwischt werden. Und unsere letzten Medikamente.

Der Paß

»Wir gingen zusammen, wir aßen zusammen, wir schliefen zusammen und wir hielten zusammen. Mir wurde geholfen – von fast jedem in der Gruppe. Manchmal weinte ich, wenn ich meine Eltern vermißte, aber dann ging ich weiter mit dem größten Herzen, das ich haben konnte. Ich meine, ich war wirklich mutig!« DHONDUP

Ihren Kochtopf, die Taschenlampen, den leeren Wasserkanister, die Pullover zum Wechseln – alles, was sie von nun an nicht mehr unbedingt brauchen, haben die Flüchtlinge an den Steinhäuschen zurückgelassen. Ihre Gesichter cremten sie mit einer Paste aus Yakfett ein, um die Haut vor der hohen UV-Strahlung zu schützen. Currasco hat Lobsang sein zweites Paar Socken geschenkt, damit er sie gegen die Kälte über seine Hände stülpen kann.

Der Aufbruch war noch turbulent gewesen, denn Little Pema hatte wieder schlecht geträumt. Zum Glück haben sie die letzten Tage nicht viel getrunken, so konnte wenigstens Dhondup trocken bleiben. Den gelben Fleeceanzug, den Little Pemas Mutter ihr zum Wechseln eingepackt hatte, wollte das Kind nicht anziehen. Und so mußte Dolker ihre abgewetzten Hosen an Little Pema abtreten und durfte dafür in den schönen Anzug aus Fleece schlüpfen. Er hat ein ausgestelltes Röckchen und Stickereien an der Brust. Es bleibt ein Rätsel, was Little Pema an ihm auszusetzen hat.

Dieses Kind ist unergründlich wie die Gletscherspalten, die hier überall unter der Schneedecke lauern, denkt Suja. Mit seinen dünnen Sportschuhen tritt er feste Spuren in den Firn für die Kinder und Männer, die folgen. Nima hält sich dicht hinter dem Freund und leitet ihn durch die verwirrende Weite der Landschaft. Die lange Nachtruhe hat dem Guide gutgetan. Das Fieber ist gesunken, und auch die Schmerzen haben etwas nachgelassen.

Der Weg ist leicht ansteigend, nur langsam gewinnen sie an Höhe. Seit vierundzwanzig Stunden haben sie nichts mehr gegessen, und die Erschöpfung der letzten Tage sitzt tief in ihren Knochen. Das gleißende Licht des Schnees ermüdet die Augen. Unendlich durstig machen Sonne und Höhe. Sie halten an, um ihre dunklen Brillen aus den Rucksäcken zu holen.

Dolker klagt über Kopfschmerzen.

»Das geht vorbei, wenn du für eine Weile deine Augen schließt«, sagt Suja und nimmt sein Seelchen auf den Rücken.

Es dauert nicht lange, da will auch Little Pema getragen werden. Doch keiner von den übrigen Männern hat jetzt noch Kraft für ein zusätzliches Gewicht.

Ich habe niemanden, der sich um mich kümmert, denkt Little Pema frustriert. Sie fühlt sich wieder schlecht. Von niemandem geliebt, von ihrer Ama im Stich gelassen und auch von Suja. Auch wenn sie seine Khampa-Prinzessin ist, Dolker wird er immer lieber mögen.

Dhondup hat ganz andere Sorgen. Heute morgen ist er mit einer Frage aufgewacht, auf die er keine Antwort findet: Warum war Paala so dumm, bei ihrem letzten Kartenspiel die Piksieben aufzudecken? Paala ist der beste Kartenspieler in der Familie! Dhondup ist zwar ein starker Gegner, doch so einfach war es noch nie gewesen, Paala zu schlagen. Irgend etwas an seinem letzten Sieg über den Vater stimmt Dhondup unzufrieden. Er möchte das Spiel wiederholen, aber das geht nicht. Wütend setzt er einen Schritt vor den anderen.

Dolker ist auf Sujas Rücken eingeschlafen. Egal, wohin sie gehen, er wird nie mehr von ihrer Seite weichen. Er weiß, wie schnell man seine Kindheit an schlechte Menschen verlieren kann. Er wird das Seelchen beschützen. Sein Leben lang.

»Haltet mal!« ruft Currasco nach vorne an die Spitze des Zuges. Tempa ist zurückgeblieben. Nach ihrer letzten Rast wollte er unbedingt das Schlußlicht sein – offenbar, um sich unauffällig von der Gruppe abzusetzen.

»Verdammt, der will nicht mehr«, murmelt Suja und vertraut dem Guide sein schlafendes Seelchen an. Dann stapft er Currasco und Yeti hinterher, die bereits unterwegs zu dem erschöpften Kameraden sind.

Wenn sie Tempa tatsächlich im Schnee zurücklassen müssen, wäre das ein Zeichen für Nima, seinen Job an den Nagel zu hängen. Diese Abmachung hat er mit sich vor seinem allerersten Grenzgang getroffen: Sobald die Götter nicht mehr mit ihm sind, wird er aufhören, Flüchtlinge ins Exil zu bringen.

Die drei Männer haben Tempa erreicht, der auf dem Rücken im Schnee liegt. Er möchte sich ausruhen und später nachkommen. Suja nimmt ihm die Sonnenbrille ab. Tempas Blick wirkt abwesend.

»Wenn du jetzt hier liegenbleibst, ist es vorbei!«

Er zieht seinen erschöpften Kameraden hoch, doch wie ein Sack Mehl läßt sich Tempa wieder in den Schnee zurückfallen. Er besteht darauf, nicht mehr weiterzukönnen.

»Sei kein Weichei! Sogar die Kinder schaffen das!« Ein wütender Unterton schwingt in Sujas Stimme.

»Tempa, steh auf«, versuchen es Currasco und Yeti freundschaftlich.

Doch Tempa dreht sich demonstrativ zur Seite. Er möchte in Ruhe gelassen werden, einfach einschlafen. Doch nicht mit Suja. Er nimmt eine Handvoll Schnee und reibt sie Tempa ins Gesicht: »Steh endlich auf, du verdammter Hund!«

Currasco protestiert: »Du tust ihm weh!«

Tempa heult. Er will nicht mehr, er kann nicht mehr! Lieber möchte er sterben, als weiterzugehen.

Bei so viel Selbstmitleid platzt Suja endgültig der Kragen. Er packt den Lamentierenden, zwingt ihn in die Knie und reißt ihm die Mütze herunter. An den Haaren zieht er Tempas Kopf in den Nacken und greift nach seinem Messer.

»Hör auf!« schreien Currasco und Yeti.

Tempa spürt eine scharfe Klinge an seinem Hals.

»Du stehst jetzt auf und gehst weiter, oder ich schneide dir die Kehle durch. Ich meine es ernst. Es geht ganz schnell. Erfrieren ist schlimmer.«

Der große Schreck bringt Tempas Körpersäfte wieder in Schwung.

»O.k.«, ächzt er, »ich geh' ja schon.«

Wenig später beobachten die Flüchtlinge, wie Tempa wütend den Berg hochstapft, gefolgt von Currasco, Yeti und Suja.

»Entweder war er in seinem früheren Leben ein Verbrecher oder er ist ein Mensch gewordener Buddha«, denkt Yeti.

»Als wir durch den Schnee gingen, dachte ich, daß ich sterben muß. Da vermißte ich meine Mama am meisten. Ich wäre am liebsten wieder nach Hause gegangen, wenn mich jemand gefragt hätte.« DOLKER

Ein Schritt und noch ein Schritt und noch ein Schritt. So lange sie noch einen Fuß vor den andern setzen können, geht das Leben weiter. Immer weiter. Sie sinken bis zum Bauch in den Schnee, der von der Mittagssonne in weichen Matsch verwandelt wurde. Das Blut pocht gegen ihre Schläfen. Die Lungen ringen um Luft. Sie sind fast blind vom gleißenden Licht. Yeti schleppt Little Pema. Goldzahn schleppt Dhondup.

»Chola, ich sterbe«, flüstert Dolker, die ihre Arme um Sujas Hals geschlungen hat.

»Versuch zu schlafen. Wenn du aufwachst, sind wir an der Grenze.«

Suja stellt seinen Rucksack, den er auf der Brust getragen hatte, in den Schnee und arbeitet sich gebückt weiter, damit ihm die Kleine nicht vom Rücken rutschen kann. Das Kind im Tausch gegen seine letzte Habe.

»Wie weit noch bis oben?« fragt Tempa mit gepreßter Stimme. Nima blickt in den sachte ansteigenden Hang, der sich in absehbarer Ferne verheißungsvoll in den Horizont hineinwölbt.

»Eine Stunde«, ruft er, und wieder denkt er: zwei.

»Ich glaube, ich kann die Windpferde schon sehen!« flüstert der Student zu Lobsang.

»Das bildest du dir ein. Wahrscheinlich sind es bunte Vögel«, mit halb geschlossenen Augen tastet der junge Mönch sich weiter – gefolgt von Chime, die sich als einziges der Kinder alleine durch den hohen Schnee kämpfen muß.

Wo bleibt Pema? denkt Nima. Er müßte uns schon längst gesehen haben. In der Offenheit der Landschaft sind sie die einzigen Farbkleckse, die auf der riesigen Schneefläche auszumachen sind.

»Ich kann nicht mehr!« stöhnt Yeti und setzt Little Pema

ab. Auch Goldzahn ist am Ende seiner Kräfte. Er nimmt Dhondup an die Hand und zieht ihn hinter sich her.

Es ist so kalt. Und so viel Schnee. Wenn Ama wüßte, wie naß meine Schuhe sind und wie weh mir mein Fuß tut! denkt Little Pema. Wenn Ama sie in Indien besucht, wird sie ihr erzählen, wie schlimm es war auf dem Weg. Dann wird es ihr leid tun, sie weggeschickt zu haben...

Ganz unten in seinem Rucksack hat Dhondup ein Foto von seinen Eltern versteckt. Es zeigt Amala und Paala vor ihrem Haus. Es ist Frühling, und der Rhododendron blüht im Garten. Hier liegt Schimi Tata mittags immer in der Sonne. Hier züchtet der Vater die Kräuter für seine Medizin. Ob sein großer Bruder wieder bei ihnen ist? Vielleicht ist jetzt Ama sehr böse auf ihn! Es wäre schön, wenn Dhamchoe ihn einmal besuchen kommt... in Indien.

»Das sind keine Vögel, das sind Windpferde!« ruft der Student. Die buntbedruckten Fahnen, auf denen die Gebete mit dem Wind in alle Welt reiten sollen, kennzeichnen oft den höchsten Punkt eines Berges oder Passes.

Die letzten Schritte auf dem Boden meiner Heimat, denkt Lobsang und beginnt zu zählen: Eins... zwei... drei... vier...

Wo steckt Pema? – Wäre er gesund, würde Nima vorgehen, um auf dem Paß die Lage zu checken. Manchmal verstecken sich da oben chinesische Scharfschützen. Doch über dem Paß türmen sich die ersten dunklen Wolken auf. Es wäre ungünstig, in dieser Höhe von einem Wetterumschwung erfaßt zu werden. Sie müssen weiter. Egal, ob auf dem Paß die Freiheit oder ihr Verderben wartet.

»Ich glaube, ich kann wieder gehen«, flüstert Dolker. Doch Suja hört nur noch das Keuchen seines Atems. Die Arme des Kindes um seinen Hals sind die Flügel, die ihn auf diesen letzten Metern tragen.

Siebenundachtzig ... achtundachtzig ... neunundachtzig ... Wie viele Schritte sind es noch bis in ihr neues Leben?

»Hujaaaaaaa!« Mit einem Aufschrei des Triumphes erreicht Suja als erster den Paß. Keine Gewehrsalve zerreißt die Stille der weiß gedeckten Landschaft. Nur die Gebetsfahnen flattern unruhig im Wind. Viele sind längst ausgebleicht von der Sonne. Behutsam läßt Suja sein Seelchen vom Rücken herab.

»Hujaaaa!« ruft auch Dolker und fühlt sich plötzlich ganz leicht vor Freude.

Wo ist der Grenzstein? Wahrscheinlich liegt er hier irgendwo unter der dicken Decke aus Schnee. Es gibt keine Grenze hier oben, nur grenzenlose Freiheit, denkt Suja und ruft laut »Rangzen!« hinunter zu den Kameraden.

»Rangzen!« rufen sie zurück. »Freiheit!«

Als zweiter erreicht der junge Student den Paß. Erschöpft läßt er sich auf die Knie fallen. Dann greift er in den Schnee und wirft zwei Hände voll davon in die Luft. Millionen kleiner Glückskristalle rieseln auf sein strahlendes Gesicht herab.

Erschöpft sinkt Lobsang in Sujas Arme.

Die Kinder sind fasziniert von dem bunten Gewirr Hunderter Fahnen. Und Tempas Wut auf Suja fliegt wie ein Schwarm Vögel in den fernen Süden. Jetzt ist er froh, auf den Paß hochgetrieben worden zu sein.

Die Enttäuschung darüber, daß sein Freund Pema nicht gekommen ist, dämpft Nimas Euphorie. Doch die Flüchtlinge haben ihre Fäustlinge ausgezogen und strecken ihm, der als letzter die Paßhöhe erreicht, ihre nackten Hände entgegen: Trotz Krankheit und Schmerzen hat der Guide ihnen den Weg in die Freiheit gezeigt.

»Rangzen!«

Vorsichtig packt Chime die Windpferde, die Ama ihnen

mit auf den Weg gegeben hatte, aus dem Rucksack. Lobsang hilft ihr, die lange Leine, an der die bunten Fahnen hängen, zwischen die anderen Gebetsfahnen zu spannen.

Mit Tränen in den Augen beobachtet Dolker, wie der Wind nach Amas bunten Fähnlein greift. »So wie der Wind die Gebete ins Universum trägt, so wird er für immer meine Gedanken zu euch nach Indien tragen«, hatte Ama gesagt, als sie den Rucksack für ihre Kinder packte.

Die weiße Khata, auf der Amas Name und der ihrer Großmutter geschrieben stehen, bindet Chime zwischen die grüne und die rote Fahne. Denn Grün ist die Lieblingsfarbe ihrer Mutter und Rot war die Farbe des Glücksdrachens, der ihre Kindheit beschützte. Dann greift sie nach der Hand der kleinen Schwester: »Du mußt dir jetzt was wünschen.«

»Ich möchte bei Ama sein.«

»Das geht nicht. Wir sollten uns besser wünschen, daß wir nie vergessen, wie Ama aussieht.«

Plötzlich wirbeln Dutzende von kleinen Zetteln durch die Luft. Vom Wind erfaßt fliegen sie weit hinaus in den tiefblauen Himmel ihrer Heimat zurück. Es ist Lobsang, der die geweihten Papierchen, auf denen verschiedene Gebete gedruckt sind, wie Brieftauben nach Tibet entsendet. Für einen kurzen Moment schließt er die Augen und betet für all die Menschen, die er mit seinem nächsten Schritt – dem einhundertdreiundsiebzigsten – für immer verlassen wird.

Aus Nepal meldet sich dumpf das Grollen eines Unwetters. Es bleibt nicht viel Zeit, Abschied zu nehmen. Ein letzter Blick hinab in die Heimat. Ein letzter wehmütiger Gruß.

Mit riesigen Buchstaben schreibt Suja chinesische Schriftzeichen in den Schnee:

Good bye, China. Ich bin weg. Für immer.

Die Begegnung

Stimmen. Von weiter oben. Wir drücken uns flach in den Schnee und lauschen. Der Nebel verdeckt die Sicht auf die Paßhöhe. Träge wälzt er sich von den Bergen herab.

Die Stimmen rücken näher, und meine Angst rutscht tiefer, verkriecht sich in mein rechtes Knie, das zu zittern beginnt. Sind es Flüchtlinge? Ein chinesischer Suchtrupp? Oder nepalesisches Militär? Ich kann Tamdings Atem hören. Den ganzen Aufstieg über hielt sich der kleine Junge mit dem grünen Maomantel dicht bei mir. Fragend schaue ich zu Pema. Der macht uns Zeichen zu warten. Dann schleicht er weiter. Immer wieder sucht er Deckung hinter den Felsen, die aus dem Schnee ragen.

Ich halte mein Knie fest. Es fühlt sich an, als wolle es aus dem Gelenk springen. Jörg und Richy bleiben ruhig. Wahrscheinlich ist es die Erschöpfung. Seit dem frühen Morgen sind wir über riesige Eisfelder, Felsabbrüche und Moränen gewandert. Daß sie die Höhe ohne ausgiebige Akklimatisierungsphase so gut verkraften, hat sicher mit der Aufregung zu tun, die uns in permanenter Spannung hält.

Da sind sie wieder, die Stimmen. Nicht nur tiefe Männerstimmen, sondern auch die hellen Stimmen kleiner Kinder! Oder täusche ich mich? Ist mein ›Kinderwunsch‹ so groß und die Luft so dünn, daß ich zu phantasieren beginne?

»Pugu«, flüstert Tamding, »Kinder.«

Jetzt erhebt sich Pema aus dem Schnee und ruft etwas zu den Leuten hinauf.

Kurze Stille. Dann bricht oben Jubel aus. Höchste Zeit, unser Kamera-Equipment auszupacken.

Tamding schaut mich fragend an. Lauf! deute ich ihm, lauf rauf zu den anderen Kindern!

Darauf hat Tamding nur gewartet. Er spurtet los in Richtung der Stimmen, bis auch ihn der Nebel verschluckt. Richy fragt nach der Uhrzeit.

»Bald fünf!« ruft Jörg.

»Mist. Dann ist das Licht gleich weg.«

Mit schnellen, aber konzentrierten Bewegungen macht Richy seine Kamera startklar, während ich mit zittrigen Fingern mein Ton-Equipment zusammenschraube. Die Schutzhülle des Mikrophons überziehe ich mit einem wuscheligen Kunstfell, damit mir der starke Wind nicht die Atmo zerbläst. Die schweren Rucksäcke lassen wir mit unserem Sherpa Kelsang zurück und stapfen los. Mein Knie spinnt immer noch. Ich bin viel zu aufgeregt. Zum Glück bewahrt Richy die Nerven. Kein Wunder: Wer bereits Madonna und Tom Cruise vor der Linse gehabt hat, ist cool genug für jedes Abenteuer.

Zwischen den mannshohen Felsen im Schnee ist es schwierig, die grauen Gestalten der Flüchtlinge auszumachen. Hie und da bewegt sich ein ›Stein‹ in unsere Richtung. Dann wissen wir, daß es sich um einen Menschen handelt. Als Pema vor Freude plötzlich zu jauchzen beginnt und sich im Schnee fast überschlägt, ist klar, daß es Nimas Gruppe ist.

»Bleib stehen, Pema! Und sag denen da oben, daß sie auf uns warten sollen!« brüllt Richy.

Die ganze Situation muß für die Flüchtlinge seltsam sein. Sie haben ja keine Ahnung, daß wir einen Film über sie machen wollen. Wie werden sie auf unsere Kamera reagieren?

Normalerweise erklärt man den Protagonisten einer Dokumentation vor jeder Aufnahme, daß sie nicht in die Kamera schauen sollen. »Verhalten Sie sich so natürlich wie möglich!« würde man als Regisseurin sagen, oder: »Blenden Sie uns einfach aus, wir sind gar nicht da!« Doch wir haben keine Zeit für Erklärungen. Das Tageslicht beginnt allmählich trüb zu werden. Ich fahre meine Tonstange aus und stapfe hinter Richy her. Längst blinkt der rote Knopf an seiner Kamera. Er ist bereits auf Aufnahme.

Wie groß die Gruppe ist, läßt sich schwer abschätzen. Zunächst bewegen sich drei vermummte Gestalten auf Pema zu. Sie stecken bis zum Bauch im weichen Schnee und rudern mit den Armen, als suchten sie irgendwo Halt.

Jetzt entdecke ich auch Tamding wieder. Er ist auf einen großen Stein geklettert und winkt den Leuten zu. Wahrscheinlich erklärt er ihnen, was hier passiert. Unser kleiner Strahlemann macht seinen Job gut, denn als wir endlich bei den Flüchtlingen angelangt sind, scheint niemand irritiert über unsere Kamera-Ausrüstung zu sein.

Die drei Männer strecken Pema zur Begrüßung ihre Arme entgegen. Als sie auseinanderdriften, entdecke ich noch einen weiteren Mann, der eine schwere Last auf dem Rücken trägt. Es ist kein Rucksack – das ist der leuchtendrote Anorak eines Kindes!

Es trägt eine riesige Damensonnenbrille mit hellblauem Gestell, doch sein Gesicht ist eindeutig das eines Jungen. Seine vollen Lippen sind verkrustet und an vielen Stellen aufgesprungen. Wahrscheinlich ist er dehydriert und bräuchte dringend was zu trinken! Er wirkt etwas apathisch, als hätte er lange nicht mehr geschlafen. Der Mann, der ihn trägt, hat ein buntes Stirnband auf dem Kopf, und als er uns mit einem Lachen begrüßt, blitzt uns ein goldener Zahn entgegen.

Von oben kommen noch mehr Leute nach. Ein großer,

kräftiger Typ schleppt ein Kind in einem gelben Schneeanzug. Immer wieder bricht er bis zur Brust in die Schneedecke ein.

»Los, Pema – rauf zu dem gelben Kind!« ruft Richy.

Nur mühsam kommen wir vorwärts. Ständig rutschen wir aus, fallen hin, stolpern über unsere Kabel. Wir haben keine Hand frei, um uns abzufangen, und für einen kurzen Moment weiß ich nicht mehr, wo oben und unten ist. Da spüre ich eine vertraute Hand in meinem Rücken. Es ist Jörg, der mich von hinten anschiebt.

An dem ausgestellten Röckchen seines gelben Schneeanzugs kann ich erkennen, daß das Kind ein Mädchen ist. Es hat seine Sturmmütze tief ins Gesicht gezogen. Der starke Mann beeindruckt mich: Als einziger trägt er keine Kopfbedeckung. Seine Sonnenbrille hält das halblange Haar aus der Stirn, die von einer großen Narbe dominiert wird. Ist das Nima?

»Suja!« ruft plötzlich Tamding, unser Strahlemann, von seinem sicheren Stein aus und winkt aufgeregt zu uns nach oben.

»Tamding!« ruft der Hüne mit dem gelben Kind und lacht.

Die beiden scheinen einander zu kennen.

Wo ist Nima, der Guide?

Auf allen vieren klettert Pema weiter, auf der Suche nach dem Freund. Er ist viel zu schnell für uns. Gleich hat ihn der Nebel verschluckt.

Zwei Erwachsene rutschen uns entgegen, sehr zierlich der eine. Eine junge Frau?

Nein, ein Junge – halb Kind, halb Mann. Schwer zu sagen, wie alt er ist. Seine Stimme klingt hell, als er uns mit einem erleichterten ›Tashi Delek‹ begrüßt.

Da kommt noch ein Kind. Ein Mädchen! Es ist schon

etwas älter und schlittert einfach auf seinem Hosenboden den Berghang hinunter. Seine Klamotten müssen pitschnaß sein! Mit großen Augen schaut uns das Kind an, sagt kein Wort und rutscht vorsichtig weiter.

»Danke«, sage ich zum lieben Gott, »danke, daß du uns all diese Kinder heil über den Paß geschickt hast.«

»Go on«, sagt Richy.

Weiter oben liegen zwei Männer einander in den Armen und schluchzen vor Erleichterung. Der eine ist Pema. Neben ihnen steht ein kleines Kind im Schnee – in einer viel zu großen Jacke. Mit seinen großen, dunklen Augen blickt es uns verwundert an.

Ich hocke mich zu ihm, nehme vorsichtig seine Hand.

»Bhu? Bhomo? – Bub? Mädchen?« frage ich es mit meinen sparsamen Brocken Tibetisch.

»Bhomo«, antwortet Little Pema zaghaft.

»Wir müssen so schnell wie möglich aus dem Schnee raus«, sagt Pema, »Nima geht es nicht gut.«

Pemas Freund setzt seine Sturmkappe ab und schenkt uns ein schwaches Lächeln zur Begrüßung. Er hat ein freundliches, rundes Gesicht – fast knabenhaft mit schelmischen Augen.

Das ist er also – Nima, der Guide, von dem die Leute sagen, er sei so gut wie Gold.

Auf dem ersten Stückchen Gras, das die zerfließende Schneedecke freigegeben hat, wartet die Gruppe auf uns. Die Kinder und Männer haben sich einfach auf den feuchten Boden fallen lassen. Ihre Blicke wirken entrückt. Sie sind am Ende ihrer Kräfte.

Als der rote Aufnahmeknopf von Richys Kamera wieder zu blinken beginnt, senkt sich plötzlich eine mystische Stille auf die Szenerie.

Die offenen Gesichter der Kinder, in die vereinzelte Schneeflocken fallen, erzählen uns vom Schmerz, der Trauer und den Strapazen der letzten Tage. Auch Tamding hat die wehmütige Stimmung erfaßt. An seinen Augen kann ich sehen, daß sich das Drama seiner Flucht in der Erinnerung wiederholt. Er zittert vor Kälte und Erschöpfung.

Langsam hebt und senkt sich die Brust des starken Mannes, an der das kleine, gelbe Mädchen lehnt. Sie sehen einander irgendwie ähnlich. Jetzt schließt das Kind seine Augen und ruht sich am Herzen dieses seltsamen Mannes aus.

Der Nebel reißt auf und legt am Himmel ein paar blaue Flecken frei. Schwach dringen die letzten Sonnenstrahlen dieses Tages durch die brüchige Wolkendecke. Der Wind hat sich gelegt. Nur das Plätschern des dahinschmelzenden Schnees, der sich im Gras zu kleinen Bächlein sammelt, ist zu hören.

Eineinhalb Jahre habe ich auf diesen Moment gewartet.

Sachte nimmt Pema dem kleinen Jungen mit den verschorften Lippen die große blaue Sonnenbrille aus dem Gesicht. Er ist höchstens acht, doch sein Blick ist mehr als eine Million Jahre alt.

Der erste Morgen in Freiheit

»Die Polizisten sahen aus wie Monster! Aber einer von ihnen war sehr nett. Er hat mir Tsampa zum Essen gegeben. Das habe ich dann mit den Mönchen aus meiner Zelle geteilt.«

»Und wie lange wart ihr im Gefängnis?«

»Eine Woche.«

Suja freut sich, Tamding wiedergetroffen zu haben. Nachdem ihr Bus damals von chinesischen Polizisten angehalten worden war und er flüchten mußte, hat er sich oft gefragt, was aus dem netten Amdo-Boy geworden ist.

»Du warst eine Woche eingesperrt?«

»Ja. Sie wollten von mir wissen, wer von den Mönchen der Guide ist. Der Guide ist weg, habe ich gesagt. Aber das haben sie mir nicht geglaubt. Sie waren sehr unfreundlich zu mir. Ich mußte zusehen, wie sie die Mönche geschlagen haben. Sie wollten auch wissen, wo du steckst!«

»Shit.«

»Und dann haben sie gefragt, wo ich wohne und wer meine Eltern sind. Aber ich habe ihnen nichts verraten!«

»Tapferer Junge.«

Anerkennend klopft Suja Tamding auf die Schulter.

»Nachdem wir frei waren, bin ich mit den Mönchen nach Lhasa zurückgegangen. Dort haben wir dann unseren Guide wiedergetroffen.«

Die milde Wärme dieses sonnigen Morgens schenkt Raum für Begegnungen. Sie gibt uns die Möglichkeit, einander vorsichtig kennenzulernen. Mit einer dicken Heilsalbe creme ich die aufgesprungenen Lippen der Kinder ein. Das ist das einzige, was ich für sie im Augenblick tun kann. Die ganze Nacht waren wir unterwegs. Und als wir endlich unser Basislager erreichten, war die Sherpa-Familie weg, bei der wir etwas zu essen hätten kaufen können.

Ein Glück, daß wenigstens die Sonne scheint! So können unsere durchnäßten Kleider und Schuhe trocknen. Auf den niedrigen Steinmäuerchen haben die Flüchtlinge ihre bunten Decken und Planen ausgebreitet. Nima ist in der Sonne eingeschlafen. Daß wir ausgerechnet für ihn keine Medikamente mehr haben, ist absurd.

Der junge Mönch, der Lobsang heißt, holt mit einem Kanister Wasser aus dem Fluß, während die Männer ein kleines Lagerfeuer machen. Verzweifelt ringt die schwache Flamme in der sauerstoffarmen Luft um ein wenig Nahrung. Doch ein alter Blasebalg tut Wunder, und wenig später steht ein Topf mit Schnee auf dem Feuer. Wenigstens Tee wird es zum Frühstück geben.

Der Mann mit dem Goldzahn stopft die durchgelaufenen Socken des kleinen Jungen, der sich verschämt die Augen reibt. Wahrscheinlich fürchtet er, wir könnten bemerken, daß er weint.

»Wir sollten drehen«, flüstert Richy.

Er hat recht. Vorsichtig dirigiert Jörg mit seinem Reflektor das Sonnenlicht in die Gesichter der Kinder. Ich bewege mich auf einem engen Grat zwischen Mitgefühl und meiner Pflicht als Dokumentarfilmerin. Denn Richy fängt diese wertvollen Augenblicke, die wenige Monate später Hunderttausenden Fernsehzuschauern zu Herzen gehen werden, mit unserer kleinen Kamera ein.

Die kleine Dolker hat zu weinen begonnen: »Ich will bei meiner Ama sein.«

»Weine nicht«, tröstet sie Chime, die ältere Schwester, »das hat keinen Sinn. Es würde Ama nur traurig machen.«

Tapfer schluckt das Kind seine Tränen hinunter und wischt sich mit seiner Mütze die Nase.

Chime erzählt uns, daß ihre Amala bald zu Besuch nach Indien kommen würde – spätestens in einem Jahr zu Losar! Sie ist ein sehr hübsches Mädchen mit einer warmen, rauhen Stimme. Sie glaubt nicht wirklich an den Besuch der Mutter. Sie erzählt uns das wegen ihrer kleinen Schwester, die aufmerksam unserem Gespräch lauscht.

Dann spricht Chime von der finanziellen Not ihrer Mutter, die das Schulgeld nicht bezahlen konnte und sich oft Geld bei Nachbarn leihen mußte. Den Vater erwähnt das Mädchen nicht. Und als ich vorsichtig frage, was er ihnen zum Abschied mitgegeben hat, antwortet Chime ausweichend: Vor ihrer Abreise habe sie nur kurz mit ihrem Paala telefoniert.

Dann kümmert sie sich schnell um die kleine Schwester, die wieder zu weinen begonnen hat.

In ihrer viel zu großen Jacke sitzt das kleine Mädchen mit den großen, dunklen Augen alleine auf der kalten Erde. Sie wirkt verloren und etwas isoliert von den anderen Kindern. Es ist, als schlafe sie mit offenen Augen.

Ich habe Scheu, mich ihr zu nähern, doch Pema hockt sich einfach zu der Kleinen hin. Er macht ein freundliches Späßchen über ihre zerzauste Frisur und wuschelt spielerisch durch das kurze Haar. Der Anflug eines verschämten Lächelns erhellt für wenige Sekunden die verschlossenen Züge des Kindes. Pema holt einen Kamm aus seiner Hosentasche und beginnt die Kleine zu kämmen. Sie scheint es zu genießen, daß er Strähne für Strähne ihr verfilztes Haar entwirrt. Wahrscheinlich ist es die unaufdringliche Berührung, die guttut, diese Mischung aus Fürsorge und Zuwendung.

»So, nun wirst du ein schönes Mädchen«, brummt Pema, »die Jungs werden sich schlagen um dich!«

Jetzt hat der Blick der Kleinen auch Jörg und mich erfaßt.

»Sie heißt auch Pema«, erklärt uns Pema. »Ich bin Pema tschenpo, und das ist Pema tschungtschung: Big Pema – Little Pema.«

»Pema tch'ungtch'ung«, grinst die Kleine. Der Kosename scheint ihr zu gefallen. Sie beklagt sich nicht einmal, daß Big Pema an einem hartnäckigen Knoten zerrt. Mit etwas Wasser streicht er das gekämmte Haar schließlich glatt und zaubert sogar noch einen kleinen Spiegel aus der Hosentasche: »Schau mal, wie hübsch du jetzt bist! Was wirst du tun, wenn später einmal einer kommt und sagt: So ein nettes Mädchen! Genau die will ich haben?«

Als die Kleine im Spiegel die großen Kälteflecken auf ihren Backen sieht, verdüstert sich ihre Miene schlagartig.

»War es denn sehr schlimm auf dem Weg?« frage ich.

Das Kind nickt.

Bei unserem Abstieg habe ich beobachtet, daß Little Pema große Mühe hatte, mit dem Tempo der Gruppe mitzuhalten. Ihr linker Fuß ist nicht in Ordnung. Bei jedem ihrer Schritte schleift sie das Bein ein wenig hinterher. Nima hat erzählt, daß sie sich ein paar Monate vor der Flucht das Bein gebrochen haben soll. Es muß schwer für die Eltern gewesen sein, ihr Kind in diesem Zustand fortzuschicken.

»Was hast du gemacht, wenn dir dein Fuß weh getan hat?«

»Ich habe geweint und bin weitergegangen.«

Pema greift nach einem hübschen Medaillon aus Silber, das an einem bunten Gürtel um die Taille der Kleinen baumelt: »Von wem hast du das?«

»Von Ama.«

»Was hat deine Ama dir gesagt, als sie dir das Medaillon gab?«

Das Kind wendet sich von Pema ab und schaut zwei Vögeln hinterher, die durch den Himmel schweben.

»Vermißt du sie?« frage ich.

»Nein.«

»Und deinen Vater?«

Jetzt nickt das Kind.

»Und deine Mama vermißt du nicht?« fragt Pema nach.

Mit einen jähen Ruck schlägt Little Pema dem großen Pema das Medaillon aus der Hand. Ihr Blick wandert nach innen. Es ist, als ob sie plötzlich nicht mehr hier wäre, sondern weit, weit weg. Noch einmal versuche ich, sie mit meinen Fragen zu uns zurückzuholen: »Was hat Paala dir zum Abschied gesagt? Daß du gut auf den Weg achten sollst? Daß er dich nie vergessen wird?«

»Ich habe mich nicht von Paala verabschiedet«, sagt das Kind und fängt bitterlich zu weinen an.

Jörg legt seinen Sonnenreflektor aus der Hand und stapft wütend davon. Verwundert schaltet Richy seine Kamera aus: »Was hat er?«

»Vielleicht sollten wir endlich mit den Fragen aufhören«, meint Pema und nimmt das weinende Kind auf den Arm. Es ist mir unangenehm, den Bogen überspannt zu haben.

Als wir uns am Nachmittag mit leeren Mägen von den Strapazen der letzten Nacht ausruhen, kommt – schwer bepackt – die Sherpa-Familie zurück. Sie waren in ihr Winterquartier abgestiegen, um aus der Vorratskammer Nahrungsmittel für uns zu holen: Kartoffeln, Mehl, Fleisch und jede Menge Bier für die Männer. Wenige Stunden später drängen wir uns alle in der engen, verrauchten Hütte um ihren kleinen

Ofen, auf dem ein riesiger Topf mit Fleischbrühe steht. Sogar der kranke Nima hat sich zu uns gesetzt und freut sich über den großen Appetit seiner kleinen Schützlinge.

Neben ihm hockt dieser kräftige Typ mit der Narbe auf der Stirn, der alle vier Kinder bis zum Paß hochgeschleppt haben soll. Er hat die stolze Ausstrahlung eines Kriegers. Nima ist der Guide, er der Häuptling der Gruppe.

»Wie heißt er?« flüstere ich zu Pema.

»Suja«, sagt Pema.

Ich verstehe ›Soldier‹ und denke: Der Name paßt.

Die Frau des Sherpa schenkt den Männern Bier ein, und bald ist die Stimmung in dieser Hexenküche besser als beim Après-Ski auf einer Tiroler Hütte. Nur zwischen Jörg und mir sind die Temperaturen auf dem Gefrierpunkt. Er würdigt mich keines Blickes und schneidet mich, wenn ich in seiner Nähe bin. Schließlich halte ich es nicht mehr aus und schlüpfe durch die enge Türe ins Freie. Die lachenden und scherzenden Stimmen der Flüchtlinge folgen mir noch eine Weile, bis schließlich nur noch der Wind meine Ohren umspielt. Der Nachthimmel ist heute wieder klar, und die Sterne zeigen sich in ihrem schönsten Abendkleid. Ich habe schon lange keine Röcke mehr getragen, feine Blusen, Schmuck oder ein dezentes Parfum. Ich weiß nicht mehr, wie sich leichte Riemchensandalen anfühlen oder schlanke Pumps mit Absatz. Ich komme mir vor wie ein Trampeltier. Vom vielen Bergsteigen und den schweren Rucksäcken sind meine Beine zu stramm und mein Brustkorb zu breit für eine Frau geworden, die gerne zierlich wäre – und sensibel. Ich glaube schon, daß ich im Grunde meines Herzens Feingefühl besitze. Aber das Programm, das ich nun seit einem halben Jahr abziehe, hat mich auch hart werden lassen.

Ich werde so lange hier draußen bleiben, bis Jörg sich Sorgen um mich machen muß.

Nach einer Weile höre ich tatsächlich seine Schritte. Er sucht mich. Ich schaue ihm zu, bis er mich gefunden hat.

»Du hast genau gewußt, daß du die Kleine mit deinen Fragen zum Weinen bringst«, sagt er und setzt sich zu mir. »Wir hätten sie besser trösten sollen, anstatt in ihren Wunden zu wühlen.«

»Ich habe den ganzen Nachmittag mit den Kindern gespielt. Sie waren fröhlich, haben viel gelacht. Und wo warst du?«

»Ich bin den Berg hoch und habe mich in die Sonne gelegt. Ich mußte alleine sein.«

Wir schweigen eine ganze Weile, und keine einzige Sternschnuppe fällt vom Himmel herab.

»Was hast du mit ihnen gespielt?« fragt Jörg plötzlich.

»Aupo.«

»Aupo?«

»Das ist ein tibetisches Spiel mit kleinen Steinen. Du hebst ein Steinchen vom Boden auf, wirfst es in die Luft, hebst ein zweites Steinchen auf und mußt das erste fangen. Dann wirfst du beide Steinchen in die Luft und hebst schnell ein drittes vom Boden auf. So geht das immer weiter. Wer auf diese Weise die meisten Steine gefangen hat, ist Sieger.«

»Und wer hat gewonnen?«

»Tamding. Er ist mit Abstand der beste Aupo-Spieler.«

»Was ist eigentlich mit diesem anderen Jungen –«

»Du meinst Dhondup?«

»Er ist so schweigsam.«

»Ja, er ist sehr still. Aber er beobachtet uns die ganze Zeit.«

»Er hat einen seltsamen Blick. Als wäre er viel älter.«

»Eine ›alte Seele‹, würden die Buddhisten sagen.«

»Eine kleine, alte Seele«, sagt Jörg und drückt mir einen Kuß auf meine kalte Nase.

Nach einer durchzechten Nacht sind wir am frühen Morgen aufgebrochen. Viel Bier war geflossen, und zu später Stunde auch noch Schnaps. Ich fühlte mich nicht in der Lage, die Männer zu bremsen. Ich gönnte ihnen den Spaß, allerdings mit einem mulmigen Gefühl. In Lhasa kostet eine Flasche Bier weniger als eine Flasche Wasser. Und die vielen tibetischen Männer, die ihre hoffnungslose Situation mit Alkohol betäuben, erinnerten mich an die trinkenden Indianer in den Reservaten.

Als es Zeit war, unsere Zeche zu bezahlen, legte uns der Sherpa eine für nepalesische Verhältnisse astronomische Rechnung vor. Das stimmte mich übellaunig, denn ich spürte auch eine gewisse Berechnung dahinter, literweise Alkohol in unser Lager heraufgeschafft zu haben. Als wir zu unserem Zelt gingen, fluchte ich laut und trat mit meinen schweren Bergschuhen ein paar Steine durch die Luft. Ich stand kurz vor meinem ersten hochalpinen Wutanfall.

Pema legte seine Hand auf meinen Arm: »Sei nicht böse, Zazie-la. Diese Leute sind sehr arm. Wir sind wahrscheinlich die einzige Chance in ihrem Leben, richtig gut Geld zu verdienen. Heute abend vor dem Schlafengehen werden sie sich bei den Göttern für dieses Geschenk bedanken!«

Pemas Worte beschämten mich: »Woher nimmst du diese innere Größe, Pema-la?«

»Ich habe drei Liter Bier getrunken, das ist alles.«

Das weite Tal, das sich nun vor unseren Blicken öffnet, läßt den Ärger von gestern abend wie durch ein großes Tor entweichen. Die Sonne verwöhnt uns mit ihrer Wärme, und ihr Licht legt sich wie eine Liebeserklärung auf unseren Weg. Mit meiner Rechten schleppe ich die schwere Fototasche. In meiner Linken liegt schon seit einer ganzen Weile Little

Pemas Hand – wie ein verfrorenes Küken, das Schutz sucht vor der der großen, weiten Welt.

Ich spüre, daß Dhondup sich darüber ärgert. Heimlich wirft er mit Steinchen nach der Kleinen. Auch die beiden Schwestern halten sich stets dicht in unserer Nähe und warten auf eine Gelegenheit, nach meiner Hand zu greifen. Erst jetzt wird mir bewußt, daß die Kinder wochenlang nur von Männern umgeben waren.

Was soll ich tun? Ich spüre, daß Little Pema meine Aufmerksamkeit am meisten braucht. Die anderen vier Kinder sind stark. Unglaublich, wie sie ihre Trauer tragen! Bei Little Pema hat man das Gefühl, sie festhalten zu müssen, damit ihre Seele nicht auseinanderbricht.

Beim kleinsten Anlaß weint sie. Gestern abend hat Suja mit seinem schrecklichen Messer ein großes Tsampabällchen in fünf Teile geteilt. Als Little Pema meinte, das kleinste Stück bekommen zu haben, brach sie völlig haltlos in Tränen aus. Chime versuchte sie zu beruhigen, und Dolker war sofort bereit, auf ihren Anteil zu verzichten. Doch an Dhondups genervtem Gesichtsausdruck konnte ich sehen, daß dies nicht die erste Szene war, mit der Little Pema die ganze Gruppe in Aufruhr brachte.

Und wieder saust ein Steinchen knapp an Little Pemas Ohr vorbei.

Ich wünschte mir, zehn Jahre Pädagogik studiert zu haben. Dann hätte ich jetzt eine Lösung. Wenn ich meine Hand aus Little Pemas löse und der süßen Dolker reiche, wird diese Geste schmerzen. Beuge ich mich aber dem Druck, den Little Pema mit ihrem übersteigerten Bedürfnis nach Zuwendung auf uns alle ausübt, ist das ungerecht gegenüber den vier Kindern.

Zum Glück verordnet Nima eine Rast.

Doch kaum habe ich mich hingesetzt, klettert Little Pema

flink auf meinen Schoß und streckt Dhondup triumphierend die Zunge entgegen.

»Morto!« schnauzt sie der Junge wütend an, und Tamding lacht: »Morto! Morto!«

Oh, wie grausam, denke ich. Denn ›morto‹ heißt im Tibetischen ›alte Frau‹. Bestimmt ruft Dhondup die Kleine wegen ihres hinkenden Beines so. Doch als Little Pema mich verschämt angrinst und ich ihre Zahnlücken sehe, wird mir klar, daß Dhondups Spott einen ganz anderen Anlaß hat.

20. April. Wir haben ein Problem. Es ist spätabends, seit mehr als vierundzwanzig Stunden haben die Kinder nichts mehr gegessen. Der Proviant, den wir bei der Sherpa-Familie erstanden hatten, ist längst alle. Seit dem frühen Morgen sind wir ohne Pause auf den Beinen, und Nima hat Fieber.

Wir hocken auf der Böschung eines schmalen Weges. Längst haben wir die ersten Sherpa-Dörfer erreicht und müssen wieder im Schutz der Dunkelheit wandern. Etwa eine Stunde Fußmarsch von hier kenne ich Tibeter, bei denen wir vielleicht einkehren können.

Ich weiß nicht, ob sie mich mit meinen vielen Zöpfen wiedererkennen werden. Aber wir brauchen dringend was zu essen. Sonst kann ich keinen klaren Gedanken mehr fassen.

Das Pärchen ist ein lustiges Gespann, das sein bescheidenes Leben mit viel Humor und Frohsinn meistert. Als uns der Alte freundlich in sein steinernes Häuschen winkt, kocht – wie bestellt – ein riesiger Topf Nudelsuppe auf dem Ofen. Ohne Fleisch! Es ist, als hätte mein Kölner Jürgelchen eine vegetarische Online-Bestellung für mich in den Himalaya geschickt!

Kaum haben die Kinder einen Löffel in der Hand, vergessen sie alles um sich herum und schaufeln mit genußvollen

Schlürfgeräuschen die Suppe in sich hinein. Der unermüdliche Richy packt seine Kamera aus, und mit seinen kleinen Akku-Lampen beginnt Jörg, die heimelige Szene auszuleuchten. Als etwas Licht in die Hütte kommt, bemerke ich in einer stillen Ecke einen jungen Mann mit einem kleinen, hübschen Jungen, der einen gelben Strickpullover trägt. Daß auch sie Tibeter sind, beschäftigt mich nicht weiter. Angestrengt versuche ich mich gerade zu erinnern, über wie viele Sitzplätze ein Propellerflugzeug nach Kathmandu verfügt...

Pema hat es der Frau des Hauses offenbar angetan. Erst testet sie seine Schlagfertigkeit beim Flirten, dann will sie ihn als Schwiegersohn für ihre Tochter, die in Amerika studiert. Ich kann nur staunen: Wenn man den Sprung aus diesem Steinverschlag an ein amerikanisches College schafft, ist vieles möglich im Leben. Als Pema ihr Heiratsangebot dankend ablehnt, knöpft sich die Frau den hübschen Lobsang vor. Jetzt ist der Trubel groß in der Hütte, und ein Scherz jagt den anderen. Mit hochrotem Kopf versucht der junge Mönch, die Annäherungsversuche der selbsternannten ›Schwiegermutter‹ abzuwehren.

... Ich komme auf vierzehn bis maximal sechzehn Sitze pro Flieger. Von hier bis zum nächsten Flugplatz sind es etwa fünfzehn Stunden Marsch, bis nach Kathmandu acht Tage. Nima liegt auf dem Bett des Hirten, und sein Fieber steigt von Stunde zu Stunde. Wir müssen es mit dem Flugzeug versuchen. Doch wir sind zu viele Leute für den Flieger.

Wer fliegt? Und wer geht?

Jetzt fangen sie an zu singen. Der kleine Sotsi mit dem Zwirbelbart, der stets im Schatten seines hübschen Vetters Pema stand, stimmt das erste Trinklied an. Es ist ein Liebeslied aus Amdo.

Mein hübsches Singvögelchen,
ich wünsche dir viel Glück im Dickicht des Waldes,
ich wünsche dir viel Glück zwischen den dornigen Sträuchern!
Wenn uns das Glück ein langes Leben bescheren sollte,
laß uns beten,
daß wir irgendwann auf demselben Ast landen werden.

Die Männer klatschen dem begabten Sänger Beifall.

»Wir müssen dringend was besprechen«, sage ich, bevor der Mann des Hauses seinen Krug mit Chang auf den Tisch stellen kann.

»Wir werden uns aufteilen. In zwei Gruppen.«

Nach reiflichem Überlegen beschließen wir, daß Nima, die fünf Kinder, Lobsang, Suja, Pema, Sotsi, Jörg, Richy und ich versuchen werden, den Propellerflieger nach Kathmandu zu nehmen. Goldzahn, Yeti, Currasco, Tempa und der Student werden von unserem treuen Sherpa Kelsang zu Fuß in die Hauptstadt gebracht.

Unsere Gastgeberin kramt in ihrer Truhe bereits nach weißen Glücksschleifen, damit wir uns alle auch gebührend voneinander verabschieden können.

Lhakpa, das Nomadenmädchen

Das Licht der aufgehenden Sonne schimmert durch den dünnen Stoff leicht vergilbter Gebetsfahnen. Plötzlich gibt der Wind den Fahnen einen Stoß und legt den Blick auf die ganze Pracht des roten Feuerballes frei. Eine einsame Bergdohle läßt sich übermütig aus dem Himmel fallen.

Richy ist ein Künstler, der an seiner Kamera hängt wie ein Junkie an der Nadel. Seit Tagen fieberte er nach dem perfekten Sonnenaufgang für unseren Film, nun hat er ihn. Jörg und Pema schlafen noch. Da es auf der Strecke zum Flugplatz einen großen Touristencheckpoint zu umwandern gilt, mußte Nima mit Suja und den Kindern noch im Dunkeln aufbrechen.

»Wir treffen uns auf dem Hügel mit den Gebetsfahnen«, flüsterte ich zu Jörg, bevor Richy und ich durch die knarrende Türe unserer Gastgeber in diesen frischen, jungen Morgen schlüpften.

Nun genieße ich die Strahlen der Sonne, atme das Licht mit allen meinen Poren. Mein Blick wandert über die Spitzen, Zacken, Gipfel und Schneefelder dieser herrlichen Bergwelt. Ich bin so glücklich. Ich schließe die Augen und bitte den Wind, meinen Dank den Göttern zu bringen.

»Das wird ein schöner Film«, sagt Richy und setzt sich zu mir. »Wir haben die Berge, wir haben den Schnee, wir haben eine coole Gruppe und tolle Kinder.«

Zwischen zwei riesigen Mani-Steinen tauchen die Köpfe

von Jörg und Pema auf. Als sie näher kommen, bemerke ich, daß Pema einen Jungen an der Hand führt – den Kleinen von gestern abend! An seinem gelben Strickpullover erkenne ich ihn wieder.

»Das ist Lhakpa«, sagt Pema, als sie bei uns sind, »ihr großer Bruder hat uns gebeten, sie zum Dalai Lama zu bringen.«

Jetzt verschlägt es mir die Sprache: Der kleine Junge ist also ein Mädchen – und noch dazu ein tibetisches! Wo ist ihr großer Bruder jetzt? Wie kamen sie in diese Hütte? Und überhaupt – heißt das jetzt, wir haben noch ein Kind? Mit gesenktem Kopf steht die Kleine vor mir, während uns Pema ihre Geschichte erzählt.

Der große Bruder hatte Lhakpa alleine über den Paß gebracht. Als Nomade war es nicht schwer für ihn gewesen, den Weg nach Nepal zu finden. Doch als sie in bewohntes Gebiet gelangten, wußte er nicht weiter. Er kannte den Weg nach Indien nicht. Schließlich klopfte er an der Tür eines Häuschens, auf dessen Dach die vertrauten tibetischen Gebetsfahnen flatterten. Seine Landsleute versteckten die beiden in ihrer Stube und päppelten sie mit ihren köstlichen Suppen auf. Als wir dann einige Tage später an genau dieselbe Tür klopften, erschien dies dem jungen Mann wie eine glückliche Fügung. Doch unsere Kameras erschreckten ihn, so daß er nicht wagte, uns anzusprechen. Erst heute morgen, als Jörg und Pema ihre Schuhe schnürten, gab er sich endlich einen Ruck.

»Seltsam, daß unsere Gastgeber uns nicht auf die Kleine aufmerksam gemacht haben«, sage ich.

»Ich glaube, die hätten das Kind gerne bei sich behalten«, meint Pema. »Hast du nicht gemerkt, wie sehr der Alten die eigene Tochter fehlt? Beim Abschied hat sie richtig geweint – und erst der Bruder! Es war herzzerreißend!«

Die Kleine kaut an ihren Fingern. So fest, daß es beim Zusehen schmerzt.

Ich glaube, es war gut, daß Richy und ich bei diesem Abschied nicht dabei waren. Der verheißungsvolle Sonnenaufgang hatte uns samt Kamera rechtzeitig aus der Hütte gelockt.

So hatten Lhakpa und ihr Bruder ihre letzten Augenblicke für sich.

»Wie alt bist du?« frage ich das Mädchen.

Für einen kurzen Moment sieht es mich an. Wie die Sterne eines klaren Nachthimmels schmücken Hunderte von Sommersprossen sein hübsches, jungenhaftes Gesicht.

Dann senkt Lhakpa wieder den Kopf, ohne etwas zu sagen.

Sie will allein mit ihrer Trauer sein.

Es ist spätabends, als wir endlich das kleine Sherpa-Dorf erreichen, an dessen Rand eine abenteuerliche Flugpiste liegt, deren Anblick durch kein Antiflugangst-Seminar der Welt schönzureden wäre: eine für mein subjektives Empfinden viel zu kurze Schotterpiste, an deren Ende sich ein Berghang befindet, in den man bei einer Landung mit neunundneunzigprozentiger Sicherheit hineinrasen muß. Doch auch der Start wird meine Nerven blank legen, denn nach der witzhaft kurzen Anlaufstrecke bricht die Piste einfach ab und man stürzt in einen grauenhaften Abgrund – außer dem Piloten gelingt es, die Maschine über die Abrißkante hinweg in den Himmel hochzuheben.

Per Funktelefon ist es uns gelungen, eine ganze Propellermaschine für unsere ›Reisegruppe‹ zu chartern. Daß der Flieger über genau fünfzehn Sitzplätze für vierzehn Fluggäste plus einen Bordsteward verfügen würde, jagte mir einen angenehmen Schauer über den Rücken.

Mit Lhakpa sind wir nun genau vierzehn Personen.

An den Gebetsmühlen des Dorfeinganges erwarten uns Tamding und Chime. Als es dunkel wurde, hatte Nima ihnen aufgetragen, Ausschau nach uns zu halten. Die Kinder führen uns in eine kleine Herberge, in der die Flüchtlinge Unterschlupf finden konnten. Chime ist aufgeregt, sie hat mir etwas Wichtiges zu sagen. Dhondup soll den ganzen Abstieg über geweint haben – warum, verstehe ich nicht.

»Wegen dir«, übersetzt Pema. »Nachdem wir uns getrennt haben, dachte er, daß du nie mehr wieder zu ihnen zurückkommen würdest.«

Wir betreten den Gastraum und werden mit großem Hallo von allen Männern und Kindern begrüßt. Nur Dhondup versteckt sich schnell unter dem Tisch, als er mich sieht. Ich schlüpfe ihm hinterher und nehme ihn in die Arme. Hier kann es ja keiner sehen, daß so ein ›großer, starker‹ Junge auch mal dringend liebkost werden muß. Endlich bekommt er, was sich Little Pema schon seit Tagen bei mir abgeholt hat: ganz viel Zuwendung.

Als uns der Wirt das Abendessen bringt, schauen die Kinder enttäuscht auf ihre Teller. Aber sie sind viel zu höflich, um sich zu beschweren. Ich habe halbe Kinderportionen für sie bestellt, weil das so üblich ist in Deutschland.

»Ich glaube, sie brauchen mindestens drei Doppelportionen«, meint Pema vorsichtig.

Der Wirt bringt schnell Nachschub, und was die Kleinen vertilgen, ist wirklich enorm.

Nur Lhakpa rührt ihren Teller nicht an. Den ganzen Tag über hat sie schon nichts gegessen und auch kein Wort mit uns gesprochen. Wir Erwachsenen sind alle etwas ratlos.

Nachdem sie fertig gegessen haben, nimmt Chime das gleichaltrige Mädchen einfach an der Hand und zieht es mit sich in den Keller, wo für die Kinder ein Matratzenlager bereitet ist.

Ich muß Dhondup versprechen, noch zu einem Gutenachtkuß zu kommen. Doch als ich wenig später an ihr Lager trete, sind die Kinder bereits eingeschlafen. Nur Chime und Lhakpa tuscheln eifrig unter ihrer Decke. Sie bemerken mich gar nicht. Für einen kurzen Moment stelle ich mir vor, daß diese sechs alle meine Kinder sind.

»Gute Nacht«, flüstere ich und schließe leise die Tür.

Daß sich am Morgen der Nebel nicht aus den Tälern heben will, macht uns nervös: Werden die kleinen Propellerflieger überhaupt starten können? Jeden Tag bringen sie aus Kathmandu Nachschub an Bergsteigern hier hoch und holen jene ab, die um einen Gipfel reicher sind. Eventuell ist das ungünstige Flugwetter auch unser Glück. Denn als wir mit möglichst harmlosen Gesichtern zur Flugpiste schlendern, herrscht dort ein reges Chaos. Lauter aufgebrachte Touristen, die um ihren Rückflug bangen. Sie belästigen das überforderte Bodenpersonal mit ihren Fragen, Sonderwünschen und Klagen. In diesem unüberschaubaren Gewusel an bunten Goretex-Jacken, Fleecepullovern und ärmlich gekleideten Sherpa, die geduldig auf neue Kundschaft warten, fallen wir gar nicht auf. Trotzdem zittern meine Hände, als ich dem überforderten Nepalesen am Schalter unsere Flugtickets zum Einchecken überreiche. Ohne richtig aufzusehen, winkt er meine ›Reisegruppe‹ durch. Auf dem abgewetzten Laufband des Bretterverschlages, der sich ›Abfertigungshalle‹ nennt, wirkt das Gepäck der Flüchtlinge neben den teuren Markenrucksäcken der westlichen Bergsteiger zwar etwas armselig, doch keiner kommt auf die Idee, daß es sich um die Habe von illegalen Grenzgängern handelt. Die Möglichkeit für einen tibetischen Flüchtling, einen teuren Flugplatz zu bezahlen, ist einfach zu abwegig. Auch durch die Leibesvisitation kommen wir ohne Probleme. Nur Suja muß sein großes Messer abgeben. Ich verspreche ihm, daß er es in Kathmandu wiederbekommen wird.

»Seht mal die großen Flügel!« ruft Tamding, als zu Mittag endlich der erste Flieger landet. Wenig später laufen die sechs Kinder mit ihren Tickets aufgeregt über die Flugpiste zu unserer Maschine, auf der groß ›Yeti-Airlines‹ steht. Ihre kindliche Neugier verscheucht alle Horrorszenarien aus meinem Kopf. Und als die Maschine auf den Abgrund zurast, habe ich zum ersten Mal im Leben keine Angst, den sicheren Boden unter den Füßen zu verlieren. Mit diesen Kindern an Bord kann einfach nichts passieren. Seit wir unsere Flüchtlinge getroffen haben, fühle ich mich von einer ganzen Schutzengeleskorte beschützt. Mit einem Ruck hebt der Flieger ab und zieht hoch in den azurblauen Himmel.

Heute ist der 23. April 2000. In Deutschland feiern die Menschen Ostern. Und es ist alles gut. Mehr noch: Es ist besser als jemals zuvor.

Schwerelos gleitet unser Flugzeug an der gigantischen Kulisse des Himalaya-Massivs vorbei. Staunend schauen die Kinder aus dem Fenster: Von dort hinten sind sie gekommen, über all diese hohen Berge aus Schnee! Chime verkriecht sich tief in ihren Sitz und kämpft mit den Tränen. Der Himalaya sieht aus wie eine gigantische Mauer aus Eis, wie eine unüberwindbare Grenze aus Schnee, die sie immer von der Mutter trennen wird.

Weine ruhig, flüstere ich ihr in Gedanken zu. Laß endlich deine Tränen fließen!

Doch als Dolker sich lachend zu der älteren Schwester umdreht, reißt sich Chime schnell wieder zusammen. Sie wird durchhalten. Bis zum Ziel ihrer Reise. So, wie sie es Ama versprochen hat.

Der Gottkönig

ཨོཾ་ *Mein Herz ist immer beim Dalai Lama*
Es dreht sich um ihn,
wie das Goldene Rad Tibets
sich um unsere Heimat dreht und Glück bringt.
So wie wir Tibeter
um den heiligen Schneeberg pilgern.

TIBETISCHES LIED

»Ihr seid alle aus Tibet, und ich sage immer, die Tibeter in Tibet sind die Säulen unseres Landes. Denn ihr seid die Hüter unserer Kultur. Ich heiße euch willkommen.«

Ich glaube nicht, daß die Kinder die Begrüßungsworte Seiner Heiligkeit wirklich begriffen haben. Völlig hingerissen sitzen sie auf dem Boden und lauschen mit zusammengefalteten Händen seiner sonoren Stimme, die – sobald sich Emotionen in die Rede mischen – wie das Quecksilber eines Barometers in die Höhe klettert, um sich am Gipfel eines Gefühls zu überschlagen. Ich habe diese überraschenden Höhen und Tiefen einer Stimme in so ausgeprägter Form nur bei den Amdo-Tibetern erlebt.

Seit mehr als vierzig Jahren empfängt der Dalai Lama jeden einzelnen Tibeter, der den weiten Weg über den Himalaya zu ihm gefunden hat, persönlich. Etwa achtzig Neuankömmlinge drängen sich heute auf der engen Veranda seines schlichten Bungalows. Die meisten kennen wir bereits. Denn als wir frisch gewaschen, mit sauberen Kleidern, aufgeregten Herzen und den weißen Glücksschleifen in der Hand das private Domizil Seiner Heiligkeit betraten, gab es ein freudiges Wiedersehen mit den fünfunddreißig Amdo-Mönchen. Rasiert, geschoren und in dunkelrote Mönchsroben gehüllt, waren sie kaum wiederzuerkennen! Vor Aufregung halten sie sich jetzt an ihren Gebetsketten fest und murmeln Gebete. In Tibet mußten sie den Glauben an ihren Gottkönig verleugnen. Nun dürfen sie dem Dalai Lama ihre Wertschätzung offen zeigen, ohne sich vor Repressalien fürchten zu müssen.

Auch Lobsang hat heute morgen sein dichtes Kopfhaar rasiert. Nun wirken seine Augen noch größer und seine feinen Gesichtszüge wie aus Porzellan gemeißelt. Das dunkelrote Tuch, das er über sein sonnengelbes Unterhemd gewickelt trägt, hat aus unserem ›ältesten Kind‹ einen Mönch gemacht. Lobsang strahlt in dieser Rolle eine solche Würde aus, daß ich kaum mehr wage, ihn zu drücken und zu herzen.

»In Indien ist das Wetter sehr heiß. Deshalb ist es wichtig, auf eure Gesundheit zu achten. Eßt kein altes Fleisch, trinkt kein schmutziges Wasser und geht sofort zum Amchi, wenn ihr ein kleines Problem habt – wie Bauchschmerzen oder Kopfweh ...«

Was der Dalai Lama seinen Neuankömmlingen zu sagen hat, sind keine hochtrabenden philosophischen Gedanken, sondern väterliche Ratschläge, die helfen sollen, den Alltag in der Fremde zu meistern. Und als der Gottkönig von den schädlichen Auswirkungen des Rauchens und Trinkens spricht, senken alle jungen Männer – außer den Rotgewandeten – ihren Kopf.

Schade, daß Nima nicht mehr bei uns ist. Nachdem wir in Kathmandu gelandet waren, sind Pema und ich mit ihm in das amerikanische Hospital gefahren. Der Arzt, der den Guide untersuchte, äußerte einen schlimmen Verdacht: Hodenkrebs. Er überwies uns an eine Ambulanz für Ultraschalluntersuchungen. Als wir zu dritt den stickigen Warteraum betraten, begannen etwa zwanzig hochschwangere Nepalesinnen in ihren bunten Saris zu tuscheln. Und als schließlich Nima aufgerufen wurde, war das Gekichere groß.

Pema verschwand zusammen mit seinem Freund hinter einem weißen Vorhang, und ich ging hinaus auf die Straße. Aus Pemas Bauchtasche hatte ich mir ein Päckchen Marlboro stibitzt und zündete mir meine erste Zigarette seit vielen Jahren an. Und als mir schließlich kotzübel war vom Nikotin, hörte ich Pema quer über die Straße brüllen: »Let's make a big party!« Lachend standen er und Nima in der Tür der Ambulanz. Es gab eine neue Diagnose: Hodenentzündung. Und Pemas Verordnung lautete: Chang mangpo – viel Bier. Nach fünf Tagen war Nima gesund. Zusammen mit Sherpa Kelsang, der unsere ›Bodentruppe‹ wohlbehalten nach Kathmandu gebracht hatte, kehrte der Guide wieder in die Berge zurück.

Wo mag Nima jetzt stecken? Alleine dort oben im Schnee? Vielleicht wärmt er sich im Kreise einiger Drogpa an einer warmen Tasse Tee die Hände. Vielleicht spricht man in Lhasa mit vorgehaltener Hand bereits davon, daß Nima wieder da ist. Und ein paar junge Mütter fangen an, die Rucksäcke für ihre Kinder zu packen: warme Pullover und Sonnenbrillen gegen die Helligkeit des Schnees, ein zweites Paar Socken und Schuhe zum Wechseln ...

Am Ende seiner kurzen Ansprache fordert der Dalai Lama die Neuangekommenen auf, zuversichtlich in die Zukunft zu blicken. In China und vielen anderen kommunistischen Ländern sei ein innerer Wandel spürbar. Die Menschen würden allmählich das Vertrauen in die überholten Machtstrukturen ihrer Regierung verlieren. Längst bekundeten chinesische Intellektuelle, Schriftsteller und Philosophen offen ihre Sympathie für das tibetische Volk! Auch wenn die Situation ihrer Heimat im Augenblick hoffnungslos erscheine – auf lange Sicht werde die Wahrheit siegen.

Richy wechselt das Band in der Kamera: Gleich wird Seine Heiligkeit jeden einzelnen Flüchtling segnen. In einer langen Reihe stellen sich Männer, Kinder und Frauen auf und zittern dem größten Moment ihres Lebens entgegen.

Mit einer Verbeugung überreichen sie ihrem Gottkönig die seidenen Glücksschleifen, die der Dalai Lama segnet und jedem Schutzsuchenden um den Hals legt.

»Aus welcher Provinz kommst du?« fragt er den einen oder anderen Flüchtling, und jedem drückt er als Willkommensgeschenk das Bild einer tibetischen Gottheit in die Hand.

Ich habe innerlich zu zählen begonnen: Etwa fünf Sekunden dauert die Segnung eines Flüchtlings. Das ist viel Zeit für einen Gottkönig – und wenig für einen Menschen, der vier Wochen lang auf der Flucht war und bei jedem Schritt um Freiheit und Leben bangen mußte.

Ein alter Bauer aus der Provinz Kham wird von seinen Gefühlen überwältigt und bricht vor Seiner Heiligkeit zusammen. Wahrscheinlich hat er jeden Tag seines Lebens mit einem Gebet für das Wohlergehen seines Gottkönigs begonnen. Wahrscheinlich hat er alles aufgegeben, um seinen Lebensabend in der Nähe des Dalai Lama verbringen zu können. Vielleicht hat er seine Herde an die Steuer und seine Söhne an die Bordelle der Stadt verloren. Was auch immer der Alte erzählen will – Seine Heiligkeit hat keine Zeit für diese Geschichte.

Als einer der bedeutendsten Religionsführer unserer Zeit ist der Dalai Lama auch einer der meistbeschäftigten Menschen unserer Gesellschaft. Er lebt das Leben eines Mönchs mit all seinen strengen Regeln und Riten, und er ist Staatsmann einer (leider) nicht anerkannten Regierung. Er ist es, der im Exil alles zusammenhalten muß. Und mehr noch: In einer Zeit, in der die Menschen auf der ganzen Welt nach Werten, Maßstäben und spiritueller Orientierung suchen, gibt der Dalai Lama auch Christen, Moslems, Hinduisten und Atheisten Antworten. Neben der rührenden Figur des gebrechlichen Papstes ist der Dalai Lama eine vitale und schillernde Instanz, die für den Weltfrieden steht.

Die Sicherheitskräfte schieben den schluchzenden Bauern aus Kham weiter. Denn in wenigen Stunden geht der Flieger des Gottkönigs nach Delhi. Übermorgen erwartet man ihn zu einer großen Pressekonferenz in Berlin.

Jetzt treten unsere Kinder mit gesenkten Köpfen vor ihren Gottkönig. Mir ist, als könnte ich ihre aufgeregten Herzen schlagen hören. Was fühlen sie? Angst? Scheu? Ehrfurcht?

Chime hat vier Jahre lang in der Schule gelernt, daß der Dalai Lama ein ›Wolf im Schafspelz‹ sei, der das tibetische Volk für seine schlechten Absichten nutze. Die Mutter hat ihr jeden Abend erklärt, daß das nicht stimmt – leise, damit es die Nachbarn nicht hören.

Little Pema kennt ein Versteck, in dem der Großvater verbotene Bücher des Dalai Lama aufbewahrt. Sie mußte ihm versprechen, dieses Geheimnis selbst vor Freunden zu hüten.

Dhondups Mutter trug dem Kleinen auf, sein Schutzmedaillon mit dem Bild des Dalai Lama zu verstecken, falls er auf der Flucht von der chinesischen Polizei aufgegriffen würde.

Jetzt wagt Dhondup kaum, Seine Heiligkeit anzusehen, als dieser ihm mit ein paar freundlichen Worten die gesegnete Glücksschärpe um den Hals legt.

Little Pema verschlägt es gar die Stimme, als der Dalai Lama sie nach ihrem Alter fragt.

Und Chime antwortet auf die Frage, woher sie komme: »Zehn Jahre.«

Kaum wird sie sich ihres Versprechers bewußt, schlägt sie ihre Hände vors Gesicht und läuft davon. Der Dalai Lama findet es lustig, und ich fange sein unverkennbares Lachen mit meiner langen Tonstange ein.

Ich bin so froh, daß Richy diese Momente filmt! Wenn die Kinder groß sind, werden wir uns gemeinsam diese Aufnahmen ansehen. Und dann wird mir Chime vielleicht erzählen können, was in einem Kind vorgeht, das plötzlich vor seinem Gottkönig steht.

Big Pema nimmt die Audienz gelassen – es ist nicht seine erste. Trotzdem hat er seine traditionelle Tracht angelegt. Nach ihm tritt Suja vor Seine Heiligkeit. Ich zucke zusammen: DON'T MEDITATE steht in großem Graffiti auf Sujas hellbraunem Sweatshirt.

Warum ist mir das nicht früher aufgefallen? Dann hätte Suja noch schnell den Pullover wechseln oder etwas überziehen können. Wahrscheinlich hat er keine Ahnung, mit welchem Logo auf der Brust er da vor sein religiöses Oberhaupt tritt!

Der Dalai Lama nimmt es gelassen. Vielleicht hat er es auch gar nicht bemerkt. Er blickt dem ›Soldier‹ aufmerksam ins Gesicht, als könnte er darin seine Geschichte lesen.

»Wo hat Suja dieses Sweatshirt her?« frage ich Pema, als wir vom Bungalow des Dalai Lama die kleine Straße zu unserer Herberge hochgehen.

Im Reception-Center von Kathmandu, wo die Flüchtlinge provisorische Pässe für ihre Weiterreise nach Indien ausgestellt bekamen, stand eine große Kiste mit Kleiderspenden aus dem Westen. Dort haben sich unsere Kinder und die jungen Männer all das herausgeholt, was sie in dem feuchtwarmen Klima ihrer neuen Heimat gut gebrauchen konnten. Und da Suja die fremdartigen Buchstaben auf dem hellbraunen Sweatshirt besonders gut gefielen, hat er es sich offenbar für die Audienz aufgehoben.

»Meinst du, wir sollen Suja sagen, was da draufsteht?«

»Nicht heute«, sagt Pema. »Vielleicht in einem halben Jahr. Dann wird er darüber lachen können.«

Im Tibet-Hotel habe ich drei große Zimmer für uns alle gemietet, so lange, bis Suja, Lobsang und die Kinder für verschiedene Schulen, Klöster oder andere Einrichtungen eingeteilt werden. Normalerweise werden alle Neuankömmlinge im Reception-Center untergebracht, aber wir wollten so lange wie möglich zusammenbleiben.

Die Restaurants in Dharamsala sind sehr klein, und ich muß oft ein ganzes Lokal reservieren, wenn wir Hunger haben. Die Wirte machen ein gutes Geschäft mit uns.

Little Pema bestellt heute Momos, wie immer, Dolker Nudeln mit Gemüse, und Dhondup ist der große Suppenesser. Lhakpa ißt nach wie vor sehr wenig, und Chime hat gestern ihren ersten Burger probiert. Tamding trinkt gerne Coca-Cola, seit er die ›süße braune Flüssigkeit‹ zum ersten Mal in Lhasa probieren durfte.

Tamding war das erste Kind, dem ich in den Bergen begegnete, und es ist ihm sehr wichtig, das stets zu betonen. Vielleicht, weil er in seiner Familie immer ›der Dritte‹ war. Er ist sehr unkompliziert und selbständig. Kann sein, daß die langwierige Flucht aus Amdo, der prägende Aufenthalt im Gefängnis und die lange Zeit, die er alleine auf sich gestellt in Lhasa verbrachte, den Jungen so autark gemacht haben. Ich glaube, daß Tamding uns Erwachsene nicht wirklich braucht. Er bittet um nichts, drängt sich nicht auf, er ist immer freundlich, ruhig und ausgeglichen.

Der kleine Dhondup ist ein Womanizer. Seit er unter der Tischplatte dieser Berghütte in meinen Armen lag, fliegt mir sein Herz jeden Tag aufs neue zu! Er trägt eine seltsame Mischung aus irrer Komik und unergründlicher Tiefe in sich. Meistens ist er so chaotisch, wie es das Innenleben seines Rucksacks war. Er liebt es, uns mit seinen blöden Witzen zu unterhalten, die er stets mit großer Begabung vorträgt. Er möchte einmal Schauspieler werden. Als ich Dhondup jedoch nach seinem allergrößten Wunsch im Leben fragte, sah er mich mit seinem Alte-Seele-Blick an und sagte, was ich nie vergessen werde: »Mein größter Wunsch im Leben ist, die Güte meiner Eltern zurückzuzahlen.«

Wenn Lhakpa laut durch ihre Finger pfeift, sehe ich sie mit einem langen Hirtenstab über das weite Hochland ihrer Heimat laufen. In ihrer Seele wird sie immer ein Nomadenmädchen bleiben. Seit sie auf ihren eigenen Beinen stehen konnte, hütete Lhakpa die Schafe und Yaks ihres Vaters. Sie ist flink wie eine Berggemse und verschwiegen wie ein tiefer Brunnen. Kathmandu war die erste Stadt, die Lhakpa in ihrem Leben sah. Und als wir durch die engen Gassen des Thamel schlenderten, lachte sie so laut vor Vergnügen, daß sich alle bekifften Injis verwundert nach uns umdrehten. Sie ist eine Naturgewalt mit einem Gesicht, als ginge darin die Sonne Tibets auf.

Chime hat ihre Mutterrolle auch nach der Flucht nicht abgelegt. Weiterhin kümmert sie sich mit rührender Aufmerksamkeit um die anderen Kinder und hält die Gruppe mit strenger Hand zusammen. Sie achtet darauf, daß keiner von mir übergangen wird, daß alle zufrieden sind und niemand Little Pema ärgert. Immer noch warte ich auf Chimes Tränen. Den ganzen Weg über war sie so bemüht, die Trauer der kleinen Schwester aufzufangen, daß sie ihren eigenen Schmerz darüber vergaß. Chime ist Jörgs großer Liebling, und das wundert mich nicht. Beide sind stille und fürsorgliche Menschen. Sie könnten Vater und Tochter sein – wie Suja und Dolker. Als Suja bei unserer Begegnung in den Bergen sein Seelchen vom Rücken ließ und in den Schnee stellte, war Richys erster Kommentar: »Die Kleine sieht aus wie ein Fotomodell!« In dem gelben Fleeceanzug mit seinem ausgestellten Röckchen war Dolker vom ersten Moment an unsere kleine Schneekönigin. Sie hat ein ganz besonders zartes Wesen. Sie spürt und merkt alles. Wenn ich die Tonstange in der Ecke eines Restaurants liegenlasse, trägt Dolker sie mir nach. Wenn Little Pema weint, schießen auch Dolker die Tränen in die Augen. Sie ist die Kleinste von uns allen mit dem allergrößten Herz. Sie wirkt zerbrechlich wie Porzellan und ist in Wahrheit stark wie ein tief verwurzelter Baum.

Ganz anders Little Pema. Selbstvergessen kreist die Kleine meist um sich und ihre Probleme. Ist sie mit ihrer Außenwelt überfordert, wandert Little Pema nach innen und ist mit einem Mal unerreichbar für uns. Ich glaube, sie hat sehr viel Phantasie. Manchmal erzählt Little Pema von schlechten Träumen, und daß sie Bettnässerin ist, macht ihr das Leben in der Kindergruppe schwer. Jeder fürchtet sich, neben ihr schlafen zu müssen.

Einmal unternahmen wir einen kleinen Ausflug zu einem Kloster, und Little Pema hinkte wieder hinter den anderen Kindern her. Da fing sie an zu weinen und sagte etwas von ihrem Vater, der ihr linkes Bein zertrümmert haben soll.

Diese Aussage kam völlig überraschend für uns. Doch als wir nachfragen wollten, hüllte sich Little Pema wieder in ihr undurchdringliches Schweigen. Es sollte lange dauern, bis sie bereit war, die ganze Geschichte zu erzählen.

Als Big Pema sich von den Kindern verabschieden mußte, um nach Kathmandu zurückzukehren, schenkte er Little Pema einen Türkis, der ihm schon viel Glück im Leben gebracht hatte.

»Sie wird den Stein am meisten von all den Kindern brauchen«, sagte er.

Wenige Tage zuvor hatte Little Pema das silberne Medaillon, das ihr die Mutter zum Abschied geschenkt hatte, verloren. Für mich ist das verlorene Medaillon ein Symbol ihrer verlorenen Kindheit.

Zum Nachtisch bestellen die Kinder wie immer Schokoladenkuchen und Zitronen-Ingwer-Tee.

Ich werfe Suja einen Blick zu. Es ist Zeit, es ihnen zu sagen: Heute abend geht unser Nachtbus nach Delhi. Von dort aus werden Jörg und ich nach Deutschland fliegen. Richy kehrt zu seiner Freundin nach New York zurück.

Wir dachten, die Kinder würden sehr erschüttert sein. Aber im Augenblick haben sie noch andere Sorgen: Der Wirt hat nur noch fünf Stück braune Kuchen in seiner Vitrine stehen. Einer muß mit einer Käsesahneschnitte oder einem Apfelkuchen vorliebnehmen.

Auf dem Weg zum Busbahnhof machen sie ihre üblichen Späße. Nur Dolker greift nach meiner Hand – und natürlich Little Pema.

Suja bittet mich um Geld: Er möchte mit den Kindern morgen essen gehen und übermorgen und überüberübermorgen, damit nicht alles plötzlich so anders ist, wenn wir weg sind. Ich habe nur noch hundert Mark, die ich ihm geben kann. Unser Budget, die Börse aus blauem Goretex, ist nun endgültig erschöpft.

»Du mußt ein Lied singen!« sagt Tamding am Bus. »Wer geht, muß immer ein Lied singen.«

The very thought of you makes my heart sing
like an April breeze in the winds of spring …

Mit lautem Gehupe bringt mich der indische Busfahrer zum Schweigen. Wir müssen einsteigen. Plötzlich fängt Chime zu weinen an. So bitterlich, daß alles um sie herum betroffen innehält. Sie will nicht, daß wir gehen. Sie möchte nicht schon wieder Lebewohl sagen müssen.

Auf Hindi scheucht uns der überdrehte Schaffner in den Bus. Suja nimmt Chime in seine Arme und hält sie ganz fest. Ich öffne das Fenster an meinem Sitzplatz und strecke meine Hände nach den Kindern aus. Ich verspreche Chime, daß wir ganz bestimmt wiederkommen werden. Ich werde unseren Film in Deutschland fertigmachen und sie dann alle besuchen. Ganz bestimmt. Aus seinen großen Augen blickt mich Dhondup an. Gerade er, dem die Sätze immerzu wie reife Früchte von der Zunge fallen, hat plötzlich keine Worte mehr.

Der Fahrer läßt den Wagen an, und die Erschütterung des Motors löst auch meine Tränen. Da greift auf einmal Lobsang nach meiner Hand: »Ich habe nur noch dich. Bitte vergiß mich nicht und sei auch meine Amala.«

Der Bus biegt um die Kurve. Nun kann ich sie nicht mehr winken sehen.

Epilog

ཨོཾ *»Viele Kinder haben Heimweh, wenn sie hierherkommen, und vermissen ihre Eltern. Aber es ist immer jemand da, der nach ihnen schaut – die Hausmutter oder ältere Kinder. Sie bekommen auch viel Trost voneinander. Ich denke, sie alle sind sich unserer Situation sehr bewußt: Wir haben unser Land verloren, wir leben im Exil, und das ist nicht unsere Schuld. Es ist unser Schicksal. Unser Karma.*

Und dann ist da noch die Hoffnung. Die Hoffnung jedes Tibeters, einmal nach Tibet zurückzukehren. Und wenn man an Tibet denkt, dann bekommt man Stärke. Selbst die Kleinen, die hierher kommen, verstehen das. Sie wissen, ich muß hier studieren. Und wenn ich groß bin, werde ich etwas für Tibet tun.«

JETSUN PEMA, SCHWESTER DES DALAI LAMA
UND LEITERIN DER TIBETISCHEN KINDERDÖRFER

Eines Tages werden alle zusammensein

ཨོཾ་ *Dear Zazie and Yak!*
Today I write short letter, because tomorrow we have exam.
When I write long letter, then bad exam.
I love you!

DHONDUP

Liegt heute ein dicker Brief aus Dharamsala mit dem grünen Logo der SOS-Kinderdörfer in meinem Briefkasten, laufe ich schnell die Treppen zu meiner kleinen Wohnung hoch und öffne das Kuvert mit fieberhafter Vorfreude: Post von unseren Kindern!

Dann rufe ich Jörg an, und wir verabreden uns, um gemeinsam die Briefe zu lesen, die stets an uns beide gerichtet sind: »Dear Zazie and Yak!«

Der Name Jörg ist für Tibeter schwer auszusprechen, deshalb haben die Kinder einfach einen Yak aus ihm gemacht. Und damit er sich als einziger Yak Deutschlands nicht so einsam fühlt, haben sie ihm eine Postkarte geschickt, auf der eine ganze Yakherde abgebildet ist.

In der ersten Zeit sind es vor allem Bilder, die wir bekommen. Typische Kinderzeichnungen, auf denen sich die Erinnerungen an Tibet mit den Erfahrungen des neuen Lebens mischen. Doch bald kritzeln sie ihre ersten Buchstaben und Wörter auf Briefpapier – und schließlich ganze Sätze in englischer Sprache: »I am happy school« oder »thank you watch« –, nachdem unser Päckchen mit den sechs bunten McDonald's-Uhren tatsächlich im Tibetischen Kinderdorf von Dharamsala angekommen ist.

Das Tibetan Children's Village von Dharamsala ist das erste Kinderdorf, das Seine Heiligkeit mit Hilfe seiner älteren Schwester Tsering Dolma Anfang der sechziger Jahre aufgebaut hat.

Schon bald nach der geglückten Flucht des Dalai Lama im Jahr 1959 trafen die ersten Kinderflüchtlinge aus Tibet in Indien ein. Viele von ihnen hatten miterleben müssen, wie ihre Eltern von den Chinesen grausam ermordet worden waren. Dann kam die Zeit des großen Hungers über Tibet, der ganze Großfamilien über die Himalaya-Pässe trieb. Doch für Erwachsene war es damals schon schwer, sich in einem überbevölkerten Entwicklungsland wie Indien eine Existenz aufzubauen. Und so begann es, daß nur die Kinder in eine bessere Zukunft geschickt wurden.

Schnell erkannte der junge Dalai Lama, daß man für die Kleinen Einrichtungen schaffen mußte, wo sie leben und zur Schule gehen konnten. Er beauftragte seine ältere Schwester mit dieser schwierigen Aufgabe. Tsering Dolma verteilte die frisch eingetroffenen Mädchen und Buben zunächst auf leerstehende Bungalows und organisierte notdürftig deren Betreuung und Ausbildung. Den ersten Winter überlebten viele Kinder nicht, denn es fehlte an Nahrungsmitteln, Decken und Kleidung. Doch allmählich nahm die Welt Anteil am Schicksal der tibetischen Flüchtlinge, und die ersten Hilfslieferungen erreichten Dharamsala. Als Tsering Dolma 1964 einem Krebsleiden erlag, übernahm Jetsun Pema, die jüngere Schwester des Dalai Lama die Fürsorge für Hunderte von Flüchtlingskindern. Eine große Aufgabe für die damals erst Vierundzwanzigjährige. Doch Jetsun Pema wuchs mit den Anforderungen, die jedes neue Kind, das über den Himalaya kam, an sie stellte. ›Amala‹ wird sie respektvoll genannt – von den Tibetern in Tibet gleichermaßen wie von denen, die im Exil unter ihrer Obhut aufgewachsen sind. Heute ist sie die Übermutter von mehr als elftausend tibetischen Kindern in elf verschiedenen TCVs – den tibetischen SOS-Kinderdörfern, die auch zum größten Teil vom Hermann-Gmeiner-Fonds finanziert werden. Daß Hermann Gmeiner ein Österreicher war, habe ich übrigens in Ladakh erfahren – von Tsering, jenem jungen, sympathischen Chemielehrer, der mich auf die Idee gebracht hatte, diesen Film zu machen.

»Unsere Kinder haben geschrieben!« spreche ich auf Jörgs Mailbox, und kurze Zeit später sitzen wir uns im Café Schmitz gegenüber. Die Großen berichten das Übliche aus ihrem Schulalltag: über Noten und ihre Plazierung in ihrer Klasse, über Krankheiten und die neuesten Ereignisse im TCV.

Von Dolker liegt diesmal eine Zeichnung bei. Wenn unsere Kleinste etwas Wichtiges zu sagen hat, ist es immer noch leichter für sie, sich in Bildern auszudrücken:

Im Zentrum ihrer Zeichnung stehen Jörg mit seinen halblangen Haaren und ich in einem prachtvollen Prinzessinnenkleid. Zwischen uns beiden hängt an einer Waage ein kugelrundes Baby. Und an die untere Kante des Bildes malte Dolker – wie Orgelpfeifen aufgereiht – sich selbst und die fünf anderen tibetischen Kinder mit Luftballons in der Hand.

Ich weiß, was Dolker uns mit dieser Zeichnung sagen will: »Auch wenn ihr beide ein Baby bekommt – vergeßt nie eure Kinder in Indien!«

»Wir sollten ihr schreiben, daß wir uns getrennt haben«, sage ich zu Jörg.

»Besser nicht. Sie wäre sehr enttäuscht.«

Daß ich enttäuscht bin, juckt ihn nicht, denke ich und rühre ganz viel Sahne in meinen Tee.

»Und was schreibt Chime?« fragt Jörg.

»Sie fragt, wann wir sie besuchen kommen.«

Ein halbes Jahr nach unserem Abschied in Dharamsala ist es endlich soweit. Ich packe die englische Version des fertigen Filmes in den Rucksack, und Jürgen bringt mich mit seinem roten Golf zum Flughafen.

Zunächst fliege ich nach Kathmandu, um Big Pema wiederzutreffen. Der einsame Cowboy ist nicht mehr alleine. Dolma heißt die schöne Frau an seiner Seite.

»Ich möchte dir erzählen, wie es wirklich war, mit meiner Mutter«, sagt Pema an unserem letzten gemeinsamen Abend. »Ich bin nicht heimlich von zu Hause abgehauen. Ich habe meiner Amala gesagt, daß ich nach Indien gehen werde. Doch sie war dagegen. Ich war ihr Jüngster, ihr kleiner Prinz. Als ich dann meine Sachen packte, weinte sie und klammerte sich an mir fest. Auf ihren Knien hat meine Mutter mich angefleht, sie nicht zu verlassen. Ich bin trotzdem gegangen. Ich dachte, mein Glück liegt im Exil. Deshalb habe ich dir damals in den Bergen gesagt, ich hätte ein Herz aus Stein.«

Seine Eltern kann Pema nur noch als illegaler Grenzgänger besuchen. Die Mitarbeit an unserem Film mache dies nun noch gefährlicher für ihn, meint er. Meine Stimmung ist gedrückt, als ich mich von ihm verabschiede. Ursache und Wirkung – vielleicht kann Pema wegen meines Filmes seine Eltern nie mehr wiedersehen.

Doch in der Abfertigungshalle des Flughafens klopft er mir aufmunternd auf die Schulter:

»Dein Film ist toll, Zazie-la. Deshalb sollten wir nicht bedauern, was wir getan haben. Die Tibeter sind ein Sechs-Millionen-Volk, und unsere Stärke gegenüber dem riesigen China ist lächerlich klein! Aber wir haben den Dalai Lama, und der zählt zu den größten Persönlichkeiten auf unserer Erde. Deswegen werden sich die Chinesen irgendwann mit ihm arrangieren müssen. Dann wird Tibet eine autonome Region sein, in der endlich Religionsfreiheit und Menschenrechte gewahrt werden. Und dann werden wir Exiltibeter endlich wieder nach Hause zurückgehen. Irgendwann. Früher oder später.«

Meine nächste Station ist Delhi, wo ich unseren ›Ältesten‹ treffe: Lobsang, der mit dem Zug aus Südindien kommt, wo er nun zusammen mit dreitausend Mönchen in einem riesigen Kloster lebt. Knitterfrei, fleckenlos und mit einem strahlenden Lächeln auf den makellosen Zügen steigt er aus dem überfüllten, stinkenden Dritte-Klasse-Waggon. Schon auf der Flucht war Lobsang der einzige von uns allen, der keinen Dreck unter den Nägeln hatte.

Als wir in Dharamsala mit einer Rikscha die schmale Straße zum Tibetischen Kinderdorf hinaufrattern, das auf einem Hügel oberhalb von McLeod Ganj liegt, kann ich unsere Sechserbande am großen Eingangstor schon warten sehen.

»Hallo, Zazie! Hallo Lobsang! How are you?« brüllt uns Dhondup mit seiner kräftigen Stimme entgegen. Die anderen lächeln etwas scheu mit ihren weißen Glücksschleifen in der Hand, die sie uns gleich zur Begrüßung überreichen werden.

Nach ihrer Flucht waren die Kinder dünn und abgemagert von den schweren Strapazen. Jetzt haben sie volle Backen, sehen rund und gesund aus. Daß ich statt meiner hundertacht exotischen Amdo-Zöpfe nur noch zwei stinknormale Pippi-Langstrumpf-Schwänzchen trage, scheint sie gar nicht zu irritieren. Als erste greift Little Pema nach meiner Hand, und es ist klar, daß sie sie bis zum Abend nicht mehr loslassen wird.

Dhondup besteht darauf, daß ich zuerst in sein Haus komme.

Nachdem die Kinder im TCV eingeschult worden waren, hat man sie auf drei verschiedene Hausgemeinschaften aufgeteilt: Dhondup lebt nun zusammen mit Little Pema, Tamding mit Lhakpa in einem Haus und Chime gemeinsam mit ihrer Schwester Dolker.

Dhondups Hausmutter erwartet uns schon mit Tee und frischen Kabzes: eine schlichte, herzliche Frau, die den Kindern viel Zuwendung schenkt. Im Gegensatz zu einem deutschen SOS-Kinderdorf, in dem die Hausmütter eine überschaubare Menge an Kindern zu betreuen haben, muß eine tibetische Hausmutter bis zu vierzig Kinder hüten! Ein harmonisches Zusammenleben funktioniert nur, indem sich die Älteren um die kleinen Kinder kümmern. Und unsere sechs halten zusammen, als wären sie schon immer Geschwister gewesen. Als Little Pema beim Ballspiel auf dem großen Sportplatz von einem großen Kind das harte Leder gegen den Kopf geknallt bekommt, sind sofort fünf Geschwister zur Stelle, um sie zu trösten. Immer noch wirkt unser Küken labil und fängt sehr schnell zu weinen an.

»Auch ihre Wunden werden irgendwann verheilen«, sagt die Hausmutter und führt mich in einen großen Gemeinschaftsraum, in dem ein Videorekorder bereitsteht: Die Kinder haben ihr erzählt, daß ich einen Film über ihre Flucht mitbringen werde, und sie können es kaum erwarten ...

Kurze Zeit später drängen sich vierzig Kinder vor den kleinen Fernseher. Mitten unter ihnen Lobsang und die sechs. Und jedesmal wenn eines von ihnen ins Bild kommt, verstecken sie sich mit hochrotem Kopf hinter den anderen. Doch als der Film fertig ist, muß ich ihn gleich noch einmal zeigen, und danach zerren sie mich an der Hand in die anderen Hausgemeinschaften, damit ich auch da unseren Film vorführe. Und danach muß ich den Film den Lehrern zeigen. Und danach den Angestellten des TCV. Und als zum zehnten Male die Stelle kommt, an der Dhondup weinend von seinem Abschied erzählt, schafft er es zum ersten Mal, sein Gesicht nicht hinter Chimes Rücken zu verbergen.

Am nächsten Tag mache ich mich auf die Suche nach dem Rest unserer Flüchtlingsgruppe. Die ›Transitschool‹ – eine große Ausbildungsstätte für junge Flüchtlinge ab dem achtzehnten Lebensjahr – liegt weit außerhalb Dharamsalas. Etwa siebenhundert junge Männer gehen hier zur Schule. Viele der Flüchtlinge schlafen in einfachen Wellblechbaracken, der Unterricht findet teilweise auf offenem Feld statt. Die ganze Anlage befindet sich zum Zeitpunkt meines Besuchs noch im Aufbau.

Nach langem Suchen finde ich endlich einen Tibeter, der mich versteht und weiß, wer Suja ist. Während mich der junge Mann zu einer der Baracken begleitet, erklärt er mir, daß mein Freund sehr krank sei.

In der hintersten Ecke der Notunterkunft entdecke ich unseren ›Soldier‹. Er schläft.

Ich setze mich zu ihm. Er wirkt so schmal auf seinem Feldbett. Vorsichtig rüttle ich ihn wach:

»Suja-la, it‘s me. Zazie.«

Als Suja seine Augen aufschlägt, lächelt er und sagt in gebrochenem Englisch: »Zazie-la. I know you come Dharamsala.«

Von den sechs jungen Männern unserer Gruppe ist Suja der einzige, der noch in Indien ist. Die anderen fünf kehrten schon bald nach ihrer Ankunft enttäuscht wieder in die Heimat zurück. Ihre Hoffnungen auf eine bessere Zukunft hatten sich nicht bestätigt, sie hatten das Gefühl, daß im Exil kein Platz für sie ist.

Obwohl es ihm schwerfiel, war Suja geblieben, weil er sicher war, daß ich mein Versprechen halten und irgendwann zu Besuch kommen würde. Die strengen Regeln in der Transitschool und der etwas rüde Umgangston mit den Neuankömmlingen erinnerten ihn an seine Zeit beim Militär, und Suja litt so sehr darunter, daß er wirklich krank am Herzen geworden war. Er mußte für mehrere Wochen in ein Krankenhaus.

»Nimm mich mit, Zazie-la. Ich möchte zu den Kindern. Ich brauche mein Seelchen.«

Als wir Sujas wenige Habseligkeiten zusammenpacken, schauen uns seine jungen Mitbewohner stumm zu. Beim Abschied wünschen sie Suja viel Glück. Sie scheinen sich für ihn zu freuen. Aus einer großen Menge von namenlosen Schicksalen hat er es geschafft, herausgehoben zu werden.

Zurück in McLeod Ganj schicke ich eine SOS-E-Mail an mehrere Freunde in Deutschland: Ich brauche dringend Geld für Suja! Noch am selben Abend bekomme ich eine Antwort von Jörg: Seine Eltern wollen Sujas Lebensunterhalt bezahlen – so lange, bis er auf eigenen Füßen stehen kann. Ich miete ein schönes Zimmer in der Nähe des Tibetan Children Village, und die Freude der Kinder, ihren ›Chola‹ nun wieder bei sich zu haben, ist riesig.

In den nächsten Tagen unternehmen wir ausgiebige Ausflüge in die Ausläufer des Himalaya, wo das Wasser der Gebirgsflüsse in große, runde Steinbecken fällt.

Als wir uns auf einer sonnigen Felsplatte ausruhen und unsere Füße in das eiskalte Wasser baumeln lassen, fragt mich Little Pema, ob es in Deutschland einen See ohne Ufer gibt. Ja, sage ich und verspreche den Kindern das Meer. Irgendwann werde ich es ihnen zeigen, und dann werden wir uns von hohen, überschäumenden Wellen an einen weißen Sandstrand werfen lassen, wo es bunte Muscheln gibt und ganz viel Zeit. Wo es endlich so viele gemeinsame Stunden wie Sandkörner gibt, die wir langsam durch unsere warmen Hände rieseln lassen.

Wenn ich die Kinder heute vermisse, habe ich fünfundzwanzig Stunden ungeschnittenes Filmmaterial, auf denen ich sie mir ansehen kann.

Am liebsten spule ich an die Stelle, an der Dolker ein chinesisches Kinderlied singt …

Mamas sind das Beste auf der Welt.
Ein Kind mit Mama wächst zu einer starken Pflanze.
Ein Kind ohne Mama ist wie dünnes Gras.
Bei meiner Mama zu sein ist eine Freude ohne Ende.

Dhondup weint, als Dolker ihr kleines Lied zu Ende gesungen hat. Aber er tut so, als ob ihm ein Steinchen ins Auge gefallen wäre.

Das war an jenem ersten Tag nach unserer Begegnung in den Bergen, als wir uns im Basislager ein paar Stunden Ruhe gönnten. In einer windstillen Ecke saßen unter einer großen Wolldecke zusammengekuschelt Tamding, Chime, Dolker, Little Pema und Dhondup. Sie plapperten, sangen, und wir spielten mit den Steinen Aupo …

Mein kleiner Anfängerfilm ist mit vielen nationalen und internationalen Preisen ausgezeichnet worden. Doch da Dokumentationen meist spätabends über den Bildschirm laufen, wenn der Großteil Deutschlands bereits schläft, habe ich immer noch das Gefühl, nicht genügend Menschen vom Schicksal der tibetischen Kinder erzählt zu haben.

»Wollen Sie selbst einmal Kinder haben?« wurde ich einmal in einem Zeitungsinterview gefragt.

»Nein«, habe ich geantwortet. »Ich möchte später einmal mit meinen Patenkindern in einem großen Haus leben.«

Genau in diesen Tagen bin ich schwanger geworden. Von Jörg. Und unser Baby ist kugelrund. Dolker hatte mit ihrer Zeichnung voll ins Schwarze getroffen.

Wir haben unseren Sohn Simon Jürgen genannt. Denn mein bester Freund Jürgen hat diese Welt ein paar Tage vor Simons Geburt für immer verlassen.

»Wann kommst du uns besuchen?« fragt mich Chime jedesmal, wenn wir miteinander telefonieren.

»Wenn ›Baby-Yak‹ groß genug für die Reise nach Dharamsala ist«, sage ich dann und fühle mich zerrissen zwischen den sechs Kindern in Indien und meinem Kind in Deutschland, zerrissen zwischen zwei Kontinenten, zerrissen zwischen zwei Aufgaben, die das Leben mir zugeteilt hat. Dann muß ich an all die Väter und Mütter in Tibet denken, und wie schmerzhaft es sein muß, nicht zu wissen, ob man sein Versprechen jemals einlösen kann.

»Ich werde dich besuchen«, hat Little Pemas Mutter ihrer Tochter gesagt.

Und als Dhondup seinen Vater fragte, wann er nach Indien kommen würde, sagte dieser: »Bald.«

»Zu Losar komme ich nach Indien«, versprach auch Chimes und Dolkers Mutter.

Drei Jahre sind seitdem vergangen. Gekommen ist niemand.

Der Weg nach Dharamsala ist weit, die Gefahren sind groß, und ein Guide kostet Geld, das die Mütter von Chime,

Dolker und Little Pema wahrscheinlich nicht haben. Vielleicht waren die Zufahrtsstraßen zu den Bergen zu stark bewacht? Vielleicht hat es Dhondups Vater trotzdem versucht und ist dabei in eine Patrouille geraten?

Wir wissen es nicht. Unsere Kinder haben keinen Kontakt mehr zu ihren Eltern.

Wenn ihr Guide damals gut nach Tibet zurückgekommen ist, wissen die Mütter und Väter wenigstens, daß ihre Kinder den weiten Weg ins Exil geschafft haben. Denn in Kathmandu hat Nima sie vor dem großen Stupa von Bodnath fotografiert, um die Bilder ihren Familien nach Tibet zu bringen.

Ich drücke die Reviewtaste an meinem Videorekorder und spule die Aufnahme zurück:

Dhondup tut so, als ob ihm ein Steinchen ins Auge gefallen wäre, damit wir nicht merken, daß er weint.

»Was hast du?« fragt Little Pema.

»Nichts«, sagt Dhondup, »meine Augen sind nur wund.«

Mit einem Reim zählt Suja aus, welches der Kinder als nächstes ein Lied singen muß:

»Kleiner Hase, weiß und fett, frißt gern Rettich, frißt gern Möhren ...«

Nachdem Suja in die Nähe des Kinderdorfes gezogen war, kümmerte er sich wie ein Vater um die sechs Kinder. Er half ihnen bei den Schulaufgaben. Er kaufte ihnen Sandalen, wenn die alten durchgelaufen waren, und zu Losar gab es neue Chubas für die Mädchen und Leuchtraketen für die Jungs. Er tröstete Dolker und Chime, als ihre Mutter wieder nicht zu Besuch kam. Manchmal mußte er streng mit Dhondup und Tamding sein, wenn sie aus Übermut Wasserbomben auf die Straße warfen, um die alten Amalas zu erschrecken. Doch als Dhondup mit einer schweren Darminfektion ins Krankenhaus mußte, besuchte er ihn jeden Tag, brachte Schokolade und die neuesten Chinesenwitze.

Die Wochenenden verbrachten die Kinder immer in Sujas gemütlichem Zimmer. Chime und Dolker gingen einkaufen, Little Pema und Dhondup fegten die Bude, Lhakpa und Tamding kochten für alle. Bei schönem Wetter unternahmen sie einen Ausflug zum Tempel. Streifte der Sommermonsun Dharamsala, spielten sie Karten oder schauten sich in der kleinen Videothek des Dorfes ›Harry Potter‹ an. Neben der Hausmutter eine zuverlässige Vaterfigur zu haben machte unsere sechs Kinder stark.

Über E-Mail hielt Suja mich immer auf dem laufenden. Da er jeden Vormittag eine Computerschule besuchte, schickte er mir per Attachment sogar Fotos von den Kindern! So konnten Jörg und ich ihre Entwicklung über meinen Laptop verfolgen.

Eines Tages lag ein Foto in Jörgs Mailbox, das Suja ihm vertraulich ›von Mann zu Mann‹ geschickt hatte. Es zeigte ihn mit einem hübschen jungen Mädchen im Arm; »This is my big love. Her name is Corinne«, schrieb er darunter.

Corinne kommt aus der Schweiz. Ein Jahr lang war sie alleine durch Asien gereist, und ihre letzte Station war Shrinagar gewesen. Als es dort zu erbitterten Kämpfen zwischen Kashmiri und Indern kam, setzte sich Corinne in den nächstbesten Bus, um vor den Bomben zu fliehen. Sie wußte nicht einmal, wohin der Bus sie bringen würde, und landete nach einer dreitägigen Fahrt durch den Himalaya in Dharamsala. Daß dies der Wohnsitz des Dalai Lama ist, erfuhr sie erst bei ihrer Ankunft. Ein guter Ort, dachte sie und blieb.

Auf der wackeligen Holzbank einer tibetischen Straßenküche begegnete sie schließlich einem Tibeter mit langen

Haaren, einem warmen Lächeln und einer großen Narbe über der linken Braue ...

In einem indischen Polizei-Office haben Suja und Corinne geheiratet. Der Beamte, der den Trauschein ausstellte, machte böse Bemerkungen über Suja, den Staatenlosen. Und der Trauschein sieht aus, als hätte er seine fettigen Finger daran abgewischt.

Am Tag ihrer Hochzeit stiegen Suja und Corinne in die Berge, wo das Wasser der Gebirgsflüsse in große, steinerne Becken fällt. Dort brachte Corinne ihrem staatenlosen Ehemann das Schwimmen bei. Die Kinder waren beeindruckt, denn es gibt kaum einen Tibeter, der schwimmen kann. Die Seen in Tibet sind einfach zu kalt für einen Badeurlaub.

›Dawa kyi‹ nennen die Kinder Corinne, ›glücklicher Mond‹, und vertrauen ihr Dinge an, die sie mir nie erzählen würden. Vor allem Chime und Lhakpa, die allmählich in die Pubertät kommen.

Doch irgendwann war es auch für Corinne an der Zeit, in die Schweiz zurückzukehren. Arbeiten. Geld verdienen. Alltag.

Ein verheirateter Mann sollte bei seiner Frau leben. Vor allem, wenn er sie liebt. Und ein Vater sollte sich nie von seinen Kindern trennen, auch wenn er nur ein Ersatzvater ist.

Nach einer langen Phase der Ratlosigkeit entschied sich Suja, seiner Frau in die Schweiz zu folgen. Bevor er Dharamsala verließ, gab Suja den Kindern zwei Versprechen. Ein großes und ein kleines:

»Im nächsten Sommer werde ich euch das Schwimmen beibringen«, war das kleine.

Das große Versprechen flüsterte Suja ganz leise in ihre Ohren, denn es wahr zu machen würde lange dauern: »Eines Tages werden wir alle zusammenleben.«

Seit Suja weg ist, träumen die Kinder von einem Leben in der Schweiz, und Dhondup hat beschlossen, Fußballstar in der Schweizer Nationalmannschaft zu werden.

»My new family« hat Chime ihr Bild genannt, das ich zuletzt in meinem Postkasten fand:

Corinne, Suja, Jörg und ich stehen mit dem Rücken zum Betrachter Hand in Hand vor drei sehr hohen Bergen, über dessen Grat sechs Kinder laufen und zu uns herunterwinken. In einem kleinen Tal ruht sich ›little Yak‹ aus – unser dickes Baby. Und auf dem höchsten aller Gipfel steht Lobsang und wirft Dutzende von kleinen Gebetszetteln in die Luft. Vom Wind erfaßt fliegen sie weit hinaus in den tiefblauen Himmel ihrer neuen Heimat.

Als Suja in die Schweiz übersiedelte, hat Lobsang sein Zimmer, sein Bett, sein Kochgeschirr und die Verantwortung für die Kinder übernommen. Denn Lobsang ist nicht länger Mönch.

Angefangen hat es damit, daß er das subtropische Klima Südindiens nicht vertrug und sehr krank wurde. In einem seiner Briefe bat Lobsang mich, nach Dharamsala zu Suja und den Kindern umziehen zu dürfen. Egal, wie krank er wirklich war – ich konnte gut verstehen, daß sich Lobsang da unten im Süden sehr alleine und abgeschnitten von dem Rest ›unserer Familie‹ fühlte. Und so erfüllte ich ihm seinen Wunsch.

Doch Dharamsala ist kein idealer Ort für einen siebzehnjährigen Mönch. Die hübschen Touristinnen, die Bars und Kneipen verwirren einen Pubertierenden.

Seit seinem zwölften Lebensjahr hat Lobsang meditiert, gebetet und sich gefreut, wenn er während der Tara-Puja die große Trommel schlagen durfte. Für ihn war das der Weg zur Glückseligkeit. Doch als Suja und Corinne heirateten, sah Lobsang, daß ein Mann auch mit einer Frau glücklich sein kann. Wie sollte er wissen, worauf er verzichtet, wenn er nie einen Joint probiert, nie ein Glas Bier getrunken, nie ein hübsches Mädchen geküßt hatte?

Auf dem Markt von Dharamsala kann man rote Lederjacken kaufen und Turnschuhe mit drei Streifen. Lobsang begann, zwischen zwei Welten zu jonglieren. Abends ging er schick gekleidet Billard spielen, um am nächsten Morgen schnell wieder in die vertraute Mönchsrobe zu schlüpfen. Corinne hat ihm gesagt, daß er sich entscheiden muß.

»Meine liebe Mutter, sag mir, was ich tun soll!« schrieb Lobsang mir in einer verzweifelten E-Mail. Ich hätte sofort in das nächste Flugzeug steigen müssen. Doch zu diesem Zeitpunkt zogen Jörg und ich gerade in eine gemeinsame Wohnung, in Wien mußte ich zwei neue Dokumentarfilme schneiden und überdies war ich im achten Monat schwanger.

Ich mailte Lobsang, daß nur er herausfinden kann, ob sein Eintritt ins Klosterleben bloß den Wünschen seiner Mutter in Tibet entsprach oder er im Inneren seines Herzens zum Mönch berufen ist. Nach dieser E-Mail legte Lobsang seine dunkelroten Tücher für immer ab.

Und ich habe ein Problem.

Denn wie kann die Zukunft eines Siebzehnjährigen aussehen, der außer buddhistischer Philosophie nichts gelernt hat? Der zu alt ist für eine Ausbildung im TCV und zu jung für die Transitschool? Der zu intelligent für einen Hilfsarbeiter und viel zu unerfahren für das alltägliche Leben ist? Ich sehe im Augenblick keinen Weg für Lobsang und hoffe, daß sich bald eine unerwartete Tür auftut, die uns gemeinsam weiterführt.

Drei Jahre sind vergangen, und vieles ist geschehen. Die Kinder sind gewachsen, haben sich entwickelt, sind durch alle Höhen und Tiefen eines Kinderlebens gegangen, sie sind reifer geworden. Ihre Eltern können sie nicht einmal über einen Laptop heranwachsen sehen.

Wird Chimes Mutter jemals erfahren, wie hübsch ihre Töchter geworden sind?

Ich wünschte, Dhondups Vater könnte die Zeugnisse seines Sohnes, in denen sich seine Lehrer vor Lob überschlagen, in der Hand halten!

Wie glücklich wäre Little Pemas Mutter, wenn sie sehen könnte, daß ihr kleines Mädchen in der Gemeinschaft seiner neuen Geschwister das Kindheitstrauma endlich überwunden hat.

Ein letztes Mal drücke ich die Reviewtaste an meinem Videorekorder und spule die Aufnahme zurück. Hier sehen unsere Kinder noch so aus, wie ihre Mütter und Väter sie kennen. Dhondup trägt einen roten Anorak und Little Pema ihre viel zu große Jacke.

»Was hast du?« fragte Dolker den weinenden Dhondup.

»Nichts«, antwortete Dhondup, »meine Augen sind nur wund.«

Mit einem Reim zählte Suja aus, wer als nächstes singen sollte: »Kleiner Hase, weiß und fett, frißt gern Rettich, frißt gern Möhren. Friß bloß nicht zuviel davon, sonst wird dich der Adler holen!«

»Pema tschungtschung!« riefen die Kinder und lachten.

Das Lied, das Little Pema damals in Richys Kamera sang, ist für mich das traurigste aller Amala-Lieder. Denn es läßt auch die Bilder der Erinnerung, die Tibets Kinder von ihren Müttern in sich tragen, allmählich altern ...

In weiter Ferne liegt ein kleines Dorf,
dort lebt meine Mutter.
Sie gab mir die Milch ihrer Brüste,
die wie Honig schmeckte,
damit ich groß und kräftig wurde.
Doch die Haare meiner Mutter
färben sich langsam grau,
und jeder Tag, der uns trennt,
bringt neue Falten in ihr Gesicht.
Ich möchte sie wieder jung machen,
doch das geht nicht.
Ich kann nur weinend ihr Bild küssen,
um ihr meine Liebe zu zeigen. ཨོཾ་

Danksagung

Meinem Freund und Lebenspartner Jörg Arnold möchte ich von ganzem Herzen dafür danken, daß er mich all die Zeit, die ich nun an diesem Thema arbeite, begleitet hat und nie müde wurde, meine Arbeit zu unterstützen. Manchmal hängt auch nachts noch die Schwere der ganzen Tibetproblematik in unserer Wohnung wie der Rauch eines erloschenen Feuers. Das Leben wäre sicher einfacher für die Familie, wenn ich Komödien schreiben würde.

Ein ganz großes Dankeschön möchte ich auch Jörgs Eltern Erika und Herbert Arnold aussprechen. Immer wenn ich an meinem Buchskript arbeiten mußte, haben sie unser Baby gehütet.

Ohne Euch hätte ich dieses Buch nicht schreiben können. Es lebe die Großfamilie!

Tamding, Little Pema, Lobsang, Lhakpa, Dolker, Dhondup und Chime – danke für Eure Geschichten, die ich hier erzählen durfte. Ohne Eure Offenheit gäbe es weder unseren Film noch dieses Buch.

Vielen Dank, Suja, daß Du bereit warst, mir Deine Vorgeschichte als Wujing in die Hand zu legen. Anfangs hattest Du Sorge, von den Lesern dieses Buches für Deine Vergangenheit verachtet zu werden. Ich bin sicher, daß das Gegenteil eintreten wird, denn Du bist ein großartiger Mensch!

Danke, Sotsi, daß Du uns den Weg zu Nima und seiner Flüchtlingsgruppe gezeigt hast.

Danke, Nima, für Deinen Mut, mit uns zusammenzuarbeiten. Viel Glück auf allen Deinen Wegen!

Danke Dir, Big Pema, für Deine wertvolle Arbeit als Dolmetscher, Organisator, Guide – danke für Deine Freundschaft und die wunderbaren Amdo-Lieder.

Mein ganz großer Dank geht auch an Sujas Frau, Corinne Huber, und einen jungen Schüler aus Hannover – Jan Schlenk, der mittlerweile auch Mitglied unserer ›new family‹ ist.

Denn als ich wegen meines neugeborenen Babys nicht nach Indien fliegen konnte, um die Recherchen für dieses Buch zu vervollständigen, haben Corinne und Jan diese Arbeit für mich gemacht. Die Kinder vertrauten ihrer ›dawa kyi‹ Dinge an, die sie sich vielleicht nicht getraut hätten mir zu erzählen. Und Jan war der perfekte Gesprächspartner für den gleichaltrigen Lobsang.

Zu Jan möchte ich noch eine kleine Geschichte loswerden: Als Sechzehnjähriger hatte Jan unseren Film ›Flucht über den Himalaya‹ gesehen und beschlossen, die Flüchtlingsgruppe kennenzulernen. Statt sich einen neuen Computer zu kaufen, reiste er in den Sommerferien nach Indien. Dreimal hat Jan die Kinder mittlerweile besucht und ist uns allen ein treuer Freund geworden. Da es keine gesicherte Stromversorgung im Tibetischen Kinderdorf gibt, hat Jan Kontakt zu Greenpeace Deutschland aufgenommen. Nun arbeiten sie gemeinsam an der Verwirklichung einer riesigen Solaranlage.

Danke Jan für Deine große Energie und Zuverlässigkeit! Ein Danke auch an all jene Menschen, die – angeregt durch unseren Film – beschlossen haben, Hilfe für Tibet zu leisten. Wie Heinz und Ursula vom »Ganesha« und all ihre Freunde von der Jonglierfabrik Linz. Gemeinsam haben sie so unglaublich viel Geld gesammelt, daß für die Kinder im TCV von Dharamsala neue Matratzen und Decken gekauft werden konnten.

Danken möchte ich auch Miss Tenzin Chokey Rubling vom Center of Human Rights in Dharamsala, für die vielen Informationen. Ihr Enthusiasmus ist wirklich ansteckend!

Weiter möchte ich Lobsang Gyalpo aus Wien danken, sowie Jampa Tenzin und seiner Frau Claudia Schlünkes aus Bremen. Eure Ratschläge und Korrekturen waren sehr hilfreich.

Danke meinem genialen Kameramann Richard Ladkani, meiner Filmfirma tellux-München und den Redakteuren der ZDF-Redaktion 37° für die Zeit unserer Zusammenarbeit und dafür, daß ich für den Bildteil auch Screenshots aus unserem Film verwenden konnte.

Ich danke meiner Lektorin Britta Egetemeier, die mir geholfen hat, die unüberschaubare Menge an unterschliedlichen Geschichten in eine lesbare Form zu bringen. Danke, Britta, für diese schöne Zusammenarbeit. Ganz herzlichen Dank auch den Vertretern und der Geschäftsleitung des Piper Verlags, die sich spontan bereiterklärten, den Erfolg dieses Buches mit den Kindern zu teilen.

Danke, Jürgelchen. Du hast mir beigebracht, ganze Sätze zu schreiben, und warst immer für mich da, wenn ich Hilfe brauchte. Dies war die erste Arbeit, die ich ohne Deine wertvollen Ratschläge schreiben mußte. Du sollst nie vergessen sein.

Zazie-Maria
Köln, im März 2003

Spenden- und Kontaktadressen

ཨོཾ *»Die Schulen in Indien, die all unsere Kinder besuchen, werden von Ausländern aus dem Westen gesponsert. Das ist eine wirklich große Hilfe für uns. Und so möchte ich Ihnen meinen innersten Dank zum Ausdruck bringen.«*

EINE MUTTER AUS TIBET

Jetsun Pema, die jüngere Schwester des Dalai Lama,
hat ihr Leben den Flüchtlingskindern aus Tibet gewidmet.

Auf unserer Homepage erfahren Sie noch mehr:
www.Flucht-ueber-den-Himalaya.de

Der Film »Flucht über den Himalaya« ist zu beziehen beim
Katholischen Filmwerk GmbH
Postfach 11 11 52
D-60046 Frankfurt
Tel.: 00 49-(0)69-97 14 36-0
Fax: 00 49-(0)69-97 14 36-13
E-Mail: info@filmwerk.de
www.filmwerk.de

Informationen und politische Arbeit

An erster Stelle steht immer die Information, ohne die gar keine Hilfe für Tibet möglich wäre.

Ein hervorragender Informationsdienst, der sich über Spenden sehr freuen würde, ist das
Tibet Information Network (TIN)
City Cloisters, 188-196 Old Street
London EC1V 9FR, UK
Tel.: 00 44-20 78 14 90 11
Fax: 00 44-20 78 14 90 15
E-Mail: tin@tibetinfo.net
www.tibetinfo.net
Nähere Informationen zu Spenden:
www.tibetinfo.net/admin/Donation.htm

Wer politisch aktiv werden möchte oder Informationen braucht, wendet sich an die
Tibet Initiative Deutschland e.V.
Bundesgeschäftsstelle:
Greifswalder Str. 4
D-10405 Berlin
Tel.: 00 49-(0) 30-42 08 15 21
E-Mail: tibet-initiative@t-online.de
www.tibet-initiative.de
Spendenkonto: 32 42 303 bei der Bank für Sozialwirtschaft
(BLZ 100 205 00)

Patenschaften und Hilfe vor Ort

Wer direkt eine Spende an das Tibetische Kinderdorf in Dharamsala entrichten möchte:
Tibetan Children's Villages
Dharamsala Cantt. 176216
Distt. Kangra, H.P., INDIA
Account # C-310 300 792
American Express Bank
Hamilton House, Connaught Place
New Delhi – 110001, INDIA

Für Deutschland

Patenschaften für tibetische Flüchtlingskinder vermittelt der
Hermann-Gmeiner-Fonds Deutschland e.V. (SOS)
Menzinger Str. 23
D-80638 München
Tel.: 00 49-(0)89-1 79 14-1 60 (Karien Bruynooghe)
E-Mail: info@sos-kinderdoerfer.de
www.sos-kinderdoerfer.de
Spendenkonto: 111 1 111 bei der Deutschen Bank München
(BLZ 700 700 10)

Für individuelle Hilfe in Notsituationen sowie die Förderung tibetischer Kultur und Religion und für die Vermittlung von Patenschaften sorgt das
Dakini Netzwerk e.V.
Franklinstr. 71
D-70435 Stuttgart
Tel.: 00 49-(0)7 11-8 10 54 85 (Ute Vogt – sie macht diese Arbeit ehrenamtlich)
E-Mail: dakini.netzwerk@web.de / www.dakini-netzwerk.de
Spendenkonto: 75 336 858 bei der Postbank Nürnberg
(BLZ 760 100 85)

Patenschaften für tibetische Flüchtlingskinder, aber auch ältere Menschen sowie Nonnen und Mönche vermittelt die
Deutsche Tibethilfe e.V. München
Mauthäuslstr. 9
D-81379 München
Tel.: 00 49-(0)89-78 83 06 (Irmtraut Wäger – sie macht diese Arbeit ehrenamtlich)
E-Mail: Dt.Tibethilfe@t-online.de
Spendenkonto: 77100 bei der Münchner Bank e.G.
(BLZ 701 900 00)

Für Österreich

Vermittlung von Patenschaften und Hilfe in allen Bereichen:
SAVE TIBET
Lobenhauerngasse 5/1,
A-1170 Wien
Tel.: 00 43-1-4 84 90 87 (Elisabeth Zimmermann – sie macht diese Arbeit ehrenamtlich)
E-Mail: save.tibet@gmx.at
www.savetibet.net und www.logic.at/tibet
Spendenkonto: 610.0741.803 bei der Bank Austria CA (BLZ 12000)

Für die Schweiz

Vermittlungen von Patenschaften und Hilfe in allen Bereichen:
Gesellschaft Schweizerisch-Tibetische Freundschaft (GSTF)
Binzstr. 15
CH-8045 Zürich
Tel.: 00 41-(0)1-4 51 38 38 (Christian Ruch)
E-Mail: buero@gstf.org
www.tibetfocus.com
Spendenkonto: PC 87-283713-1 Rubrik: »Spenden«

Bildnachweis

Jörg Arnold: Seite 2, 293; Bildteil Nr. 1, 2, 4–8, 11–14, 17, 18
Peter Grewen: Bildteil Nr. 3
Corinne Huber: Bildteil Nr. 21
Richard Ladkani: Bildteil Nr. 9, 10, 15, 16, 19, 20

MALIK

Bruno Baumann

Kailash

Tibets heiliger Berg. 375 Seiten, durchgehend farbig bebildert. Gebunden

Mit ihren 6714 Metern ist die Eispyramide des Kailash und ihre Umgebung im Westen Tibets eine unvergleichliche Naturschönheit. Für vier Religionen stellt dieser Berg das wichtigste Pilgerziel dar: für Buddhisten, Hindus, Jain und Bön.
Bruno Baumann, einer der besten Tibet- und Himalayakenner, hat sich dem Berg über fünfzehn Jahre immer wieder genähert: auf abenteuerlichen Routen, aus den vier Himmelsrichtungen kommend bis zu den nur schwer zugänglichen Quellen der vier bedeutenden Flüsse Asiens, des Indus, Brahmaputra, Sutley und Karnali. Auch auf spiritueller Ebene hat Baumann das Geheimnis dieses besonderen Berges erfahren. Ganz in der Tradition der Pilger vollzog er dreizehn jener rituellen äußeren Umwandlungen des Kailash, bevor er schließlich in den heiligsten inneren Kreis eintrat.
Bruno Baumanns Buch dokumentiert seine außergewöhnlichen Reisen und zeigt den überwältigenden landschaftlichen und kulturellen Reichtum Tibets.

02/1002/01/R

Margret Greiner

»Miss, wie buchstabiert man Zukunft?«

Als deutsche Lehrerin in Jerusalem. 250 Seiten mit 8 Seiten Farbbildteil. Gebunden

Den ersten unverzeihlichen Fehler macht Margret Greiner, als sie ihren Schülerinnen erzählt, wie sehr sie Israel liebe.
»Miss, du bist hier in Palästina, nicht in Israel«, antwortet ihr Khoulud, die Augenbrauen steil wie ein Minarett, »liebst du Palästina? Wenn nicht, kannst du wieder gehen. Du kannst ja nach Israel gehen.«
Es dauert eine Weile bis Margret Greiner versteht, auf welche Gratwanderung sie sich eingelassen hat: Die deutsche Lehrerin wohnt im israelischen Teil von Jerusalem und unterrichtet an einer palästinensischen Schule, wo Juden als Feinde gelten, als Besatzer. Jeden Tag geht sie über die Grenze von der westlichen in die arabische Welt und wieder zurück.
Wie lebt man in diesem Dazwischen? Wie sieht der Alltag aus in einer Stadt, in der sich Israelis und Palästinenser erbarmungsloser denn je bekriegen? Margret Greiner ist zerrissen wie die Stadt, in der sie immer leben wollte. Gerade deshalb kann sie so eindringlich erzählen – von den vielen Widersprüchen zwischen dem Sehnsuchtsbild der mythischen Stadt und der ausweglosen Situation im gegenwärtigen Jerusalem.

02/1035/02/R